Dhyan Manik

How to Master
English Words
in
Thai

Book I

www.dolphinbooks.org

Learning Thai Quickly and Easily

Copyright © Dhyan Manik and Dolphin Books 2025
Cover design, layout: Uri Hautamäki, Data Graphics
Drawings: Uri Hautamäki, Data Graphics

Audio spoken in MP3 format by native speakers can be downloaded from the following address:
www.thaibooks.net
Thai voices: Ms. Duangmon Loprakhong
                Ms. Waraphon Saengphichai

Publisher:
Dolphin Books
info@dolphinbooks.org
www.dolphinbooks.org

ISBN 978-952-6651-68-2

Acknowledgement

I would like to thank the following people for valuable guidance on Thai syntax and grammar, and assistance with editing and proofreading the text to reflect standard spoken Thai:

Ms. Duangmon Loprakhong, Thai Teacher, Bangkok

Ms. Waree Singhanart, Thai Teacher, Bangkok

Mr. Watit Pumyoo, Chiang Mai University, Chiang Mai

I am also grateful to Mr. Lloyd Tuchman and Mr. Walter Kassela for editing and proofreading the English text. Additionally, Ms. Tuija Turpeinen and Ms. Mirka Venäläinen have contributed by editing and suggesting various improvements to the text.

With the help of the above people, the clarity of the written Thai and English text has been significantly improved.

Special thanks to Duke Language School for kind co-operation.

Table of context

Mastering English Words in Thai, Book I

Chapter 1 11

    In the restaurant – focusing on the vowel sounds
    thîi ráan aahăan   ที่ ร้าน อาหาร

Chapter 2 53

    Going out and having fun – focusing on the vowel combinations
    pai thîiau sànùk-sànùk   ไป เที่ยว สนุกๆ

Chapter 3 89

    Visiting a friend – focusing on the initial consonant sounds
    wé pai yîiam phɯ̂ɯan   แวะ ไป เยี่ยม เพื่อน

Chapter 4 125

    Using internet and computers etc. – focusing on the Thai final consonant sounds
    kaan tʃái in-tɘ̂ɘ-nét lé kɔm-píu-tɘ̂ɘ
    การ ใช้ อิน-เทอร์-เน็ต และ ค็อม-พิ้ว-เต้อร์

Chapter 5 165

    Going out and taking a taxi – focusing on the vowel combinations as final sounds
    nâng ték-sîi pai thîiau lên
    นั่ง แท๊ก-ซี่ ไป เที่ยว เล่น

Chapter 6 211

    Remote work in the digital world – focusing on pronunciation and some important tones
    rii-mòot wɘ̂ɘk-gîng lé dí-tsì-tân wɘɘu
    รี-โหมท เวิร์ก-กิ้ง และ ดิ๊-จิ-ทั่ล เวิลด์

Introduction

The Thai language is very ancient. It is an art to use borrowed English words as Thai people do. Often, you can choose between borrowed English words or Thai words that carry a similar meaning. On the other hand, there are several borrowed English words which do not have a Thai counterpart.

Moreover, the Thai writing system is intricate, featuring special tone rules and 42 consonants that represent just 20 distinct consonant sounds. This complexity stems from the use of rare consonant symbols for common Thai sounds in borrowed words from languages like Pali and Sanskrit. It's important to note that these borrowed words with distinct consonant symbols don't introduce new sounds to the Thai language.

So, only the most common consonants, which produce 20 different sounds, are used for the borrowed English words. As an English speaker, you'll encounter various challenges when studying Thai. First, Thai employs a script that's unfamiliar to most of us.

Second, there's no single standard for transliterating Thai sounds into Western letters. This means you'll need to adapt to different transliteration styles, also known as Romanization, which might not always be accurate and can be hard to grasp. Additionally, some transliterations lack tone markings. Third, mastering the tonal structure of the Thai language can be quite challenging for beginners.

Fourth, Thai utilizes a complex system of classifiers, adding another layer of complexity as you need to learn specific counting words to indicate plurals for objects. Native Thai words consist of only one vowel sound each, making them monosyllabic. This simplicity eases their spelling and pronunciation, as they use common consonants. In contrast, borrowed foreign words often use uncommon consonants and can be multi-syllabic.

We will systematically address these challenges, equipping you with the necessary knowledge and understanding to correctly and effortlessly use Thai vocabulary, pronunciation, and grammar.

By initially concentrating on native Thai words, your language learning journey will be smoother, allowing you to grasp all the Thai consonant and vowel sounds in use today. Native Thai words are frequently used and hold a central role in daily communication. However, this book will primarily focus on borrowed English words. These English-Thai words make up a substantial part of the entire Thai vocabulary. Thai isn't as daunting as it may seem. It can become complicated if approached from the wrong angle. Our goal is to simplify it for you.

We'll teach you all the Thai sounds and how words form sentences, which is the foundation of any language. Reading and writing in Thai script aren't obligatory. These skills demand substantial effort. Understanding Thai's structure and grammar is crucial as it might differ significantly from your native language. When adults learn a new language, their brains seek comprehension. If the necessary language skills are lacking, the brain will interpret things based on past knowledge, leading to confusion. Thus, we've included the section "How the Language Works" to set you on the right path from the very start.

How to use this book

We have divided the book into five separate sections. You may study sections in chronological order from A to E or concentrate on any of the sections you prefer. Each section has its own theme.

Section A – Each chapter includes sample sentences spoken by native speakers.

Section B – English vocabulary used in this section is repeated so that it becomes ingrained in your subconscious with minimal effort on your part. We also give the adapted pronunciation to make things easier for English speakers.

Section C – In the "How the Language Works" section, we cover several topics: sentences are translated, words and sounds explained. This aspect can be referred to as syntax, grammar, word order, the structure of the language, or how words are put together. It means that every language has a unique way of pronouncing words and arranging them in a sentence. When we translate sentences, we give two different translations.

First, a literal word-for-word translation in English is included. Second, we also give the correct English translation of the overall meaning conveyed by the Thai phrase or sentence. Using this method, you will hopefully be able to follow the structure of the Thai language better. It may also help you to learn new words more easily. We also give alternative Thai words and explain how the borrowed English words are used.

Much effort is placed on pronouncing vowel sounds at the beginning since Thais may pronounce the vowel sounds of the borrowed English differently. The sounds of the English language is not written consistently; therefore, we need to learn a new way of describing sounds, especially vowel sounds.

Section D – In the "Review of New Sounds" section, we cover each Thai sound comprehensively, enabling you to speak Thai fluently and confidently when communicating with Thai people. We highly advise you to focus on getting the sounds correct from the outset.

The "sound-based approach" is used throughout the entire book to explain how Thais pronounce borrowed English words. There are several differences compared to the English language, as Thais generally use Thai sounds for the borrowed English words.

The English alphabet consists of just five vowel symbols: a, e, i, o, and u. These symbols yield around 20 different vowel sounds in English. English vowels aren't consistently spoken or written; their pronunciation depends on the word and the speaker. American and British English exhibit varying pronunciations, and differences can even exist within a single country. Additionally, short and long vowel sounds in English aren't always pronounced in the same manner.

In contrast, Thai vowel sounds are articulated with precision. Consequently, while English vowel sounds might provide a rudimentary understanding, they can't fully capture the nuances of Thai vowel sound pronunciation.

Section E – The "Simple Advice" section aims to provide clear guidance so that you can make informed decisions on how to proceed with your Thai studies. You may want to read this section first to gain an overall understanding of Thai language. It's crucial for learning Thai effectively. We suggest various possibilities to deepen your understanding of the Thai language and how to advance your studies.

Additionally, you may like to read the following books as a supplement to this book. They can be used alongside with this book to enhance your learning experience.

Dhyan Manik: Learning Thai with Original Thai Words (+MP3) (ISBN 978-952-6651-43-9)

Dhyan Manik: Understanding the Thai Language and Grammar – Take It Further (ISBN 978-952-6651-46-0)

thîi ráan aahǎan
ที่ ร้าน อาหาร
In the restaurant

Chapter 1

A. Sentences spoken by native speakers

We present two slightly different pronunciations for borrowed English words. The first one is the adjusted pronunciation for English speakers. English speakers tend to pronounce borrowed English words naturally in the English way. The second is the commonly used Thai pronunciation for the same word. Note that the adjusted pronunciation is related to the borrowed English words only.

However, the main point is that your Thai friends understand you when you speak Thai. You will have to try it yourself which works the best for you; there are no absolute established rules on how to pronounce borrowed English words in Thai. Perhaps a slightly adjusted pronunciation or your natural way is fine. The closer you come to the common Thai way, the better.

The same is not true when you use Thai words. Thai words are pronounced accurately.

If you are not familiar with the "sound-based" writing, try getting used to it bit by bit. Once you have finished the book, you will be an expert. That will help you tremendously with your future Thai studies.

Every borrowed English word is divided into syllables. This helps to follow the Thai pronunciation and tones more easily.

We write the adjusted pronunciation with *italics*. The words, marked in **bold**, are based on the most common Thai pronunciation and include the correct transliteration as well as the Thai script. Listen to the audio several times and get familiar with the sounds spoken by native Thai speakers.

In the restaurant

1. Server
sàwàtdii khâ/khráp – khun ɔɔ-də̂ lɛ́ɛu rɯ̌ɯ-yang
sàwàtdii khâ/khráp – khun **ɔɔ-dɔ̂ɔ** lɛ́ɛu rɯ̌ɯ-yang
สวัสดี ค่ะ/ครับ – คุณ ออ-เด้อร์ แล้ว หรือ ยัง

2. Customer
yang ləəi
ยัง เลย

3. Server
khun yàak thaan arai dii khá/khráp
คุณ อยาก ทาน อะไร ดี คะ/ครับ

4. Customer
tʃǎn/phǒm mâi *ʃua* – khun mii *fáast fúud* mái
tʃǎn/phǒm mâi **tʃuua** – khun mii **fáat fúut** mái
ฉัน/ผม ไม่ ชัวร์ – คุณ มี ฟ้าสต์ ฟู้ด ไหม

5. Server
aahǎan iisǎan thîi nîi *pɔ́p-yə-lə̂* ná khá/khráp – mâi tôŋ rɔɔ naan
aahǎan iisǎan thîi nîi **pɔ́ɔp-puu-lâa** ná khá/khráp – mâi tôŋ rɔɔ naan
อาหาร อีสาน ที่ นี่ ป๊อป-ปู-ล่าร์ นะ คะ/ครับ – ไม่ ต้อง รอ นาน

6. Customer
ou-kei – khɔ̌ɔ duu *mee-nuu* gɔ̀ɔn khâ/khráp – mii aahǎan fàràŋ mái
oo-kee – khɔ̌ɔ duu **mee-nuu** gɔ̀ɔn khâ/khráp – mii aahǎan fàràŋ mái
โอ-เค – ขอ ดู เม-นู ก่อน ค่ะ/ครับ – มี อาหาร ฝรั่ง ไหม

7. Server
mii khâ/khráp – rau mii
มี ค่ะ/ครับ – เรา มี

hɛm-bəə-gə̂, **hɛɛm-bəə-gə̂ə**	แฮม-เบอร์-เก้อร์
hɔ́t ɖɔ̀k, **hɔ́t dɔ̀k**	ฮ็อต ด็อก
pít-sâa, **pít-sâa**	พิซ-ซ่า
fréntʃ-frais, **fréen-fraai, fén-faai**	เฟร้นช์-ฟราย

sɛnd-wítʃ, **sɛɛn-wít** แซนด์-วิ๊ช
spa-ge-tî, **sa-paa-gét-tîi** สะ-ปา-เก๊ต-ตี้

lɛ́ɛu – *stéik* bɛ̀ɛp *mék-si-gou* gɔ̂ɔ mii ná khá/khráp
lɛ́ɛu – **sà-téek** bɛ̀ɛp **mék-si-goo** gɔ̂ɔ mii ná khá/khráp
แล้ว – สะ-เต๊ก แบบ เม็ก-ซิ-โก ก็ มี นะ คะ/ครับ

8. Customer
tʃǎn/phǒm au *hɔ́t dɔ̀k* gàp *fréntʃ-frais* khâ/khráp
tʃǎn/phǒm au **hɔ́t dɔ̀k** gàp **fén-faai** khâ/khráp
ฉัน/ผม เอา ฮ็อต ด็อก กับ เฟร้นช์-ฟราย ค่ะ/ครับ

9. Server
khɔ̀ɔp khun khâ/khráp – mii *sà-làd* hâi thaan *frii* dûuai ná khá/khráp
khɔ̀ɔp khun khâ/khráp – mii **sà-làt** hâi thaan **frii** dûuai ná khá/khráp
ขอบ คุณ ค่ะ/ครับ – มี สะ-หลัด ให้ ทาน ฟรี ด้วย นะ คะ/ครับ

lɛ́ɛu ráp
แล้ว รับ

sɔ́ɔs má-kǔua-téet, **sɔ́ɔt má-khǔua-théet** ซ้อส มะเขือเทศ
más-tàd, **mát-sa-tàat** มัส-สะ-ตาร์ด
mei-ə-néis, **maa-yɔɔng-néet** มา-ยอง-เน้ส

dûuai mái khá
ด้วย ไหม คะ

10. Customer
khɔ̌ɔ khêɛ *sà-làd* lɛ́ *ké-tʃàp* gɔ̂ɔ phɔɔ
khɔ̌ɔ khêɛ **sà-làt** lɛ́ **két-tʃàp** gɔ̂ɔ phɔɔ
ขอ แค่ สะ-หลัด และ เค็ต-ชัป ก็ พอ

11. Server
lɛ́ɛu – ráp khrûuang-dùum arai khá/khráp – rau mii
แล้ว – รับ เครื่อง ดื่ม อะไร คะ/ครับ – เรา มี
sou-da, **soo-daa** โซ-ดา
kouk, **kóok** โค้ก
dai-èt pép-sî, **dai-èt pép-sîi** ได-เอ็ท เป๊ป-ซี่

dráft-bia, **dráap biia**   ดร๊าฟต์ เบียร์
kɔ́-fi, **gaa-fɛɛ**   กา-แฟ
ka-pu-tʃii-nôu, **káa-puu-tʃii-nôo**   คา-ปู-ชี-โน่
tʃɔ́k-lɔ́t, **tʃɔ́k-goo-lɛ́t**   ช็อก-โก-แล็ต
sai-dɔ̂, **sai-dɔ̂ɔ**   ไซ-เด้อร์
gou-gôu, **goo-gôo**   โก-โก้

lɛ́ ɯ̀ɯn-ɯ̀ɯn dûuai ná khá/khráp
และ อื่นๆ ด้วย นะ คะ/ครับ

12. Customer
au *dai-èt pép-sî* lɛ́ɛu gɔ̂ɔ *ka-pu-tʃii-nôu* khâ/khráp
au **dai-èt pép-sîi** lɛ́ɛu gɔ̂ɔ **káa-puu-tʃii-nôo** khâ/khráp
เอา ได-เอ็ท เป๊ป-ซี่ แล้ว ก็ คา-ปู-ชี-โน่ ค่ะ/ครับ

13. Server
rɔɔ-sàk-khrûu khâ/khráp
รอ สัก ครู่ ค่ะ/ครับ

aahăan maa lɛ́ɛu khâ/khráp
อาหาร มา แล้ว ค่ะ/ครับ

14. Customer
khɔ̀ɔp khun mâak
ขอบ คุณ มาก

15. Server
aahăan arɔ̀i mái khá/khráp
อาหาร อร่อย ไหม คะ/ครับ

16. Customer
arɔ̀i tsing-tsing khâ/khráp – khun mii khɔ̌ɔng wăan mái
อร่อย จริงๆ ค่ะ/ครับ – คุณ มี ของ หวาน ไหม

17. Server
mii lăai yàang khâ/khráp – tʃên
มี หลาย อย่าง ค่ะ/ครับ – เช่น

kú-gîi, **kúk-gîi**	คุก-กี้
kéik, **kéek**	เค้ก
dou-nát, **doo-nát**	โด-นัท
pai ép-pôl, **paai ép-pôn**	พาย แอ๊ป-เปิ้ล
ais-kriim, **ai-sà-griim, ai-tim**	ไอ-ศะ-กรีม, ไอ-ติม
ka-ra-mel, **kaa-raa-meeu**	คา-รา-เมล
tʃiis, **tʃiit**	ชีส
mílk-tʃéik, **míu-tʃéek**	มิ้ลค์-เช้ค
bə-rî, **bəə-rîi**	เบอร์-รี่
bluu-bə-rî, **bluu-bəə-rîi**	บลู-เบอร์-รี่
blék-bə-rî, **blɛ́ɛk-bəə-rîi**	แบล๊ค-เบอ-รี่
líi-tʃii, **lín-tsìi**	ลิ้น-จี่
kii-wîi, **kii-wîi**	กี-วี่

lɛ́ɛu – *kɔ́k-teil* gàp *mɔ́k-teil* gɔ̂ɔ mii – lɛ́ ɯ̀ɯn-ɯ̀ɯn dûuai ná khá/khráp
lɛ́ɛu – **kɔ́k-teeu** gàp **mɔ́k-teeu** gɔ̂ɔ mii – lɛ́ ɯ̀ɯn-ɯ̀ɯn dûuai ná khá/khráp
แล้ว – ค็อก-เทล กับ ม็อก-เทล ก็ มี – และ อื่นๆ ด้วย นะ คะ

18. Customer
tʃǎn/phǒm au *pai-ép-pôl* gàp *ai-tim strɔɔ-bə-rî* khâ/khráp
tʃǎn/phǒm au **paai ép-pôn** gàp **ai-tim sà-trɔɔ-bəə-rîi** khâ/khráp
ฉัน/ผม เอา พาย แอ๊ป-เปิ้ล กับ ไอติม สะ-ตรอว์-เบอร์-รี่ ค่ะ/ครับ

khɔ̌ɔ *nép-gîn* dûuai
khɔ̌ɔ **nép-gîn** dûuai
ขอ แน็ป-กิน ด้วย

19. Server
arai ná khá/khráp
อะ-ไร นะ คะ

20. Customer
tʃǎn/phǒm mǎai thʉ̌ng *tí-ʃuu* khâ/khráp
tʃǎn/phǒm mǎai thʉ̌ng **tít-tʃûu** khâ/khráp
ฉัน/ผม หมาย ถึง ทิช-ชู่ ค่ะ/ครับ

21. Server
ou-kei – rɔɔ-sàk-khrûu ná khá/khráp
oo-kee – rɔɔ-sàk-khrûu ná khá/khráp
โอ-เค รอ สัก ครู่ นะ คะ/ครับ

22. Customer
khun khá/khráp – *tʃék-bil* dûuai ná khá/khráp
khun khá/khráp – **tʃék bin** dûuai ná khá/khráp
คุณ คะ/ครับ – เช็ค บิล ด้วย นะ คะ/ครับ

23. Server
nîi khâ/khráp – tháng-mòt sɔ̌ɔng-rɔ́ɔi-hâa sìp bàat khâ/khráp
นี่ ค่ะ/ครับ – ทั้งหมด สอง ร้อย ห้า สิบ บาท ค่ะ/ครับ

24. Customer
nîi săam rɔ́ɔi bàat – mâi tông thɔɔn – hâi típ – khɔ̀ɔp khun khâ/khráp
นี่ สาม ร้อย บาท – ไม่ ต้อง ทอน – ให้ ทิป – ขอบ คุณ ค่ะ/ครับ

25. Server
khɔ̀ɔp khun mâak khâ/khráp – aahăan pen yang-ngai bâang khá/khráp
ขอบ คุณ มาก ค่ะ/ครับ – อาหาร เป็น ยังไง บ้าง คะ/ครับ

26. Customer
arɔ̀i mâak
อร่อย มาก

27. Server
oogàat nâa tʃɔən mài ná khá/khráp
โอกาส หน้า เชิญ ใหม่ นะ คะ/ครับ

28. Customer
khɔ̀ɔp khun mâak – sàwàtdii khâ/khráp
ขอบ คุณ มาก – สวัสดี ค่ะ/ครับ

B. English vocabulary used in this section

This section summarizes the borrowed English vocabulary commonly used in Thai, highlighting pronunciation differences between the two languages. Each pair of words consists of the *adapted English pronunciation*, and the corresponding *common Thai pronunciation*. Occasionally, the English pronunciation aligns closely with the Thai pronunciation.

The first word, written with *italics*, aligns with the adapted English pronunciation, and the second word is the most common Thai pronunciation. Sometimes, the English pronunciation is the same or similar to the Thai way.

Sound files, marked in **bold**, are based on the most common Thai pronunciation and include the correct transliteration as well as the Thai script. Listen to the audio several times and get familiar with the sounds spoken by native Thai speakers.

kham sàp คำ ศัพท์

ɔɔ-dɔ̂, **ɔɔ-dɔ̂ə**	to order	ออ-เด้อร์
ʃua, **tʃuua**	to be sure	ชัวร์
fúud, **fúut**	food	ฟู้ด
fáast fúud, **fáat fúut**	fast food	ฟ้าสต์ ฟู้ด
pɔ́p-yə-lɔ̂, **pɔ́ɔp-puu-lâa**	to be popular	ป๊อป-ปู-ล่าร์
ou-kei, **oo-kee**	okay	โอ-เค
mee-nuu, **mee-nuu**	menu	เม-นู
hɛm-bəə-gɔ̂, **hɛm-bəə-gɔ̂ɔ**	hamburger	แฮม-เบอร์-เก้อร์
hɔ́t dɔ̀k, **hɔ́t dɔ̀k**	hot dog	ฮ็อต ด็อก
píit-sâ, **pít-sâa**	pizza	พิซ-ซ่า
fréntʃ-fraiz, **fréen-fraai**	French fries	เฟร้นช์-ฟราย
sɛnd-wítʃ, **sɛɛn-wít**	sandwich	แซนด์-วิช
spa-ge-tîi, **sa-paa-gét-tîi**	spaghetti	สะ-ปา-เก๊ต-ตี้
stéik, **sà-téek**	steak	สะ-เต๊ก
mék-si-gou, **mék-si-goo**	Mexico	เม็ก-ซิ-โก
sà-làd, **sà-làt**	salad	สะ-หลัด
frii, **frii**	free	ฟรี

más-tàd, **mát-sa-tàat**	mustard	มัส-สะ-ตาร์ด
sɔ́ɔs, **sɔ́ɔt**	sauce	ซ้อส
sɔ́ɔs má-kǔua-téet	ketchup	ซ้อส มะ-เขือ-เทศ
	(literally *tomato sauce*)	
mei-ə-néis, **maa-yɔɔng-néet**	mayonnaise	มา-ยอง-เน้ส
ké-tʃàp, **két-tʃàp**	ketchup	เค็ต-ชัป
sou-da, **soo-daa**	soda	โซ-ดา
kouk, **kóok**	Coca-Cola	โค้ก
dai-èt pép-sî, **dai-èt pép-sîi**	Diet Pepsi	ได-เอ็ท เป๊ป-ซี่
draft biə, **dráap biia**	draft beer	ดร๊าฟต์ เบียร์
kɔ́-fî, **gaa-fɛɛ**	coffee	กา-แฟ
ká-pu-tʃìi-nôu, **káa-puu-tʃii-nôo**	cappuccino	คา-ปู-ชี-โน่
tʃɔ́k-lát, **tʃɔ́k-goo-lét**	chocolate	ช็อก-โก-แล็ต
sai-də̂, **sai-də̂ə**	sider	ไซ-เด้อร์
kou-kôu, **goo-gôo**	cocoa	โก-โก้
kú-kîi, **kúk-gîi**	cookie	คุก-กี้
kéik, **kéek**	cake	เค้ก
dou-nát, **doo-nát**	donut	โด-นัท
pai ép-pɔ̂l, **paai ép-pɔ̂n**	apple pie	พาย แอ๊ป-เปิ้ล
ais-kriim, **ai-sà-griim**	ice cream	ไอ-ศะ-กรีม
ai-tim, **ai-tim**	ice cream	ไอ-ติม
ka-ra-mel, **kaa-raa-mee**	caramel	คา-รา-เมล
tʃîis, **tʃîit**	cheese	ชีส
mílk-tʃéik, **míu-tʃéek**	milkshake	มิ้ลค์-เช้ค
bə-rî, **bəə-rîi**	berry	เบอร์-รี่
bluu-bə-rî, **bluu-bəə-rîi**	blueberry	บลู-เบอร์-รี่
blɛ́k-bə-rî, **blɛ́ɛk-bəə-rîi**	blackberry	แบล๊ค-เบอ-รี่
líi-tʃìi, **lín-tsìi**	lychee	ลิ้น-จี่
kii-wîi, **gii-wîi**	kiwi	กี-วี่
kɔ́k-teil, **kɔ́k-teeu**	cocktail	ค็อก-เทล
mɔ́k-teil, **mɔ́k-teeu**	moctail	ม็อก-เทล

pai, **paai**	*pie*	พาย
pai ɛ́p-pɔ̂l, **paai ɛ́p-pɔ̂n**	*apple pie*	พาย แอ๊ป-เปิ้ล
ai-tim strɔɔ-bə-rî, **ai-tim sà-trɔɔ-bəə-rîi**		
	strawberry ice cream	ไอ-ติม สะ-ตรอว์-เบอ-รี่
nép-gîn, **nép-gîn**	*napkin*	แน็ป-กิ้น
tí-ʃuu, **tít-tʃûu**	*tissue*	ทิช-ชู่
tʃék-bil, **tʃék bin**	*bill*	เช็ค บิล
típ, **típ**	*tip*	ทิป

C. How the language works

Sentences translated, words and sounds explained

In this chapter, the focus is on the Thai vowel sounds only. We transliterate sounds as they are normally spoken by native Thai speakers, and the adjusted pronunciation is left out.

In the "How the language works" section, we explain how words are put together. This aspect can be referred to as syntax, grammar, word order, or the structure of the language. It means that every language has a unique way of pronouncing words and arranging them in a sentence.

Constructing Thai sentences with English words is quite simple. In Thai, there is no need for any subject in the sentence if it is understood from the context. Thai uses a vast number of vocabulary such as nouns, verbs, adjectives, and adverbs, which are in basic form. That means that words are not conjugated. This applies also to the borrowed English words.

Understanding sounds
We need to learn to think in terms where one symbol has only one sound. In English, one alphabet letter has numerous sounds. This is particularly true with the vowel sounds. In addition, several native English speakers, in different countries, may pronounce some words differently from the British accent.

The sound-based writing is used for every Thai or borrowed English word. That way, it will be easier to adapt your pronunciation to Thai pronunciation. See also Section 3: Review of Thai vowel sounds.

Transliteration

The correct transliteration with tone marks is given for each sentence. The difficulty arises from the fact that you must know how to pronounce the borrowed English and also Thai words correctly so that Thais understand you. Thais use Thai sounds when pronouncing borrowed English words.

When we translate sentences, we give two different translations. First, a literal word-for-word translation in English. We also give the correct English translation of the overall meaning conveyed by the Thai phrase or sentence. Using this method, you will hopefully be able to follow the structure of the Thai language better. It may also help you to learn new words more easily.

Much effort is placed on the pronunciation of vowel sounds at the beginning, since Thais may pronounce the vowel sounds of the borrowed English differently. The English language is not consistent, and we need to learn a new accurate way of describing vowel sounds.

The English alphabet consists of just five vowel symbols: **a**, **e**, **i**, **o** and **u**. These symbols yield around 20 different vowel sounds in English. English vowels aren't consistently spoken or written; their pronunciation depends on the word and the speaker. American and British English exhibit varying pronunciations, and differences can even exist within a single country. Additionally, short and long vowel sounds in English aren't always pronounced in the same manner.

In contrast, Thai vowel sounds are articulated with precision. Consequently, while English vowel sounds might provide a rudimentary understanding, they can't fully capture the nuances of Thai vowel sound pronunciation.

How Thai or English words are understood when having a conversation depends on several factors. The correct Thai tone is essential. The borrowed English words do not normally follow the tone rules of the Thai language. However, the Thai language uses Thai tones even for the borrowed English words. You can learn them by listening to native speakers and reading the transliterations.

Since the Thai initial sounds are similar to the English language, much effort is placed on the final sounds at the end of the syllable later in the book. Thai has a unique way of reducing several consonant sounds into three stop consonant sounds: **p**, **t**, or **k** at the end of the word or syllable.

Overall meaning of borrowed words
Sometimes, the meaning of the borrowed English word in Thai can differ or is limited to one purpose only. The same word in English may have multiple meanings, however.

Listen to the audio several times and see if you recognize all the borrowed English and Thai words. It is important to understand how the borrowed English words are pronounced by native Thai speakers.

Using English words when speaking Thai is fun. Thai people may think that your Thai is excellent when you are able to incorporate a few borrowed English words into your expression.

Every borrowed English word is divided into syllables. This helps to follow the Thai pronunciation and tones more easily.

In the restaurant

1. Server
sàwàtdii khâ/khráp – khun ɔɔ-*dɝ̂ɝ* lɛ́ɛu rɯ̌ɯ-yang
สวัสดี ค่ะ/ครับ – คุณ ออ-เด้อร์ แล้ว หรือ ยัง
hello khâ/khráp – you order already-or-not
Hello! Have you already ordered?

2. Customer
yang lɝɝi
ยัง เลย
not at all
Not yet really.

Borrowed English words
ɔɔ-dəə *to order* ออ-เด้อร์

Similar Thai expressions
sàng *to order* สั่ง

Comments
The borrowed English words such as **ɔɔ-dəə** ออ-เด้อร์ *to order* are being increasingly used by Thais to order in the restaurant. However, in everyday conversation, Thais often prefer the simple expression **sàng** สั่ง *to order* when placing an order in the restaurant.

Pronunciation tips: short and long vowel "ə" and "əə"

The borrowed English words normally follow the British received pronunciation. However, it seems that American pronunciation is also frequently used.

In this book, one vowel symbol is a *short sound* such as ə in the words *about* (ə-baut), and two vowel symbols such as əə *service* (səə-vis) describe a *long sound*.

The short ə sound, sometimes called *schwa*, is the most common vowel sound used in the English language. Numerous vowel symbols or vowel combinations are reduced into a short sound ə, *schwa*. In Thai, the short sound ə is rare. Thais use the long əə sound frequently instead.

In the English language, the length of the vowel can be short or long, and the meaning of the word does not change. In Thai, it is not normally possible.

Grammar tips
The personal pronoun **thəə** เธอ *she* is used here as a singular pronoun you. On the other hand, **kháu** เขา is neutral and can be used for *she* and *he*.

lɛ́ɛu rǔu-yang แล้ว หรือ ยัง *already or not* is commonly placed at the end of the sentence to form a question. A negative reply to the **lɛ́ɛu rǔu-yang** แล้ว หรือ ยัง *already or not* question is **yang** ยัง *not yet*. The positive answer would be: **sàng lɛ́ɛu** สั่ง แล้ว *Yes, I have already ordered.*

ləəi เลย is used here as an intensifier to emphasize the reply. Moreover, Thais often drop the subject when replying to questions.

3. Server
khun yàak thaan arai dii khá/kráp
คุณ อยาก ทาน อะไร ดี คะ/ครับ
you want eat what good khá/kráp
What would you like to eat?

4. Customer
tʃǎn/phǒm mâi *tʃuua* – khun mii *fáat fúut* mái
ฉัน/ ผม ไม่ ชัวร์ คุณ มี ฟ้าสต์ ฟู้ด ไหม
I no sure you have fast-food "question"
I am not sure. Do you have fast-food?

Borrowed English words
tʃuua	to be sure	ชัวร์
fúut	food	ฟู้ด
fáat fúut	fast-food	ฟ้าสต์ ฟู้ด

Similar Thai expressions
nɛ̂ɛ-tsai	to be sure, certain	แน่ใจ
aahǎan	food	อาหาร
aahǎan-tsaan-dùuan	fast-food	อาหาร จาน ด่วน

Comments
tʃuua ชัวร์ *to be sure* is used in the same way in Thai as in English. However, the pronunciation differs. In English, it is pronounced as **ʃua.**

The English word **fúut** ฟู้ด *food* is not used alone in Thai, but it is commonly used with names such as **fúut khɔ̀ɔt** ฟู้ด ขอร์ท *food court*, **sii fúut** ซี ฟู้ด *seafood*, etc. **aahǎan-tsaan-dùuan** อาหาร จาน ด่วน *fast-food* is quite a long expression in Thai. So, Thais normally prefer to use **fáat fúut** ฟ้าสต์ ฟู้ด *fast-food* instead.

Pronunciation tips: short "a" and long "aa"

The short **a** as in the Thai word khráp and long **aa** as in the Thai word **aa**hǎan อาหาร *food* are pronounced the same as in the English words such as *but* (short **a**) and *fast* (long **aa**). Thai pronunciation normally follows the British received pronunciation (RP).

American pronunciation can be slightly different. For example, Americans often tend to pronounce the long **aa** sound as in the word *sad* (sɛɛd).

5. Server
aahăan iisăan thîi nîi *pɔ́ɔp-puu-lâa* ná khá/khráp – mâi tông rɔɔ naan
อาหาร อีสาน ที่ นี่ ป๊อป-ปู-ล่าร์ นะ คะ/ครับ – ไม่ ต้อง รอ นาน
food Isaan popular place-this – no need wait long
Isaan food is quite popular here. No need to wait for long.

Borrowed English words
pɔ́ɔp-puu-lâa   *to be popular*   ป๊อป-ปู-ล่าร์

Similar Thai expressions
dang   *popular, famous* (people and things)   ดัง
maa rɛɛng   *popular* (used for things)   มา แรง
yɔ̂ɔt níyom   *to be a hit, highly popular* (used for things)
                                                             ยอดนิยม

Comments
pɔ́ɔp-puu-lâa *to be popular* is frequently used by Thais
                                                             ป๊อป-ปู-ล่าร์

Grammar tips
In Thai, adjectives can also function as verbs. There is no need for a separate verb for a sentence to be correct. In fact, placing a verb before an adjective is grammatically incorrect. For example, in sentence 5, the adjective **pɔ́ɔp-puu-lâa** ป๊อป-ปู-ล่าร์, which means *to be popular*, is used as a verb.

Pronunciation tips: long "ɔɔ" and "aa" and short "u"
The good example is the borrowed English word **pɔ́ɔp-puu-lâa** ป๊อป-ปู-ล่าร์. It has three vowel sounds: long **ɔɔ** and **aa** sounds, and a short **u** sound. The Thai language uses Thai sounds for the borrowed English words.

Generally, the Thai pronunciation for the borrowed English words can be the *same, similar* or *different* from the English pronunciation. When Thais pronounce borrowed English words, the vowel sounds at the end of the word are often pronounced *long* with a *falling tone*, as in the word **pɔ́ɔp-puu-lâa** ป๊อป-ปู-ล่าร์ *popular*. This often happens when the English spelling ends with *ar* or *er*.

6. Customer
oo-kee – khɔ̌ɔ duu *mee-nuu* gɔ̀ɔn khâ/khráp – mii aahǎan fàràng mái
โอ-เค – ขอ ดู เม-นู ก่อน ค่ะ/ครับ – มี อาหาร ฝรั่ง ไหม
okay – ask see menu first khâ/khráp – have food western "question"
OK, I would like to see the menu first. Do you have Western food?

Borrowed English words

oo-kee	*OK*	โอ-เค
mee-nuu	*menu*	เม-นู

Similar Thai expressions

tòk-long	*OK, to agree*	ตกลง
raai gaan aahǎan	*menu*	ราย การ อาหาร

Comments
oo-kee โอ-เค *OK* is used in the similar way as in English. **tòk-long** ตก ลง *OK, to agree* in Thai is only used to express *agreement* while OK in English is used more widely.

mee-nuu เม-นู *menu* is normally used by Thais when ordering food. The Thai word **raai gaan aahǎan** ราย การ อาหาร has a similar meaning as **mee-nuu** เม-นู *menu* in Thai **raai gaan aahǎan** ราย การ อาหาร is perhaps used more in official situations. It is quite long, and Thai people may prefer the English word **mee-nuu** เม-นู *menu*.

Grammar tips
Questions in Thai are normally formed by placing the question word **mái** ไหม at the end of the sentence. See the sentence 6.

Pronunciation tips: long "oo" and long "ee"

Long **oo** and long **ee** sounds do not exist in English in pure form. Thais typically transform the vowel combination **ou** into the long **oo** sound and the vowel combination **ei** into the long **ee** sound in borrowed English words.

For example, the English word *okay* (**ou-kei**) is pronounced as **oo-kee** in Thai.

As you know, the English alphabet has only five vowel symbols. They are **a, e, i, o** and **u**. With these 5 vowel symbols we should be able to produce about 20 different vowel sounds in English. Hence, there are several spellings for the same sound. That is the reason we need to use additional *symbols* to describe accurately how Thai people pronounce English words.

7. Server
mii khâ/khráp – rau mii
มี ค่ะ/ครับ – เรา มี
have khâ/khráp – we have
Yes, we have:

Borrowed English words

hɛm-bəə-gɔ̂ə	*hamburger*	แฮม-เบอร์-เก้อร์
hɔ́t dɔ̀k	*hot dog*	ฮ็อต ด็อก
pít-sâa	*pizza*	พิซ-ซ่า
fén-faai, fréen-fraai	*french fries*	เฟร้นช์-ฟราย
sɛɛn-wít	*sandwich*	แซนด์-วิช
sà-paa-gét-tî	*spaghetti*	สะ-ปา-เก๊ต-ตี้

lɛ́ɛu – *sà-téek* bɛ̀ɛp *mék-si-goo* gɔ̂ɔ mii ná khá/khráp
แล้ว – สะ-เต๊ก แบบ เม็ก-ซิ-โก ก็ มี นะ คะ/ครับ
then – steak style Mexico also have ná khá/khráp
And we also have a Mexican style steak.

Borrowed English words

sà-téek	*steak*	สะ-เต๊ก
mék-si-goo	*Mexico*	เม็ก-ซิ-โก

Similar Thai expressions

man fáràng thôɔt	*fried potatoes*	มัน ฝรั่ง ทอด
núua wuua	*beef*	เนื้อ วัว
núua sàt	*meat*	เนื้อ สัตว์

Comments
sà-téek สะ-เต๊ก *steak* is normally *beef* prepared in a special way. *Beef* in Thai is expressed as **núua wuua** เนื้อ วัว. **núua** เนื้อ is translated as *meat* and **wuua** วัว as *cow* or *bull*. **núua sàt** เนื้อ สัตว์ translates to *animal meat* and is commonly used to refer to *meat in general*.

However, a particular point is that Thais may use the borrowed English word **sà-téek** สะ-เต๊ก *steak* in a wider sense, meaning it is used for several kinds of meat and not only for *beef*. The same is true in English when people talk about *chicken steaks* or *vegetarian steaks*.

Grammar tips
The word **lɛ́ɛu** แล้ว at the beginning of a sentence can be translated as *and* or *and then*. Another Thai word for *and* is **lɛ́** และ, which exclusively means *and*. However, **lɛ́ɛu** แล้ว is a multi-functional word that can mean *and*, *then*, *already* and more.

Pronunciation tips: long "ɛɛ" and long "ii"

The long ɛɛ sound as in the borrowed English word hɛɛm แฮม *ham* is common in Thai.

The long ɛɛ sound is often spelled with the vowel letter **a** in English. The English ɛ sound is pronounced short in words such as *sandwich* but tends to be pronounced longer in words like *bad*, *sad*, or *mad*.

The long **ii** sound as in the borrowed English word pít-sâa พิซ-ซ่า *pizza* (**piit**-sə) is pronounced similarly in both languages.

8. Customer
tʃǎn/phǒm au *hót dɔ̀k* gàp *fén-faai* khâ/khráp
ฉัน/ ผม เอา ฮ็อต ด็อก กับ เฟร้นช์-ฟราย ค่ะ/ครับ
I take hot dog and french fries khâ/khráp
I would like to have a hot dog and french fries.

Borrowed English words
hɔ́t dɔ̀k   *hot dog*   ฮ็อต ด็อก
fén-faai, fréen-fraai   *french fries*   เฟร้นช์-ฟราย

Similar Thai expressions
There are no similar Thai counterparts. However, Thais may use **man-fáràng-thɔ̂ɔt** มันฝรั่งทอด, but it means *fried potatoes* and not *french fries*.

Comments
The above words are international expressions. The Thai language uses many borrowed English words, which do not have a Thai counterpart.

Grammar tips
The word **au** เอา is translated as *to take*. In Thai, it is considered a polite way to ask for something, while in English, *I take* is not so polite. Therefore, we have translated **tʃǎn au** ฉัน เอา as *I would like to have*.

Pronunciation tips: the English word "french fries"
Many Thais skip the consonant clusters. Therefore, you may hear that **fréen-fraai** is pronounced as **féen-faai** while the same words in English is pronounced as *french fries* (**frentʃ frais**).

9. Server
khɔ̀ɔp khun khâ/khráp – mii *sà-làt* hâi thaan *frii* dûuai ná khá/khráp
ขอบ คุณ ค่ะ/ครับ – มี สะ-หลัด ให้ ทาน ฟรี ด้วย นะ คะ/ครับ
thank you khâ/khráp – have salad give eat free also ná khá/khráp
Thank you! The salad is on the house.

lɛ́ɛu ráp – dûuai mái khá
แล้ว รับ – ด้วย ไหม คะ
then – receive also "question" khá
And, do you also want?

Borrowed English words

mát-sa-tàat	*mustard*	มัส-สะ-ตาร์ด
maa-yɔɔng-néet	*mayonnaise*	มา-ยอง-เน้ส
sà-làt	*salad*	สะ-หลัด
frii	*free*	ฟรี
sɔ́ɔt	*sauce*	ซ้อส

Similar Thai Expression

sɔ́ɔt má-khǔua-théet *ketchup* (literally tomato sauce)
ซ้อส มะเขือเทศ

Comments

You may be wondering about the Thai final sound **t** in the word **sɔ́ɔt** ซ้อส *sauce*. Well, the **s** sound is pronounced as **t** at the end of the word in Thai. Remember, Thais use the Thai sounds also for the borrowed English words. We will cover final sounds later in the chapter 4.

Grammar tips

sɔ́ɔt má-khǔua-théet ซ้อส มะเขือเทศ *ketchup* is a combination of English and Thai. It is a good example where Thai uses a borrowed English word **sɔ́ɔt** ซ้อส *sauce* in combination with the Thai word **má-kǔua-téet** มะเขือเทศ *tomato* to create a new meaning.

sà-làt สะ-หลัด means *salad* and is used similarly to the English word. It is also combined with Thai words such as **sà-làt-khài** สะ-หลัด-ไข่ for *egg salad*, **sà-làt-gài** สะ-หลัด-ไก่ for *chicken salad* and **nám-sà-làt** น้ำ-สะ-หลัด for *salad oil, salad dressing*.

Pronunciation tips: long "ii" and long "ɔɔ"

The long **ii** sound, as in the borrowed English word frii ฟรี *free*, is pronounced similarly in both languages.

The long **ɔɔ** sound, as in the borrowed English word sɔ́ɔt ซ้อส *sauce*, is pronounced similarly in both languages.

10. Customer
khɔ̌ɔ khêɛ *sà-làt* lɛ́ *két-tʃàp* gɔ̂ɔ phɔɔ
ขอ แค่ สะ-หลัด และ เค็ต-ชัป ก็ พอ
ask only salad and ketchup also enough
Could I have salad and ketchup?

Borrowed English words

sà-làt	*salad*	สะ-หลัด
két-tʃàp	*ketchup*	เค็ต-ชัป

Similar Thai expression

sɔ́ɔt má-khǔua-théet *ketchup* (literally tomato sauce)
ซ้อส มะเขือเทศ

Comments
sɔ́ɔt má-khǔua-théet ซ้อส มะเขือเทศ is more commonly used in Thai than **két-tʃàp** เค็ต-ชัป *ketchup*.

Grammar tips
khêɛ แค่ *only, just* is a handy word in Thai. It is often used to play down the request or the issue. See the sentence 10.

11. Server
lɛ́ɛu – ráp khrûuang-dùum arai khá/khráp – rau mii
แล้ว – รับ เครื่อง ดื่ม อะไร คะ/ครับ – เรา มี
then – receive item-drink what ná khá/khráp – we have
And what about drinks? We have:

Borrowed English words

soo-daa	*soda*	โซ-ดา
kóok	*coke*	โค้ก
dai-èt pép-sîi	*diet Pepsi*	ได-เอ็ท เป๊ป-ซี่
dráap biia	*draft beer*	ดร๊าฟต์ เบียร์
gaa-fɛɛ	*coffee*	กา-แฟ
káa-puu-tʃii-nôo	*cappuccino*	คา-ปู-ชี-โน่
tʃɔ́k-goo-lét	*chocolate*	ช็อก-โก-แล็ต

sai-dɜ̂ɜ	*cider*	ไซ-เด้อร์
goo-gôo	*cocoa*	โก-โก้

lɛ́ ɨ̀ɨn-ɨ̀ɨn dûuai ná khá/khráp
และ อื่นๆ ด้วย นะ คะ/ครับ
and คะ/ครับ ther-other also ná khá/khráp
And even more.

Similar Thai expressions
biia-sòt	*draft beer, fresh beer*	เบียร์ สด

Comments
The Thai word **sòt** สด means *to be fresh*. Instead of **dráap biia** ดร๊าฟต์ เบียร์ *draft beer*, Thais normally use **biia-sòt** เบียร์ สด *fresh beer, draft beer.*

Grammar tips
You may have noticed that Thais frequently use "polite particles" such as **khâ/khráp** ค่ะ/ครับ. Just get used to these "polite particles" when you speak Thai. That makes your stay easy in Thailand.

Pronunciation tips: short "ɛ" and "e"
The short ɛ sound is rare in Thai words, even though in words such as **lɛ́** และ *and*, it is used frequently. The short ɛ sound is also used in borrowed English words such as **tʃɔ́k-goo-lɛ́t** ช็อก-โก-แล็ต *chocolate.*

The short e sound is common in Thai and is used in a number of borrowed English words such as dai-èt pép-sîi ได-เอ็ท เป๊ป-ซี่ *diet Pepsi.*

12. Customer
au *dai-èt pép-sîi* lɛ́ɛu gɔ̂ɔ *káa-puu-tʃii-nôo* khâ/khráp
เอา ได-เอ็ท เป๊ป-ซี่ แล้ว ก็ คา-ปู-ซี-โน่ ค่ะ/ครับ
take diet-pepsi then-also cappuccino khâ/khráp
I would like to have diet Pepsi and cappuccino.

Borrowed English words
dai-èt pép-sîi	*diet Pepsi*	ได-เอ็ท เป๊ป-ซี่
káa-puu-tʃii-nôo	*cappuccino*	คา-ปู-ซี-โน่

Similar Thai expressions
There are no similar Thai counterparts.

Comments
Several English words, which have been recently adapted into the Thai language do not have a Thai counterpart.

Pronunciation tips: long "aa", long "uu", long "ii", long "oo"

The English word **káa-puu-tʃii-nôo** คา-ปู-ชี-โน่ *cappuccino* is a nice word since it serves as an example for four long Thai vowel sounds.

Other English examples are: long **aa** sound as in the word *father*, long **uu** in the word s**oo**n, long **ii** in the word *meat* and long **oo** in the word *go* (g**ou**). The word *cappuccino* is pronounced as kɛ-pu-tʃii-nou in English.

The long **oo** sound does not exist in English in pure form. So, the vowel combination **ou** is turned into the long **oo** sound in Thai.

13. Server
rɔɔ-sàk-khrûu khâ/khráp
รอ สัก ครู่ ค่ะ/ครับ
wait-just-moment khâ/khráp
Wait a moment!

aahăan maa lɛ́ɛu khâ/khráp
อาหาร มา แล้ว ค่ะ/ครับ
food come already khá/khráp
Your food is ready.

14. Customer
khɔ̀ɔp khun mâak
ขอบ คุณ มาก
thank you very
Thank you very much!

15. Server
aahăan arɔ̀i mái khá/khráp
อาหาร อร่อย ไหม คะ/ครับ
food delicious "question" khá/khráp
Was it delicious?

16. Customer
arɔ̀i tsing-tsing khâ/khráp – khun mii khɔ̌ɔng-wăan mái
อร่อย จริงๆ ค่ะ/ครับ – คุณ มี ของ หวาน ไหม
delicious really-really khâ/khráp – you have item-sweat "question"
Yes, it was delicious indeed! Do you have any desserts?

17. Server
mii lăai yàang khâ/khráp – tʃên
มี หลาย อย่าง ค่ะ/ครับ – เช่น
be several variety khâ/khráp – as
There are many different kinds, for example:

Borrowed English words

kúk-gîi	*cookie*	คุก-กี้
kéek	*cake*	เค้ก
doo-nát	*doughnut*	โด-นัท
paai ɛ́p-pɔ̂n	*apple pie*	พาย แอ๊ป-เปิ้ล
ai-sà-griim, ai-tim	*ice cream*	ไอ-ศะ-กรีม, ไอติม
kaa-raa-mee	*caramel*	คา-รา-เมล
tʃíit	*cheese*	ชีส
míu-tʃéek	*milkshake*	มิ้ลค์-เช้ค
bəə-rîi	*berry*	เบอร์-รี่
bluu-bəə-rîi	*blueberry*	บลู-เบอร์-รี่
blɛ́ɛk-bəə-rîi	*blackberry*	แบล๊ค-เบอ-รี่
lín-tsìi	*lychee*	ลิ้น-จี่
gii-wîi	*kiwi*	กี-วี่

lέɛu – *kɔ́k-teeu* gàp *mɔ́k-teeu* gɔ̂ɔ mii – lɛ́ ùun-ùun dûuai ná khá/khráp
แล้ว – ค็อก-เทล กับ ม็อก-เทล ก็ มี – และ อื่นๆ ด้วย นะ คะ
then – cocktail and mocktail also – and much more also ná khá/khráp
And we have also cocktails and mocktails and much more.

Borrowed English words
kɔ́k-teeu   *cocktail*   ค็อก-เทล
mɔ́k-teeu   *mocktail*   ม็อก-เทล

Similar Thai expressions
nəəi khěng   *cheese*   เนย แข็ง

Comments
The most of above borrowed words don't have a Thai counterpart. However, **nəəi khěng** เนย แข็ง is used in some context instead of *cheese* by Thais.

Grammar tips
The Thai words **gɔ̂ɔ** ก็ and **dûuai** ด้วย can be translated into English as *also, as well*. However, they are used grammatically differently. Using the word **gɔ̂ɔ** ก็ correctly in Thai is an art. To explain it properly is beyond the scope of this book. See the sentence 17.

18. Customer
tʃǎn/phǒm au *paai ép-pə̂n* gàp *ai-tim sà-trɔɔ-bəə-rîi* khâ/khráp
ฉัน/ ผม เอา พาย แอ๊ป-เปิ้ล กับ ไอติม สะ-ตรอว์-เบอร์-รี่ ค่ะ/ครับ
I take pie apple with ice cream strawberry khâ/khráp
I would like to have apple pie and strawberry ice cream.

khɔ̌ɔ *nép-gîn* dûuai
ขอ แน็ป-กิ้น ด้วย
ask napkin also
Could you please bring me a napkin?

19. Server
arai ná khá/kháp
อะไร นะ คะ
what ná khá/kháp
Sorry?

20. Customer
tʃǎn/phǒm mǎai thǔng *tít-tʃûu* khâ/kháp
ฉัน/ผม หมาย ถึง ทิช-ชู่ ค่ะ/ครับ
I mean of tissue khâ/kháp
I meant tissue.

Borrowed English words

paai ɛ́p-pɔ̂n	*apple pie*	พาย แอ๊ป-เปิ้ล
paai	*pie*	พาย
ai-tim sà-trɔɔ-bəə-rîi	*strawberry ice cream*	
		ไอติม สะ-ตรอว์-เบอร์-รี่
nɛ́p-gîn	*napkin, serviette*	แน็ป-กิ้น
tít-tʃûu	*tissue*	ทิช-ชู่

Similar Thai expressions

gràdàat tʃét pàak	*tissue*	กระดาษ เช็ด ปาก
gràdàat tít-tʃûu	*tissue*	กระดาษ ทิช-ชู่

Comments
While English often uses *napkin* when eating, Thais normally use **gràdàat tʃét pàak** กระดาษ เช็ด ปาก *tissue*, which is literally translated into English as *paper-clean-mouth*. If you wish to be easily understood in Thailand, use **tít-tʃûu** ทิชชู่ *tissue*, instead of **nɛ́p-gîn** แน็ป-กิ้น.

paai พาย is used in the same way as the English word *pie*; there isn't a Thai counterpart for it. *Ice cream* **ai-tim** ไอติม is also pronounced as **ai-sà-griim** ไอ-ศะ-กรีม.

Grammar tips
Grammatically, borrowed English words are used the same way as Thai words. Words in Thai don't have any gender; hence, nouns, verbs, adjectives don't change the form. There are not articles such as *a* or *the*. Everything is always in basic form.

Pronunciation tips: short "ɛ" and short "u"

The short ɛ sound as in the word nép-gîn แน็ป-กิ้น *napkin* and **u** sound as in the word kúk-gîi คุก-กี้ *cookie* are pronounced similarly in both languages.

21. Server
oo-kee – rɔɔ sàk-khrûu ná khá/khráp
โอ-เค รอ สัก ครู่ นะ คะ/ครับ
okay – wait just-moment ná khá/khráp
OK, please wait a moment!

Borrowed English words
oo-kee   *okay, OK*   โอ-เค

Similar Thai expressions
tòklong   *to agree*   ตกลง

Comments
oo-kee โอ-เค *okay, OK,* is used in the similar way in Thai as in English. **tòklong** ตกลง, which means *to agree* is also used in the similar way to OK, but it is only used to express *agreement.* On the other hand, the English word **oo-kee** โอ-เค *okay* is used more widely in various contexts.

Grammar tips
sàk khrûu สัก ครู่ a *moment* is a nice expression. **ìik sàk khrûu** อีก สัก ครู่ means *for a while* and **mûua sàk khrûu** เมื่อ สัก ครู่ is translated into English as a *moment ago*.

Pronunciation tips: long "ee" and long "oo"

Thais typically pronounce the English vowel combination **ei** as the long **ee** sound and **ou** as the long **oo** sound, as in the word **oo-kee** โอ-เค *okay* (**ou-kei**). The long **ee** and long **oo** sounds do not exist in English in pure form.

22. Customer
khun khá/khráp – *tʃék bin* dûuai ná khá/khráp
คุณ คะ/ครับ – เช็ค บิล ด้วย นะ คะ/ครับ
you khá/khráp – check-bill also ná khá/khráp
Server! May I pay, please?

Borrowed English words
tʃék bin	to ask for a bill	เช็ค บิล

Similar Thai expressions
gèp tang	to ask for a bill	เก็บ ตังค์

Comments
Both expressions, **tʃék bin** เช็ค บิล and **gèp tang** เก็บ ตังค์ are equally used in Thailand.

Grammar tips
khun คุณ in Thai has several meanings besides being used as a personal pronoun meaning *you*; it is placed before names to show respect. Generally, it is a polite expression, unlike *you* in English. Hence, **khun** คุณ is always used before first names to show respect. So, John is called **khun John**. You may address the server simply by saying "**khun**". The same would be rude in English.

23. Server
nîi khâ/khráp – tháng-mòt sɔ̌ɔng-rɔ́ɔi-hâa sìp bàat khâ/khráp
นี่ ค่ะ/ครับ – ทั้งหมด สอง ร้อย ห้า สิบ บาท ค่ะ/ครับ
this khâ/khráp – all-totally two-hundred-fifty baht khâ/khráp
Here you are! It will be all together two hundred fifty baht.

24. Customer
nîi săam rɔ́ɔi bàat – mâi tôŋ thɔɔn – hâi *típ* – khɔ̀ɔp khun khâ/khráp
นี่ สาม ร้อย บาท – ไม่ ต้อง ทอน – ให้ ทิป – ขอบ คุณ ค่ะ/ครับ
this three hundred baht – no need cut – give *tip* – thank you khâ/khráp
I have three hundred baht. Keep the change! Thank you!

Borrowed English words
típ　　　　to tip, tip　　　　ทิป

Similar Thai expressions
mâi tôŋ thɔɔn　　keep the change　　ไม่ ต้อง ทอน

Comments
In English, the word *tip* has several meanings, being used both as a noun and as a verb. In Thai, **típ** ทิป is only used when giving a tip in connection with paying for a bill or service.

Grammar tips
mâi tôŋ thɔɔn ไม่ ต้อง ทอน can be translated into English as "*keep the change*" (literally no need to cut). That would be enough in the above situation. **hâi típ** ให้ ทิป *to tip* is just an extra expression here. Perhaps, **mâi tôŋ thɔɔn** ไม่ ต้อง ทอน is more polite than using the borrowed English word **típ** ทิป.

25. Server
khɔ̀ɔp khun mâak khâ/khráp – aahăan pen yang-ngai bâang khá/khráp
ขอบ คุณ มาก ค่ะ/ครับ – อาหาร เป็น ยังไง บ้าง คะ/ครับ
thank you very khâ/khráp – food be how some khá/khráp
Thank you very much! How was your food?

26. Customer
arɔ̀i mâak
อร่อย มาก
delicious very
It was very delicious!

27. Server
oogàat nâa tʃɔɔn mài ná khá/kráp
โอกาส หน้า เชิญ ใหม่ นะ คะ/ครับ
occasion next invite again ná khá/khráp
Please, come again!

28. Customer
khɔ̀ɔp khun mâak – sàwàtdii khâ/khráp
ขอบ คุณ มาก – สวัสดี ค่ะ/ครับ
thank you very – sàwàtdii khâ/khráp
Thank you very much! Goodbye!

Comments
The last four sentences are in Thai. They are commonly used as polite expressions when paying a bill in a restaurant.

Grammar tips
oogàat nâa โอกาส หน้า can also be translated as *in the future*. The meaning of **tʃɔɔn** เชิญ is *to invite, to ask, to persuade*. Depending on the context, it can also be translated into English as *please*, especially when used as a *polite invitation* or *request*. See the sentence 27 for an example.

Pronunciation tips: short "e" and short "i"

The short **e** and **i** sounds are common in both languages, as in the word tʃék bin เช็ค บิล *to ask for a bill*. They are pronounced similarly.

D. Review of Thai vowel sounds

Let's begin with a fundamental aspect, the importance of sounds. Just like in any language, mastering accurately sound production is essential. If you can't produce sounds correctly, effective communication becomes challenging. This is especially significant in Thai due to its tonal nature. Furthermore, Thai includes certain sounds that might not be familiar to English speakers.

Thai adheres to strict rules for spelling and tones, which can differ when dealing with borrowed English words in sentences. To truly grasp pronunciation, it's crucial to learn how to accurately articulate borrowed English words. It's worth noting that when using borrowed English words in Thai, Thai normally sticks to Thai sounds and pronunciation.

Within this section, we've covered nearly all of Thai's pure vowel sounds, except one that isn't used for borrowed English words. Short sounds are represented with a single symbol, while long sounds utilize two vowel symbols.

1. Pure vowel sounds

a) Three common vowel sounds that the most of the languages use: Note that in Thai these three sounds become actually six sounds since in Thai short and long vowels constitute a different sound.

i/ii, **u/uu** and **a/aa**

The Thai vowel table:
  i/ii, ɯ/ɯɯ, **u/uu**
  e/ee, ə/əə, o/oo
  ɛ/ɛɛ, **a/aa**, ɔ/ɔɔ

There are 18 pure Thai vowel sounds. The short and long vowels make two separate sounds.

1. The short **i** vowel sound

Thai words

bin	*to fly*	บิน
gin	*to eat*	กิน
sĭn	*end*	สิ้น

Borrowed English words

pík-ník	*picnic* (pik-nik)	ปิ๊ก-นิก
riia-lí-tîi tʃoo	*reality show* (riɛ-lə-ti ʃou)	เรียล-ลิ-ตี้ โชว์
aí kɔ́ɔp-fîi	*iced coffee* (aist ko-fi)	ไอ๊ซ์ ค้อฟ-ฟี่
hít	*to be a hit* (hit)	ฮิต

The short **i** vowel sound is common in both Thai and English.

2. The long **ii** vowel sound

Thai words

pii	*year*	ปี
thîi	*at, to*	ที่
dii	*good*	ดี

Borrowed English words

frii	*to be free* (frii)	ฟรี
tʃiit	*cheese* (tʃiis)	ชีส
sii fúut	*seafood* (sii-fuud)	ซี-ฟู้ด
pít-sâa*	*pizza* (piit-sə)	พิซ-ซ่า
bee-gəə-rîi*	*bakery* (bei-kə-ri)	เบ-เกอ-รี่

The long **ii** vowel sound is common in Thai and in English words.

*Often, Thais pronounce the short English vowel sounds long as in the word **bee-gəə-rîi** เบ-เกอ-รี่. This happens often in two syllable words when the word or syllable ends with a vowel sound. On the other hand, the word pizza (**piit-sə**) is pronounced with a short **i** sound in Thai.

3. The short **u** vowel sound

Thai words

khúk	*prison, jail*	คุก
thúk	*every*	ทุก
sùk	*cooked, ripe*	สุก

Borrowed English words

búk	*to book, to reserve* (buk)	บุ๊ก
kúk-gîi	*cookie* (ku-ki)	คุก-กี้
grúp*	*group* (gruup)	กรุ๊ป
súp*	*soup* (suup)	ซุป

The short **u** vowel sound is common in both Thai and English.

*Often, Thais pronounce short English vowels long. However, in the above two words, Thais have decided to pronounce the English long vowel **uu** with the short **u** sound.

4. The long **uu** vowel sound

Thai words

khr**uu**	*teacher*	ครู
th**ùu**k	*to be cheap, right*	ถูก
ng**uu**	*snake*	งู

Borrowed English words

s**uu**m	*to zoom* (z**uu**m)	ซูม
fáat fúut	*fast food* (faast f**uu**d)	ฟ้าสต์ ฟู้ด
mee-n**uu**	*menu* (men-y**uu**)	เม-นู
b**uu**-tìk	*boutique* (b**uu**-tiik)	บู-ติก

5. The short **a** vowel sound

Thai words

tham	*to do*	ทำ
man	*it*	มัน
nàk	*heavy*	หนัก

Borrowed English words

plam	*plum* (plam)	พลัม
pám	*to pump* (pamp)	ปั๊ม
má-gà-roo-nii	*macaroni* (mɛ-kə-rou-ni)	มะ-กะ-โร-นี
sà-làt*	*salad* (sɛ-ləd)	สะ-หลัด

The short **a** vowel sound is common in both Thai and English.

*The common feature of the English language is to reduce many vowel sounds into a *schwa*. *Schwa* refers to the sound, represented by the symbol ə, which is a reduced and unstressed vowel sound. Examples include *salad* (sɛləd) or *about* (ə-baut).

Often, Thais use the short **a** sound instead of *schwa* sound ə.

6. The long **aa** vowel sound

Thai words

r**á**an	*shop, store*	ร้าน
s**ǎ**an	*document*	สาร
ph**à**an	*to pass, to pass by*	ผ่าน

Borrowed English words

a-woo-k**aa**-dôo *avocado* (ɛvə-k**aa**-dou) อะ-โว-คา-โด
f**á**at fúut *fast food* (f**aa**st fuud) ฟ้าสต์ ฟู้ด
g**aa**-fɛɛ a-mee-rí-g**aa**-nôo* *American coffee* (ə-mə-ri-kan kɔ́-fî)
   กา-แฟ อ-เม-ริ-กา-โน
k**á**a-puu-tʃii-nôo* *cappuccino* (kɛ-pu-tʃii-nou) คา-ปู-ชี-โน่
m**á**t-sà-t**à**at* *mustard* (mas-təd) มัส-สะ-ตาร์ด

The long **aa** vowel sound is common in both Thai and English.

*The English sounds such as ɔ, ɛ and ə are turned into the long **aa** sound here. *Coffee* (kɔ́-fî) is pronounced as g**aa**-fɛɛ กา-แฟ in Thai. *Cappuccino* (kɛ-pu-tʃii-nou) is pronounced as k**á**a-puu-tʃii-nôo คา-ปู-ชี-โน่ and *mustard* (mas-təd) is pronounced as m**á**t-sà-t**à**at, มัส-สะ-ตาร์ด.

b) The remaining ten Thai vowel sounds used in the borrowed English words are: **e/ee, ə/əə, ɛ/ɛɛ, o/oo** and **ɔ/ɔɔ**

The Thai vowel table
  i/ii, ɯ/ɯɯ, u/uu
  e/ee, ə/əə, o/oo
  ɛ/ɛɛ a/aa, **ɔ/ɔɔ**

1. The short **e** vowel sound

Thai words

hěn	*to see*	เห็น
lên	*to play*	เล่น
měn	*to be smelly*	เหม็น

Borrowed English words

tʃék	to check (tʃek)	เช็ค
pép-sîi	Pepsi (pep-si)	เป๊ป-ซี่
sà-yăam sen-tôə	Siam center (Sai-əm sen-tə)	สยาม เซ็น-เต้อร์
dai-èt*	diet (dai-ət)	ได-เอ็ท
a-páat-mén*	apartment (ə-paat-mənt)	อ-พ้าร์ท-เม้นท์

The short **e** vowel sound is common in both Thai and English.

*The common feature of the English language is to reduce many vowels (here **e** vowel sound) into *schwa* sound **ə** while Thais pronounce it as **e** as it is spelled in English.

2. The long **ee** vowel sound

Thai words

ubàtihèet	accident	อุบัติเหตุ
séep-tìt	addictive	เสพ ติด
khèet	area, zone	เขต

Borrowed English words

brèek	to brake (breik)	เบรก
kéek	cake (keik)	เค้ก
míu-tʃéek	milkshake (milk-ʃeik)	มิ้ลค์-เช้ค
sà-téek	steak (steik)	สะ-เต๊ก

In English, there is not any pure long **ee** sound. It is pronounced **ei**, as in the word br**a**ke. Thais change it to the long **ee** sound to align with the Thai pronunciation rules. In Thai, there is no **ei** sound, which is actually a vowel combination.

3. The short **ə** vowel

Thai words

yə́	much	เยอะ
lə́-thə́	dirty	เลอะ เทอะ
ngən	money	เงิน

Borrowed English words

guu-gân	*google* (kuu-gəl)	กู-เกิ้ล
ɛ́p-pân	*apple* (ɛ-pəl)	แอ๊ป-เปิ้ล
kee-bân	*cable* (kei-bəl)	เค-เบิ้ล

In Thai, the short ə sound is rare. However, it is common in English.

In borrowed English words, the short ə sound is normally associated with the English consonant clusters such as **gle**, **ble**, **ple**. In addition, normally, Thais turn the English **l** sound into the **n** sound at the end of the word.

4. The long əə vowel sound
Thai words

pə̀ət	*to open*	เปิด
gə̀ət	*to happen*	เกิด
lə̂ət	*to be excellent*	เลิศ

Borrowed English words

gəəl grúp	*girl band* (gəəl-gruup)	เกิร์ล กรุ๊ป
hɛm-bəə-gə̂ə	*hamburger* (hɛm-bəə-gə)	แฮม-เบอร์-เก้อร์
drai-wə̂ə*	*driver* (drai-wə)	ไดร-เว่อร์
bee-gəə-rîi	*bakery* (bei-kə-ri)	เบ-เกอ-รี่

The long əə vowel sound is common in both Thai and English.

*Often, Thais turn the short English sound ə into the long əə sound. This happens usually when the English word is spelled with the **er** sounds as in the word *driver* or *bakery*.

5. The short o vowel sound
Thai words

khon	*people, person*	คน
lom	*wind*	ลม
sôm	*orange, to be sour*	ส้ม

Borrowed English words

tʃɔ́p-pîng	*shopping* (ʃɔ-ping)	ช็อป-ปิ้ง
dɔ́k-tə̂ə	*doctor* (dɔk-tə)	ด๊อก-เต้อร์
lɔ́p-bîi	*lobby* (lɔ-bi)	ล็อบ-บี้

The short **o** vowel sound is common in Thai. However, the short **o** sound does not exist in English in its pure form. It is transliterated here as ɔ.

6. The long **oo** vowel sound

Thai words

thoo	*to call*	โทร
doon	*to hit, to be in trouble*	โดน
sòot	*to be single*	โสด

Borrowed English words

wòot	*to vote* (v**ou**t)	โหวต
soo-daa	*soda* (s**ou**-da)	โซ-ดา
doo-nát	*doughnut* (d**ou**-nat)	โด-นัท

The long **oo** sound is common in Thai. However, the long **oo** sound does not exist in English in its pure form. In the above words, it is normally pronounced in English as **ou**, which is actually a vowel combination.

On the other hand, in Thai, there is no vowel combination as **ou**. Thais change this sound to the long **oo** sound.

7. The short ɛ vowel sound

Thai words

wɛ́	*to stop over*	แวะ
yɔ́-yɛ́	*many, plenty*	เยอะ-แยะ
gɔ̀-gɛ̀	*to approach, to flirt*	เกาะ-แกะ
nɛ́	*to advise*	แนะ

Borrowed English words

nɛ́p-gîn	*napkin* (nɛp-kin)	แน็ป-กิ้น
kɛ́p-lɔ́k	*caps lock* (kɛps-lɔk)	แค็ป-ล็อค
tʃɔ́k-goo-lɛ́t*	*chocolate* (tʃɔk-lət)	ช็อก-โก-แล็ต
tɛ́p-lèt*	*tablet* (tɛp-lət)	แท็บ-เหล็ต

The short ɛ is common in both Thai and English.

*The common feature of the English language is to reduce many vowels into a *schwa* sound ə while Thais pronounce it here as ɛ or e.

8. The long ɛɛ vowel sound
Thai words

khráng rêɛk	*first time*	ครั้ง แรก
sɛ̌ɛn	*hundred thousand*	แสน
sɛ̂ɛp	*to be tasty*	แซบ
mɛ̂ɛn	*accurately*	แม่น

Borrowed English words

tsɛ́ɛt	*jazz* (dʒɛz)	แจ๊ส
yɛɛm	*jam* (dʒɛm)	แยม
kɛɛ-rɔ̀t	*carrot* (kɛ-rət)	แคร์-หร็อต
sa-gɛɛn	*to scan* (skɛn)	สะ-แกน
sɛɛn-wít	*sandwich* (sɛn-witʃ)	แซนด์-วิช
ɛ́ɛp-sà-trɛ̀ɛk	*to be abstract* (ɛb-strɛkt)	แอ๊บ-สะ-แตรกต์

The long ɛɛ is common in Thai.

Often, Thais turn the short English ɛ sound into the long ɛɛ sound as in the above words.

Typically, the long ɛɛ sound in English is associated with words such as mad, sad or bad. In addition, Americans may also pronounce words such as fast, last or can't with the long ɛɛ sound.

9. The short ɔ vowel sound

Thai words

gɔ̀	*island*	เกาะ
hɔ̂ng	*room*	ห้อง
tɔ̂ng	*must*	ต้อง
sɔ̂m	*repair*	ซ่อม

Borrowed English words

lɔ́k	*to lock* (lɔk)	ล็อก
nɔ́k	*to knock someone out* (nɔk)	น็อค
kɔ́k-teeu	*cocktail* (kɔk-teil)	ค็อก-เทล
hɔ́t	*to be hot, high in demand* (hɔt)	ฮ็อต
tʃɔ́k-goo-lét	*chocolate* (tʃɔk-lət)	ช็อก-โก-แล็ต

The short ɔ vowel sound is common in both Thai and English.

In many words, it is written long in the Thai script, but pronounced short such as hɔ̂ng ห้อง, tɔ̂ng ต้อง and sɔ̂m ซ่อม.

10. The long ɔɔ vowel sound

Thai words

gɔ̂ɔ	*also, likewise*	ก็
nɔɔn	*to sleep*	นอน
tsɔ̀ɔt	*to stop, to park*	จอด
plɔ̀ɔt	*to be free from*	ปลอด
nɔ̂ɔk	*outside*	นอก

Borrowed English words

sà-trɔɔ-bəə-rîi	*strawberry* (strɔɔ-be-ri)	สะ-ตรอว์-เบอร์-รี่
wɔɔ-nát	*walnut* (wɔɔl-nat)	วอล-นัท
wɔɔ-pee-pâə	*wallpaper* (wɔɔl-pei-pe)	วอลล์-เป-เป้อร์
tɔ́ɔk tʃoo	*talk show* (tɔɔk ʃou)	ท้อล์ค-โชว์
hee-lii-kɔ́ɔp-tâə*	*helicopter* (he-li-kɔp-tə)	เฮ-ลิ-ค้อป-เต้อร์
wɔ́ɔt-gâa*	*vodka* (vɔd-kə)	ว้อด-ก้า

The long ɔɔ vowel sound is common in both Thai and English.

*Often, Thais turn the short English vowel sounds into long vowel sounds such as in the word **hee-lii-kɔ́ɔp-tə̂ə** เฮ-ลิ-ค้อป-เต้อร์ or **wɔ́ɔt-gâa** ว้อด-กา.

In English, the vowel sounds can be shortened or prolonged without changing a meaning. That is not possible in Thai words.

c) The short **ʉ** and long **ʉʉ** vowel sounds

1. The short **ʉ**

Thai words

tʉk	*building*	ตึก
lʉ́k	*deep*	ลึก
dʉ̀k	*late*	ดึก

2. The long **ʉʉ**

Thai words

sʉ́ʉ	*to buy*	ซื้อ
mʉʉ	*hand*	มือ
khrʉ̂ʉang	*machine*	เครื่อง

The short **ʉ** and long **ʉʉ** vowel sounds are common in Thai. However, they are not used for borrowed English words since these sounds do not exist in English in pure form.

Some English speakers may use similar sounds in words such as c**ou**ld, sh**ou**ld and w**ou**ld.

In summary, there are 18 pure vowel sounds in Thai as follows:

The Thai vowel table
  i/ii ʉ/ʉʉ u/uu
  e/ee, ə/əə, o/oo
  ɛ/ɛɛ a/aa ɔ/ɔɔ

The English language has only five pure vowel letters. They are **a, e, i, o, u**. However, with these five vowel letters, we should be able to form about twenty different vowel sounds. Consequently, vowel sounds depend on the word in question or different letter combinations. The English spelling is not consistent.

E. Simple advice

Thai vowels are very "straight-forward" and are normally pronounced clearly as they are written. Pure vowels in Thai are pronounced either short or long. It should also be noted that in English, vowels are pronounced somewhat differently in the UK, USA, Canada, Australia etc.

We cannot really rely on English vowel sounds, spoken or written when trying to understand how Thai vowel sounds are spoken.

Both English and Thai are languages that have borrowed a significant portion of their vocabulary from other languages. In the case of Thai, many words have been adopted from other languages such as English, Chinese, Cambodian, Pali and Sanskrit. These words have been integrated into the Thai language long time ago. More recent borrowings have also occurred.

When mentioning English words, we are referring to words currently used in the English language. However, many of these words have been borrowed from other languages such as Latin, French and German etc. The same word may be used by both languages such as **gii-wîi** กี-วิ *kiwi*. This book is more concerned with the usage of words and not so much with the history of words.

It's important to note that not all borrowed English words are universally understood in Thailand. They are more commonly known in major urban centers like Bangkok compared to rural areas.

On the other hand, many Thai people might assume that certain words are native to Thai; they could be surprised to learn that these same words are used in English as well. Good examples are words such as **brɔ́k-koo-lîi** บร็อค-โค-ลี่ *broccoli* or **tʃɔ́p-pîŋ** ช็อป-ปิ้ง *shopping*.

Estimates suggest that less than 50% of the Thai vocabulary is comprised of original Thai words, with the remainder being borrowed from other languages. The choice of words that Thai speakers use often depends on the context. Consequently, mastering the art of speaking like a Thai can be challenging for foreigners. Thai people are likely to be impressed if you can grasp some essential and accurate Thai words while incorporating borrowed English words in your Thai expressions.

Practical tips
Don't stress excessively. You're fortunate; you already understand the English meanings. The leap to using English words while speaking Thai is just one step away! Note, however, that Thais might utilize English words differently from their usage in English.

pai thîiau sànùk-sànùk
ไป เที่ยว สนุกๆ
Going out and having fun

Chapter 2

A. Sentences spoken by native speakers

If you are not familiar with the "sound-based" writing, try to get used to it bit by bit. This will help you tremendously with your future Thai studies.

Every borrowed English word is divided into syllables. This helps to follow the Thai pronunciation and tones more easily. Additionally, it serves as an aid for those who wish to improve their reading and writing skills in the Thai script.

In sections A and B, we present two slightly different pronunciations for borrowed English words. The adjusted pronunciation is written in *italics*. The most common Thai pronunciation is written in **bold**. Note that the adjusted pronunciation also includes the Thai tones. In Thai, the spoken language is understood through *pronunciation*, *tones* and *context*.

The closer you come to the common Thai way of pronunciation, the better. However, the main point is that your Thai friends understand you when you speak Thai.

Going out and having fun

1. nók นก
wâa ngai tsuudîi – pen yang-ngai bâang
ว่า ไง จู๋ดี้ เป็น ยัง ไง บ้าง

2. tsuudîi จู๋ดี้
sàwàtdii nók – tʃán sàbaai dii – wan níi yàak tham arai
สวัสดี นก ฉัน สบาย ดี วัน นี้ อยาก ทำ อะไร

3. nók นก

thəə yàak pai *baa biə* pə̀ət mài mái – yùu mâi glai – dəən pai dâai
thəə yàak pai **baa biia** pə̀ət mài mái – yùu mâi glai – dəən pai dâai
เธอ อยาก ไป บาร์ เบียร์ เปิด ใหม่ ไหม – อยู่ ไม่ ไกล – เดิน ไป ได้

man *pɔ́p-yə-lə̂* mâak-mâak – gamlang *hít* ləəi
man **pɔ́ɔp-puu-lâa** mâak-mâak – gamlang **hít** ləəi
มัน ป๊อป-ปู-ล่าร์ มากๆ – กำลัง ฮิต เลย

4. tsuudîi จูดี้

dii mâak – pai gan thə̀ – *wáu!* thîi nîi *kyuu* yaau tsang
dii mâak – pai gan thə̀ – **wáau!** thîi nîi **kiu** yaau tsang
ดี มาก – ไป กัน เถอะ – ว้าว! ที่ นี่ คิว ยาว จัง

thɛ̆ɛu níi mii arai thîi *hɔ́t* ìik mái
thɛ̆ɛu níi mii arai thîi **hɔ́t** ìik mái
แถว นี้ มี อะไร ที่ ฮ็อต อีก ไหม

5. nók นก
mii sì – tʃên
มี สิ – เช่น

ka-ba-rêi	**kaa-baa-rêe**	คา-บา-เร่ต์
kɔ́-fî ʃɔ̂p	**kɔ́ɔp-fîi tʃɔ̂p**	ค้อฟ-ฟี่-ฉ็อป
dís-kôu	**dí-sà-gôo**	ดิ๊-สะ-โก้
kɔn-sə̀ət phleeng tsés	**kɔɔn-sə̀ət phleeng tsɛ́ɛt**	
		คอน-เสิร์ต เพลง แจ๊ส
ka-ra-ou-ki	**kaa-raa-oo-gè**	คา-รา-โอ-เกะ
náit-klàp	**nái-klàp**	ไน้ท์ ขลับ
pàb	**pàp**	ผับ

lɛ́ɛu – *ʃou gei* thîi *in-trend* lé *i-ro-tik* nɔ̀i – gɔ̂ɔ mii
lɛ́ɛu – **tʃoo gee** thîi **in-tren** lé **ék** nɔ̀i – gɔ̂ɔ mii
แล้ว – โชว์ เกย์ ที่ อิน-เทร็นด์ และ เอ๊กซ์ หน่อย – ก็ มี

6. tsuudîi จูดี้
pai *kɔ́-fi-ʃɔ̀p* dii kwàa
pai **kɔ́ɔp-fíi tʃɔ̀p** dii kwàa
ไป ค้อฟ-ฟี่-ฉ็อป ดี กว่า

ngîiap lέεu gɔ̂ɔ *máu* gan dâai – *staa-bàk ou-kei* mái
ngîiap lέεu gɔ̂ɔ **máu** gan dâai – **sà-taa-bàk oo-kee** mái
เงียบ แล้ว ก็ เม้าท์ กัน ได้ – สะ-ตาร์-บัคส์ โอ-เค ไหม

7. nók นก
ai-dia dii – tʃán hĕn dûuai
ai-dia dii – tʃán hĕn dûuai
ไอ-เดีย ดี – ฉัน เห็น ด้วย

8. tsuudîi จูดี้
thîi nîi mii *kɔ́-fi* lăai yàang – mii
thîi nîi mii **gaa-fεε** lăai yàang – mii
ที่ นี่ มี กา-แฟ หลาย อย่าง – มี

kɔ-fi a-me-rí-kan	**gaa-fεε a-mee-rí-kaa-nôo**	
		กา-แฟ อ-เม-ริ-กา-โน่
áis-kɔ́-fi	**ái kɔ́ɔp-fíi**	ไอ๊ซ์ ค้อฟ-ฟี่
és-prê-sôu	**éet-prêet-sôo**	เอ๊ส-เพร้ส-โซ่
ká-pu-tʃii-nôu	**káa-puu-tʃii-nôo**	คา-ปู-ชี-โน่
laa-têi	**laa-têe**	ลา-เต้
ai-ríʃ-kɔ́-fi	**ai-rít-kɔ́ɔp-fíi**	ไอ-ริช ค้อฟ-ฟี่

lέ ùun-ùun และ อื่นๆ

9. Server
sàwàtdii khâ – ráp arai dii khá
สวัสดี ค่ะ – รับ อะไร ดี คะ

10. nók นก
khɔ̌ɔ *káp-pu-tʃii-nôu* khâ
khɔ̌ɔ **káa-puu-tʃii-nôo** khâ
ขอ คา-ปู-ชี-โน่ ค่ะ

11. Server
gêɛu yài mái khá
แก้ว ใหญ่ ไหม คะ

12 nók นก
khâ – tɛ̀ɛ wâa mâi au wăan – mâi sài nám-taan khâ
ค่ะ – แต่ ว่า – ไม่ เอา หวาน – ไม่ ใส่ น้ำ ตาล ค่ะ

13. tsuudîi จูดี้
lɛ́ɛu – khɔ̆ɔng tʃán – au *laa-têi* khâ
lɛ́ɛu – khɔ̆ɔng tʃán – au **laa-têe** khâ
แล้ว – ของ ฉัน – เอา ลา-เต้ ค่ะ

14. Server
rau mii *pro-mou-ʃân* – *áis kɔ́-fi* gêɛu yài hâa-sìp-hâa bàat thâu-nán ná khá
rau mii **proo-moo-tʃân** – **ái kɔ́ɔp-fii** gêɛu yài hâa-sìp-hâa bàat thâu-nán ná khá
เรา มี โปร-โม-ชั่น – ไอ๊ซ์ ค้อฟ-ฟี่ แก้ว ใหญ่ ห้า สิบ ห้า บาท เท่า นั้น นะ คะ

15. tsuudîi จูดี้
ou-kei – au an nán thɛɛn khâ
oo-kee – au an nán thɛɛn khâ
โอ-เค – เอา อัน นั้น แทน ค่ะ

16. nók นก
khɔ̆ɔ plìian tsàak *ká-pu-tʃii-nôu* pen *áis-kɔ́-fi*
khɔ̆ɔ plìian tsàak **káa-puu-tʃii-nôo** pen **ái kɔ́ɔp-fii**
ขอ เปลี่ยน จาก คา-ปู-ซี-โน่ เป็น ไอ๊ซ์ ค้อฟ-ฟี่

dâai mái khá – au gêɛu lék khâ
ได้ ไหม คะ – เอา แก้ว เล็ก ค่ะ

lɛ́ɛu nâng thîi năi dii
แล้ว-นั่ง ที่ ไหน ดี

17. Server
nâng thîi năi gôɔ dâai khâ
นั่ง ที่ ไหน ก็ ได้ ค่ะ

18. tsuudîi จูดี้
pai trong nán gan thə̀ – ngîiap lɛ́ *rou-mɛn-tìk* dii
pai trong nán gan thə̀ – ngîiap lɛ́ **roo-mɛɛn-tìk** dii
ไป ตรง นั้น กัน เถอะ – เงียบ และ โร-แมน-ติก ดี

19. nók นก
ngîiap mâak ləəi ná – mii *gəəl grúup* thîi lên *trɔm-boun* lɛ́ *vai-ə-lin* dûuai
ngîiap mâak ləəi ná – mii **gəəl grúp** thîi lên **trɔɔm-boon** lɛ́ **wai-oo-lin** dûuai
เงียบ มาก เลย นะ – มี เกิร์ล กรุ๊ป ที่ เล่น ทรอม-โบน และ ไว-โอ-ลิน ด้วย

20. tsuudîi จูดี้
mâi-pen-rai – fang phrɔ́ dii lɛ́ rau gôɔ yang khui gan dâai
ไม่ เป็น ไร – ฟัง เพราะ ดี และ เรา ก็ ยัง คุย กัน ได้

21. Server
khɔ̌ɔ thôot ná khá – ráp *kú-kî frii* mái khá
khɔ̌ɔ thôot ná khá – ráp **kúk-gîi frii** mái khá
ขอ โทษ นะ คะ – รับ คุก-กี้ ฟรี ไหม คะ

22. tsuudîi จูดี้
khɔ̀ɔp khun mâak khâ
ขอบ คุณ มาก ค่ะ

23. Server
oogàat nâa tʃɔən mài ná khá
โอกาส หน้า เชิญ ใหม่ นะ คะ

B. English vocabulary used in this section

This section summarizes the borrowed English vocabulary commonly used in Thai, highlighting pronunciation differences between the two languages.

The first word, written in *italics*, aligns with the adapted English pronunciation, and the second word is the most common Thai pronunciation. Sometimes, the English pronunciation is the same or similar to the Thai way.

The most common Thai pronunciation is marked in **bold**. Listen to the audio several times and get familiar with the sounds spoken by native Thai speakers.

kham sàp คำ ศัพท์

baa bia, **baa biia**	beer bar	บาร์ เบียร์
pɔ́p-yə-lɔ̂, **pɔ́ɔp-puu-lâa**	to be popular	ป๊อป-ปู-ล่าร์
hít, **hít**	to be a hit	ฮิต
wáu, **wáau**	wow	ว้าว
kyuu, **kiu**	queue	คิว
hɔ́t, **hɔ́t**	to be hot	ฮ็อต
mílk-ʃéik, **míu-tʃéek**	milkshake	มิ้ลค์-เช้ค
ka-ba-rêi, **kaa-baa-rêe**	cabaret	คา-บา-เร่ต์
kɔ́-fi ʃɔ́p, **kɔ́ɔp-fii tʃɔ́p**	coffee shop	ค้อฟ-ฟี่ ฉ็อป
dís-kôu, **dí-sà-gôo**	disco	ดิ-สะ-โก้
kɔn-sɔ̀ət-phleeng-tsés, **kɔɔn-sɔ̀ət-phleeng-tsɛ́ɛt**		
	jazz concert	คอน-เสิร์ต เพลง แจ๊ส
ka-ri-ou-kì, **kaa-raa-oo-gè**	karaoke	คา-รา-โอ-เกะ
náit-klàp, **nái-klàp**	nightclub	ไน้ท์ ขลับ
pàb, **pàp**	pub	ผับ
ʃou gei, **tʃoo gee**	gay show	โชว์ เกย์
in-trend, **in-tren**	to be trendy	อิน-เทร็นด์
ék, **ék**	X, to be erotic	เอ๊กซ์
máu, **máu**	to mouth, to chat	เม้าท์

ai-dia, **ai-dia**		*idea*	ไอ-เดีย
pro-mou-ʃân, **proo-moo-tʃân**		*promotion*	โปร-โม-ชั่น
kɔ-fi, **gaa-fɛɛ**		*coffee*	กา-แฟ
kɔ-fi a-me-rí-kan, **gaa-fɛɛ a-mee-rí-gaa-nôo**			
		American coffee	อ-เม-ริ-กา-โน่
áis-kɔ́-fi, **ái kɔ́ɔp-fíi**		*iced coffee*	ไอ๊ซ์ ค้อฟ-ฟี่
és-prê-sôu, **éet-prêet-sôo**		*espresso*	เอ๊ส-เพร้ส-โซ่
ká-pu-tʃii-nôu, **káa-puu-tʃii-nôo**		*cappuccino*	คา-ปู-ชี-โน่
laa-têi, **laa-têe**		*latte*	ลา-เต้
ai-ríʃ-kɔ́-fi, **ai-rít-kɔ́ɔp-fíi**		*Irish coffee*	ไอ-ริช ค้อฟ-ฟี่
rou-mɛn-tìk, **roo-mɛɛn-tìk**		*romantic*	โร-แมน-ติก
gəəl grúup, **gəəl grúp**		*girl group*	เกิร์ล กรุ๊ป
trɔm-boun, **trɔɔm-boon**		*trombone*	ทรอม-โบน
vai-ə-lin, **wai-oo-lin**		*violin*	ไว-โอ-ลิน
kú-kî, **kúk-gîi**		*cookie*	คุก-กี้
frii, **frii**		*free*	ฟรี

C. How the language works

Sentences translated, words and sounds explained

In this chapter, the focus is on *vowel combinations*. We transliterate sounds as they are normally spoken by native Thai speakers.

Every language has a unique way of pronouncing words and arranging them in a sentence. Constructing Thai sentences with English words is quite simple because the borrowed English words are treated grammatically the same as Thai words.

How words are put together in Thai is important because all the words are in their basic form. This means that words are *not conjugated*, including borrowed English words.

The difficulty arises from the need to pronounce borrowed English words and Thai words correctly so that Thais understand you. This is because Thais use Thai sounds when pronouncing borrowed English words. Hence, the correct transliteration with tone marks is provided for each sentence.

When sentences are translated, you will see two different translations. First, a literal word-for-word translation in English, which helps you learn new words. Second, the correct English translation of the overall meaning conveyed by the Thai phrase or sentence.

Sometimes, the meaning of borrowed English words in Thai can differ or be limited to one specific purpose. The same word in English may have multiple meanings, however.

Going out and having fun

1. nók นก
wâa ngai tsuudîi – pen yang-ngai bâang
ว่า ไง จูดี้ เป็น ยังไง บ้าง
tell how tsuudîi – be how any
Hi Judy! How have you been?

2. tsuudîi จูดี้
sàwàtdii nók – tʃán sàbaai dii – wan níi yàak tham arai
สวัสดี นก ฉัน สบาย ดี – วัน นี้ อยาก ทำ อะไร
sàwàtdii nók – I well good – day this want do what
Hello Nok! I am fine. What would you like to do today?

3. nók นก
thəə yàak pai *baa biia* pə̀ət mài mái – yùu mâi glai – dəən pai dâai
เธอ อยาก ไป บาร์ เบียร์ เปิด ใหม่ ไหม - อยู่ ไม่ ไกล – เดิน ไป ได้
you want go bar-beer open new "question" – stay no far – walk go can
Would you like to go to the newly opened beer bar? It is not far. We can walk.

man *pɔ́ɔp-puu-lâa* mâak-mâak – gamlang *hít* ləəi
มัน ป๊อป-ปู-ล่าร์ มากๆ – กำลัง ฮิต เลย
it popular very-very – being a hit beyond
It is very popular and is really becoming a hit.

Borrowed English words

baa biia	*beer bar*	บาร์ เบียร์
pɔ́ɔp-puu-lâa	*to be popular*	ป๊อป-ปู-ล่าร์
hít	*to be a hit, high in demand*	ฮิต

Similar Thai expressions

ráan lâu	*a place where alcoholic drinks are served*	ร้าน เหล้า
dang	*to be popular, famous* (used for people and things)	ดัง
maa rɛɛng	*to be popular* (used for things only)	มา แรง
yɔ̂ɔt níyom	*to be a hit, highly popular* (used for things only)	ยอด นิยม

Comments

baa biia บาร์ เบียร์ *beer bar* is commonly used in Thailand. Both words (**baa** บาร์ and **biia** เบียร์) are used in different combinations such as **baa-teen-dɔ̂ə** บาร์ เทน-เดอร์ *bartender*, **dráap biia** ดร๊าฟต์ เบียร์ *draft beer*, **biia-sòt** เบียร์ สด *draft beer, fresh beer*. The Thai word **sòt** สด means *to be fresh*.

Thai people don't typically use the word **ɛɛu-kɔɔ-hɔɔ** แอล-กอ-ฮอล์ in the context of drinking, as it is usually reserved for medical purposes. However, with the increasing popularity of English, some people may use it to refer to *drinking alcohol*.

pɔ́ɔp-puu-lâa ป๊อป-ปู-ล่าร์ *to be popular* is frequently used by Thais. This word is normally used in Thai the same way as it is used in English. **hít** ฮิต *to be a hit* is a fashionable expression in Thailand. It is only used for things but not for people.

Grammar tips

Thais normally think that a different tone implies a different pronunciation. Using tones is so deeply rooted in the pronunciation habits of Thai language. Sometimes, the tone and pronunciation are exactly the same; only spelling in the Thai script is different. Then, the meaning is understood entirely from the context.

Hence, in Thai, the meaning is understood from the *pronunciation*, *tones* and the *context*. In the sentence 3, the following words are pronounced the same but with three different tones, and the meaning will be totally different:

mài	*new, again* (low tone)	ใหม่
mái	*question word* (high tone, sometimes with rising tone **măi**)	ไหม
mâi	*no, not* (falling tone)	ไม่

In fact, there is a fourth meaning: **măi** ไหม (rising tone) translates to *silk;* **phâa-măi** ผ้า ไหม is translated as *silk cloth*.

Pronunciation tips: long vowel combination "iə" and "iia"

Thais prefer to pronounce the short English vowel combination **iə** with the long sound **iia** as in the word **biia** เบียร์ *beer* (**biə**). The final *schwa* sound **ə** is changed to a short **a** sound as in the English word b**u**t (b**a**t). The English language does not have the long vowel combination **iia**.

4. tsuudîi จูดี้

dii mâak – pai gan thə̀
ดี มาก – ไป กัน เถอะ
good very – go together thə̀
Very good! Let's go!

wáau! thîi nîi kiu yaau tsang
ว้าว ที่ นี่ คิว ยาว จัง
wow place-this queue long extremely
Wow! The queue is very long here.

thɛ̌ɛu níi mii arai thîi hɔ́t ìik mái
แถว นี้ มี อะไร ที่ ฮ็อต ฮ็อต อีก ไหม
area-this have what that hot more "question"
Are there any other "hot" places around here?

Borrowed English words

wáau	*wow!*	ว้าว
kiu	*queue, row, line*	คิว
hɔ́t	*to be hot, to be high in demand, popular*	ฮ็อต

Similar Thai expressions

oohŏo	*wow!*	โอโห
dang	*to be popular, famous* (used for people)	ดัง
maa rɛɛng	*to be popular* (used for things only)	มา แรง
yɔ̂ɔt níyom	*to be highly popular, highly fashionable* (used for things only)	ยอด นิยม
rɔ́ɔn	*to be hot* (used for temperature only)	ร้อน

Comments

The English words such as **wáau** ว้าว *wow* and **kiu** คิว *queue, row, line* are frequently used by Thais. **kiu** คิว is also used for the English consonant **q**, and **ai-kiu** ไอ คิว *IQ*.

hɔ́t ฮ็อต has many meaning in Thai. It can be used for people and things for meanings such as *to be hot, to be high in demand, popular, famous, sexy,* etc.

Grammar tips

rɔ́ɔn ร้อน *to be hot* is typically used for the temperature only. However, **tsai rɔ́ɔn** ใจ ร้อน is translated as *hot tempered*.

thɛ̆ɛu แถว *row, line* is another word for a *queue* in Thai (sentence 4 above). It is used in several combinations such as:

khâu thɛ̆ɛu	*to queue*	เข้า แถว
thɛ̆ɛu yaau	*long queue*	แถว ยาว
thɛ̆ɛu níi	*here, around here*	แถว นี้
thɛ̆ɛu bâan tʃǎn	*my neighborhood*	แถว บ้าน ฉัน
thɛ̆ɛu nâa	*front row*	แถว หน้า
sɔ̌ɔng thɛ̆ɛu	*minibus*	สอง แถว

The Thai word **thə̀** เถอะ (sentence 4 above) is a particle used to add a sense of encouragement, suggestion or permission to a sentence.

It is normally translated into English as *let's*. It's often used to make a statement or command sound more polite or less direct. It can be used to gently urge someone to do something. It is commonly used with action verbs such as:

pai gan thə̀	*Let's go!*	ไป กัน เถอะ
pai haa dɔ́k-tə̂ə thə̀	*Let's go and see the doctor!*	
		ไป หา ด๊อก-เต้อร์ เถอะ
nɔɔn thə̀	*Let's go to sleep! / Go to sleep!*	นอน เถอะ
tʃái thə̀	*Let's use it! / You can use it!*	ใช้ เถอะ
tham ngaan thə̀	*Let's work! / Please do your work!*	
		ทำ งาน เถอะ
fang thə̀	*Let's listen! / Listen, please!*	ฟัง เถอะ
rîip glàp bâan thə̀	*Let's hurry home! / You should hurry home!*	
		รีบ กลับ บ้าน เถอะ

By adding **thə̀** เถอะ at the end of a sentence or statement, you can soften the tone, making the interaction more polite and friendly.

Pronunciation tips: vowel combinations "aau" and "iu"

English vowel combination **au** is typically pronounced long in Thai, as in the borrowed English word **wáau** ว้าว, which means *wow* (**wau**).

The English word *queue* (**kyuu**) is pronounced in Thai as a vowel combination **kiu** คิว. In fact, the English and Thai pronunciations are similar. The Thai pronunciation is shorter (**kiu**) and English is longer (**kyuu**).

5. **nók** นก
mii sì – tʃên
มี สิ เช่น
have sì – as
Yes, of course, there are such as:

Borrowed English words

kaa-baa-rêe	*cabaret*	คา-บา-เร่ต์
kɔ́ɔp-fíi tʃɔ́p	*coffee shop*	ค้อฟ-ฟี่ ฉ็อป
dí-sà-gôo	*disco*	ดิ๊-สะ-โก้

Chapter 2

kɔɔn-sə̀ət phleeng tsɛ́ɛt	*jazz concert*	คอน-เสิร์ต เพลง แจ๊ส
kaa-raa-oo-gè	*karaoke*	คา-รา-โอ-เกะ
nái-klàp	*nightclub*	ไน้ท์-ขลับ
pàp	*pub*	ผับ

lɛ́ɛu – tʃoo gee thîi in-tren lɛ́ ék nɔ̀i – gɔ̂ɔ mii
แล้ว – โชว์ เกย์ ที่ อิน-เทร็นด์ และ เอ๊กซ์ หน่อย – ก็ มี
and – show gay that in-trend and erotic – also have
And there also is a "gay show", which is trendy and erotic.

Borrowed English words

tʃoo gee	*gay show*	โชว์ เกย์
in-tren	*to be trendy* (used for people and things)	อิน-เทร็นด์
ék	*X, to be erotic, to be overly sexy*	เอ๊กซ์

Similar Thai expressions

sàdɛɛng	*to show, to point out*	แสดง
gaan sàdɛɛng	*performance show*	การ แสดง
than sàmái	*to be modern, fashionable*	ทัน สมัย
póo	*sexy* (people and things, movies)	โป๊

Comments

In Thai, the creativity in language often involves blending English and Thai elements, resulting in unique expressions such as **in-tren** อิน-เทร็นด์ *to be trendy*, which is used for people and things. Again, Thais have been creative to make one word out of two. The original English expression is *in trend*. However, English normally uses the expression *trendy* instead.

kɔɔn-sə̀ət phleeng tsɛ́ɛt คอน-เสิร์ต เพลง แจ๊ส *jazz concert* is also a Thai-English expression.

The term **ék** เอ๊กซ์ is derived from the English letter "X" and is used in Thai to describe something *erotic* or *overly sexy*. It is often found in fiction books, movies and storytelling. While it generally applies to things rather than people, it can be used to describe *clothing*, such as a *dress*.

The use of **ék** เอ๊กซ์ demonstrates how Thai incorporates foreign words and concepts into its language. For instance, a movie titled "X" is intended for mature audiences and carries a strong sexual connotation throughout its plot.

Other similar borrowed expressions are **ii-roo-tìk** อี-โร-ติก *to be erotic, sexy*, which is derived from the English word *erotic*. It is used for *things* and *not for people*. The word **séksîi** เซ็กซี่ *to be sexy* is commonly used for both *people* and *things*.

Grammar tips
In the sentence 5, the Thai particle **sì** สิ is used to express certainty. It can be used in several ways to emphasize a particular point of view. It is a short expression, which is normally placed directly after a verb or phrase. Here are some examples of its usage:

mii sì	*of course we have* (expressing certainty)	มี สิ
pai sì	*go!* (an imperative command)	ไป สิ
lɔɔng sì	*try it!* (a suggestion)	ลอง สิ
hâi taai sì	*damn it* (an idiomatic expression)	ให้ ตาย สิ
nân nâ sì	*that's exactly right* (an idiomatic expression)	นั่น น่ะ สิ

Pronunciation tips: short "ɔi" and long "ɔɔi"

The long **ɔɔi** sound does not exist in English. Normally, Thais change the short English **ɔi** sound to the long Thai sound **ɔɔi** as in the word khaau-bɔɔi คาว-บอย *cowboy* (kau-bɔi).

6. tsuudîi จูดี้
pai *kɔ́ɔp-fii tʃɔ̌p* dii kwàa
ไป ค้อฟ-ฟี่ ฉ็อป ดี กว่า
go coffee shop good better
It is better to go to a coffee shop.

ngîiap – lɛ́ɛu *máu* gan dâai – *sà-taa-bàk* oo-kee mái
เงียบ – แล้ว เม้าท์ กัน ได้ – สะ-ตาร์-บัคส์ โอ-เค ไหม
quiet – and mouth with can – Starbucks OK "question"
It is quiet, and we can chat. Is the Starbucks OK?

Borrowed English words

kɔ́ɔp-fîi tʃɔ̀p	*coffee shop*	ค้อฟ-ฟี่ ฉ็อป
máu	*to gossip, to chat, to talk*	เม้าท์
sà-taa-bàk	*Starbucks*	สะ-ตาร์-บัคส์

Similar Thai expressions

ráan gaa-fɛɛ	*coffee shop*	ร้าน กา-แฟ
khui	*to chat, to talk*	คุย
súp-síp	*to whisper, to gossip, to chitchat*	ซุบ ซิบ
ninthaa	*to gossip*	นินทา

Comments
máu เม้าท์ *to chat* is derived from the English word *mouth*. It is a creative Thai way of turning a noun into a verb with a new meaning. Many borrowed English words are given new meanings or used differently by Thais compared to their original English meanings.

7. nók นก
ai-dia dii – tʃán hěn dûuai
ไอ-เดีย ดี – ฉัน เห็น ด้วย
ai-dia good – I see together
That's a good idea. I agree!

Borrowed English words

ai-dia	*idea*	ไอ-เดีย

Similar Thai expressions

khwaam khít	*idea, notion, thought*	ความ คิด

Comments
ai-dia ไอ-เดีย *idea* is often used in informal situations while **khwaam khít** ความ คิด *idea, notion, thought* is more often used in formal situations.

Grammar tips
In the sentence 7 above, the adjective **dii** ดี *good* is used as a *verb,* and the *subject* is understood from the *context*. It would be grammatically

incorrect to say: **man pen idea dii** มัน เป็น ไอ-เดีย ดี *it's a good idea.* Thais would never construct a sentence like that because **pen** เป็น *to be* is not placed before adjectives in Thai.

Pronunciation tips: short vowel combination "ai" and "aai"

The short **ai** sound is commonly used in both Thai and English. For example, in the borrowed English word n**ái**-kláp ไน้ท์ ขลับ *nightclub* (n**ai**t-kláp) the pronunciation of **ai** is the same.

However, the long vowel combination **aai** does not exist in its pure form in English. Generally, English vowel combinations are pronounced with two short vowels. To achieve the long diphthong **aai** in Thai, you need to extend the short **a** sound slightly longer. An example of this is the borrowed English word frii sà-**taai** ฟรี สะ-ไตล์ *free-style* (frii-st**ai**l).

8. tsuudîi จูดี้
thîi nîi mii *gaa-fɛɛ* lăai yàang – mii
ที่ นี่ มี กา-แฟ หลาย อย่าง – มี
place-this have coffee several type – have
They have several kinds of coffee here, such as:

Borrowed English words
gaa-fɛɛ a-mee-rí-gaa-nôo

	American style coffee	กา-แฟ อ-เม-ริ-กา-โน่
ái kɔ́ɔp-fîi	*iced coffee*	ไอ๊ซ์ ค้อฟ-ฟี่
éet-prêet-sôo	*espresso*	เอ๊ส-เพร้ส-โซ่
káa-puu-tʃii-nôo	*cappuccino*	คา-ปู-ชี-โน่
laa-têe	*latte*	ลา-เต้
ai-rít-kɔ́ɔp-fîi	*Irish coffee*	ไอ-ริช ค้อฟ-ฟี่

lɛ́ ùun-ùun
และ อื่นๆ
and other-other
and many more.

Similar Thai expressions

gaa-fɛɛ rɔ́ɔn	*hot coffee*	กา-แฟ ร้อน
gaa-fɛɛ sòt	*fresh coffee*	กา-แฟ สด
gaa-fɛɛ thammádaa	*regular coffee*	กา-แฟ ธรรมดา
gaa-fɛɛ dam	*black coffee*	กา-แฟ ดำ
gaa-fɛɛ yen	*iced coffee*	กา-แฟ เย็น

Comments

In the old days, Thai people didn't drink much coffee. So, coffee culture in modern Thailand is very much influenced by Western coffee habits.

When you ask for a *hot coffee*, **gaa-fɛɛ rɔ́ɔn** กา-แฟ ร้อน, the server may tell you that we have only **gaa-fɛɛ a-mee-rí-gaa-nôo** กา-แฟ อเม-ริ-กา-โน่ *American style coffee*. It can be nearly the same thing, but a fancier way to say it and could cost a bit more.

Thai people use a lot of sugar for everything. If you don't use sugar, it is a good idea to inform the server about it when you order. You may use expressions such as **mâi sài nám-taan khâ** ไม่ ใส่ น้ำ ตาล ค่ะ *I don't use sugar* or **mâi au wăan khâ** ไม่ เอา หวาน ค่ะ *I don't want it sweet*.

Grammar tips

The phrase **lɛ́ ùun-ùun** และ อื่นๆ can be translated into English as *and so on*. There is another similar expression in Thai, **pen tôn** เป็น ต้น which also means *and so on, for example, etc.*

The word **tôn** ต้น is multi-functional word in Thai and can be used in several different combinations such as:

tôn máai	*tree, plant*	ต้น ไม้
tôn tʃàbàp	*master copy*	ต้น ฉบับ
tɔɔn tôn	*first part*	ตอน ต้น
tôn hèet	*cause, origin*	ต้น เหตุ

9. Server
sàwàtdii khâ – ráp arai dii khá
สวัสดี ค่ะ – รับ อะไร ดี คะ
hello khâ – receive what good khá
Hello! What would you like to have?

10. nók นก
khɔ̌ɔ *káa-puu-tʃii-nôo* khâ
ขอ คา-ปู-ซี-โน่ ค่ะ
ask cappuccino khâ
Could I get one cappuccino?

11. Server
gɛ̂ɛu yài mái khá
แก้ว ใหญ่ ไหม คะ
cup large "question" khá
Do you want a large cup?

12 nók นก
khâ – tὲɛ wâa – mâi au wǎan – mâi sài nám-taan khâ
ค่ะ – แต่ ว่า – ไม่ เอา หวาน – ไม่ ใส่ น้ำ ตาล ค่ะ
khâ – but that – no take sweet – no use sugar khâ
Yes, but I don't like it sweet. I don't use sugar.

13. tsuudîi จูดี้
lɛ́ɛu – khɔ̌ɔng tʃán – au *laa-têe* khâ
แล้ว – ของ ฉัน – เอา ลา-เต้ ค่ะ
and – of I – take latte khâ
And for me latte.

14. Server
rau mii *proo-moo-tʃân*
เรา มี โปร-โม-ชั่น
we have promotion
We have a promotion.

ái kɔ́ɔp-fii gɛ̂ɛu yài hâa-sìp-hâa bàat thâu-nán ná khá
ไอ๊ซ์ ค้อฟ-ฟี่ แก้ว ใหญ่ ห้า สิบ ห้า บาท เท่า นั้น นะ คะ
ice-coffee cup large five-ten-five baht only ná khá
A large cup of iced coffee is only fifty-five baht.

Borrowed English words

káa-puu-tʃii-nôo	*cappuccino*	คา-ปู-ชี-โน่
laa-têe	*latte*	ลา-เต้
proo-moo-tʃân	*promotion*	โปร-โม-ชั่น
ái kɔ́ɔp-fii	*iced coffee*	ไอ๊ซ์ ค้อฟ-ฟี่

Similar Thai expressions

sòng sɔ̌ɔm gaan khǎai	*to promote*	ส่ง เสริม การ ขาย
gaa-fɛɛ yen	*iced coffee*	กา-แฟ เย็น

Comments
sòng sɔ̌ɔm gaan khǎai ส่ง เสริม การ ขาย *promotion* is quite a long expression. Thais prefer to use the borrowed English word **proo-moo-tʃân** โปร-โม-ชั่น instead. However, **gaa-fɛɛ yen** กา-แฟ เย็น *iced coffee* is normally used instead of **ái kɔ́ɔp-fii** ไอ๊ซ์ ค้อฟ-ฟี่ *iced coffee* by Thais.

15. **tsuudîi** จู๋ดี้
oo-kee – au an nán **thɛɛn** khâ
โอ-เค – เอา อัน นั้น แทน ค่ะ
okay – take piece that instead khâ
OK! I'll take that instead, please.

Borrowed English words

oo-kee	*okay*	โอ-เค

Similar Thai expressions

tòklong	*to agree*	ตกลง

Comments
The Thai word **tòklong** ตกลง means *to agree* and is used similarly to the English word *okay* when expressing agreement. However,

tòklong ตกลง is specifically used for expressing agreement, while the English word **oo-kee** โอ-เค *okay* has a broader range of meanings. In English, *okay* can also mean that something is satisfactory, to confirm understanding, or to give approval, among other uses.

Grammar tips
In the sentence 15, **thɛɛn** แทน is translated into English as *instead of*. It can be used in several combinations to mean different things such as:

tuua thɛɛn	*agent*	ตัว แทน
thót thɛɛn	*to compensate, to return*	ทด แทน
phûut thɛɛn	*to speak for someone*	พูด แทน
ráp thɛɛn	*to defend someone*	รับ แทน
au an-níi thɛɛn ná	*I want this instead*	เอา อัน นี้ แทน นะ

Pronunciation tips: long "ei" and long "ee"

The English vowel combination **ei** does not exist in Thai. So, Thais turn it into the long **ee** sound as in the borrowed English words bee-gɔɔ-rîi เบ-เกอ-รี่ *bakery* (bei-kə-ri), séep เซ้ฟ *safe* (seif) or oo-kee โอ-เค *okay* (ou-kei).

Interestingly, some Thais pronounce the word sǔu**ai** สวย *to be beautiful* as sǔ**ei** with the **ei** sound.

16. nók นก
khɔ̌ɔ plìian tsàak *káa-puu-tʃii-nôo* pen *ái kɔ́ɔp-fii*
ขอ เปลี่ยน จาก คา-ปู-ซี-โน่ เป็น ไอ๊ซ์ ค้อฟ-ฟี
ask change from cappuccino be ice coffee
Could I change my cappuccino to an iced coffee?

dâai mái khá – au gɛ̂ɛu lék khâ
ได้ ไหม คะ – เอา แก้ว เล็ก ค่ะ
can "question" khá – take cup small khâ
I would like a small cup.

lɛ́ɛu nâng thîi năi dii
แล้ว นั่ง ที่ ไหน ดี
then sit place-where good
And then, where can we sit?

Borrowed English words

káa-puu-tʃii-nôo	*cappuccino*	คา-ปู-ซี-โน่
ái kɔ́ɔp-fii	*iced coffee*	ไอ๊ซ์ ค้อฟ-ฟี่

Grammar tips

As you know, the polite particles **khâ** ค่ะ for *women* and **khráp** ครับ for *men* are important part of Thai culture. You may wonder why women's particle is pronounced with two different tones in the sentence 16.

Well, when making a question, women use **khá** คะ with a *high tone*. In general statements, **khâ** ค่ะ is used with a *falling tone*. Men always use **khráp** ครับ with a *high tone*. However, sometimes, **khráp** ครับ is pronounced as **kháp**. This is because Thais often simplify consonant clusters or leave them out.

Pronunciation tips: vowel combination "ou" and "oo"

In English, **o** sound is normally pronounced as a vowel combination **ou** in words such as *okay* (**ou**-kei), *go* (**gou**) and *so* (**sou**).

The vowel combination **ou** does not exist in Thai. So, Thais turn it into the long pure vowel sound **oo** as in the words káa-puu-tʃii-**nôo** คา-ปู-ซี-โน่ *cappuccino* (ka-pu-tʃii-n**ou**) or mék-si-g**oo** เม็ก-ซิ-โก *Mexico* (mek-si-k**ou**).

Interestingly, sometimes, Thais pronounce the Thai word dĭi**au** เดี๋ยว *a moment* as dĭ**ou** with a short **ou** sound.

17. Server
nâng thîi năi gɔ̂ɔ dâai khâ
นั่ง ที่ ไหน ก็ ได้ ค่ะ
sit place-where also can
You can sit anywhere you like.

18. tsuudîi จูดี้
pai **trong nán** gan thə̀ – ngîiap lɛ́ *roo-mɛɛn-tìk* dii
ไป ตรง นั้น กัน เถอะ – เงียบ และ โร-แมน-ติก ดี
go place there with thə̀ – quiet and romantic good
Let's go right there! It is quiet and romantic.

19. nók นก
ngîiap mâak ləəi ná
เงียบ มาก เลย นะ
quiet very beyond ná
Yes, it is very quiet!

mii *gəəl grúp* thîi lên *trɔɔm-boon* lɛ́ *wai-oo-lin* dûuai
มี เกิร์ล กรุ๊ป ที่ เล่น ทรอม-โบน และ ไว-โอ-ลิน ด้วย
have girl group that play trombone and violin also
There's a girl band playing trombone and violin.

Borrowed English words

roo-mɛɛn-tìk	*to be romantic*	โร-แมน-ติก
gəəl grúp	*girl band (girl group)*	เกิร์ล กรุ๊ป
trɔɔm-boon	*trombone*	ทรอม-โบน
wai-oo-lin	*violin*	ไว-โอ-ลิน

Similar Thai expressions

wong gəəl grúp	*girl band (girl group)*	วง เกิร์ล กรุ๊ป

Comments
Most names of instruments are borrowed from English.

wong gəəl grúp วง เกิร์ล กรุ๊ป *girl band (girl group)* and **wong bɔɔi bɛɛn** วง บอย แบนด์ *boy band* are Thai-English expressions. Sometimes, just **bɔɔi bɛɛn** บอย แบนด์ is used instead of **wong bɔɔi bɛɛn** วง บอย แบนด์ *boy band.*

Chapter 2

Grammar tips
In the sentence 18, **trong nán** ตรง นั้น is translated as *right there*. There are similar expressions, which have slightly different meanings such as:

trong nán   *right there* (location visible to the speaker)   ตรง นั้น
trong nóon *over there* (location far away from the speaker)
                                                                 ตรง โน่น
thîi-nân   *at that place* (near to the speaker)   ที่ นั้น
thîi nôon   *at that place* (farther away from the speaker) ที่ โน่น

20. tsuudîi จูดี้
mâi-pen-rai – fang phrɔ́ dii lɛ́ rau gɔ̂ɔ yang khui gan dâai
ไม่ เป็น ไร – ฟัง เพราะ ดี และ เรา ก็ ยัง คุย กัน ได้
no-be-what – listen pleasant good and we also yet talk together can
Never mind, it sounds good and we can also talk.

21. Server
khɔ̌ɔ thôot ná khá – ráp *kúk-gîi* frii mái khá
ขอ โทษ นะ คะ – รับ คุก-กี้ ฟรี ไหม คะ
ask pardon ná khá – receive cookie free "question" khá
Sorry, would you like to have a free cookie?

Borrowed English words
kúk-gîi   *cookie*   คุก-กี้
frii   *free*   ฟรี

Similar Thai expressions
mâi tôngtsàai *free, no need to pay* ไม่ ต้อง จ่าย

Comments
There isn't any good Thai alternative for **kúk-gîi** คุก-กี้ *cookie*.

In Thai, **mâi tôngtsàai** ไม่ ต้อง จ่าย, meaning *no need to pay*, corresponds *free* in English. The borrowed English word **frii** ฟรี *to be free* is preferred because the Thai alternative is too long. **frii** ฟรี is used only in the context of giving something for *free* in Thai.

22. nók นก
khɔ̀ɔp khun ná khá – rau tôŋ pai lɛ́ɛu
ขอบ คุณ นะ คะ – เรา ต้อง ไป แล้ว
thank you ná khá – we must go already
Thank you! We must leave now.

23. tsuudîi จู๋ดี๋
khɔ̀ɔp khun mâak khâ
ขอบ คุณ มาก ค่ะ
thank you much khâ
Thank you very much!

24. Server
oogàat nâa tʃɔ̂ən mài ná khá
โอกาส หน้า เชิญ ใหม่ นะ คะ
occasion next invite again ná khá
Come back again! / See you later!

Grammar tips
The time indicator **lɛ́ɛu** แล้ว, meaning *already*, is typically used to create a *past tense* at the end of a sentence. However, in the above sentence (sentence 21), it refers to the *present tense* because there is a helping verb **tôŋ** ต้อง, meaning *must,* before the main verb **pai** ไป *to go.*

lɛ́ɛu แล้ว is one of the most important words in Thai. It can be used as a *time indicator*, as a *conjunction*, and it introduces a range of fascinating *idiomatic* and *colloquial* expressions.

You may wish to learn more about **lɛ́ɛu** แล้ว from the recently published book: Mastering Thai Grammar and Tenses with **lɛ́ɛu** แล้ว – Book I: 22 Secrets of Learning Thai (ISBN 978-9526651446).

D. Review of vowel combinations

The English language is not written consistently, so Thais need to be creative to adjust the English sounds to fit the Thai sound system.

For example, the English consonant **y** is pronounced sometimes as **i** (hol**y**), **y** (**y**et) or even as **ai** (m**y**). The first pronunciation is a pure vowel sound **i**, the second is the consonant **y**, and third sound is the vowel combination **ai**. Consequently, it is not always easy to recognize English words when Thais use them in daily conversation.

To understand how Thai vowel combinations are spoken, we cannot rely solely on how English vowel sounds are spoken or written. They can only give you an approximation. If you take the trouble to learn sound-based writing, it will be easier to adapt your pronunciation to Thai sounds. Moreover, many sounds, particularly vowel sounds, are pronounced differently in various English-speaking countries and even within the same country.

If you already know all the Thai sounds well, then you can concentrate on the Thai sounds used for borrowed English words.

A vowel combination or diphthong is a combination of two vowel sounds within the same syllable. In English, vowel combinations are pronounced relatively quickly and involve a glide from one vowel sound to another.

There are 5 short vowel combinations in English. They are:

ei	*face, main, day*
ou	*home, grow, load*
au	*sound, town, house*
ai	*find, pie, cry*
ɔi	*coin, boy, toy*

The Thai language modifies these English vowel combinations to fit the Thai sound system. Normally, the short English vowel combinations are turned into pure long vowels or into long Thai vowel combinations.

In Thai, there are many more vowel combinations than in English, and all vowel combinations are made out of pure vowel sounds. The following is a summary of how English vowel combinations are pronounced in Thai.

a) The English vowel combinations which are turned into long pure vowel sounds in Thai

In spite of the fact that the Thai language has more vowel combinations than English, the English language has three vowel combinations that do not exist in Thai.

Hence, Thais turn these English vowel combinations into *long pure vowels* as follows.

1. **ei** > **ee**
2. **ou** > **oo**
3. **eə** > **εε**

1. The English vowel combination **ei** > **ee**

Examples

s**ée**p	*to be safe* (seif)	เซ้ฟ
ee-yên	*agent* (ei-dʒənt)	เอ-เย่นด์
b**ee**-gəə-rîi	*bakery* (bei-kə-ri)	เบ-เกอ-รี่
k**ée**k	*cake* (keik)	เค้ก

In Thai, the vowel combination **ei** does not exist. Normally, the English **ei** sound is pronounced in Thai as a long **ee** sound.

The long **ee** sound could be a bit tricky for English speakers since English is not written consistently, and the vowel sounds are written differently depending on the word.

For example, the English vowel symbol **a** (**ei**) is pronounced in many different ways in words such as m**a**ke (**ei**), **A**pril (**ei**), m**ai**n (**mein**) c**a**st (**aa**), p**a**rty (**aa**), s**a**d (**εε**), v**a**riable (**ə**), etc.

Thai words

dûu**ai** > dû**ei**	*also, as well*	ด้วย
pùu**ai** > pù**ei**	*to be sick*	ป่วย
hǔu**ai** > hǔ**ei**	*lottery*	หวย

Even though the vowel combination **ei** does not exist in Thai as a standard pronunciation, many Thais pronounce the above words with a short **ei** sound.

Chapter 2

2. The English vowel combination **ou** > **oo**

Examples

boo-lng	*bowling* (**bou**-ling)	โบว์-ลิ่ง
dít-sà-kôo	*disco* (dis-**kou**)	ดิ๊-สะ-โก้
kaa-sì-noo	*casino* (kə-sii-**nou**)	คาสิโน
proo-moo-tʃân	*promotion* (prə-**mou**-ʃən)	โปร-โม-ชั่น

The vowel combination **ou** is a common sound in English.

The vowel combination **ou** does not exist in Thai; it is normally turned into a long pure **oo** vowel sound in Thai.

On the other hand, the English language does not have a pure long **oo** sound.

Thai words

dìi**au** > dì**ou**	*alone, single*	เดี่ยว
khĭi**au** > khĭ**ou**	*green*	เขียว
líi**au** > lí**ou**	*to turn*	เลี้ยว

Even though the vowel combination **ou** does not exist in Thai as a standard pronunciation, many Thais pronounce the above words with a short **ou** sound.

3. The English vowel combination **eə** > **ɛɛ**

Examples

kɛɛ	*to care* (k**eə**)	แคร์
sɔ́ɔp-wɛɛ	*software* (sɔft-w**eə**)	ซ้อฟต์-แวร์
tʃɛɛ	*to share* (ʃ**eə**)	แชร์
ɛɛ-wee	*Airways* (**eə**-weiz)	แอร์-เวย์

The vowel combination **eə** is a common sound in English.

This vowel combination sound does not exist in Thai. Normally, Thais turn this short English vowel combination **eə** into a long pure **ɛɛ** vowel sound as in the above words.

In English, the long pure vowel **ɛɛ** sound is commonly pronounced as in the words such as *sad* (sɛɛd), *mad* (mɛɛd) or *bad* (bɛɛd).

In American English, there are more words pronounced with long εε sound such as *fast* (fεεst), *last* (fεεst) or *past* (pεεst). British would pronounce these words with a long **aa** sound.

Thai words

gὲ	*unpack*	แกะ
gὲε	*to be old*	แก่
tὲ	*to touch*	แตะ
tὲε	*but*	แต่

The short ε and the long εε sounds are common in Thai. In Thai, when the length of the vowel is changed, the meaning changes as well. In addition, the meaning is understood from the context and from the tone of the word.

b) The following five short English vowel combinations are normally turned into long vowel combinations:

 1. **au > aau**
 2. **ai > aai**
 3. **ɔi > ɔɔi**
 4. **iə > iiə**
 5. **uə > uuə**

1. The English vowel combination **au > aau**

Examples

taau háu	*town house* (taun hause)	ทาวน์ เฮ้าส์
káau-daau	*countdown* (kaunt-daun)	เค้าท์ ดาวน์
daau-lòot	*to download* (daun-loud)	ดาวน์-โหลด
kaau-bɔɔi	*cowboy* (kau-bɔi)	คาว-บอย

The vowel combination **au** is a common sound in English. Normally, Thais turn this short English vowel combination into a long vowel combination sound **aau** as in the above words. However, in the word **taau-háu** ทาวน์ เฮ้าส์, the short **au** is kept in the word háu เฮ้าส์ *house*.

Thai words for short **au** and long **aau**

kh**âu**	*to enter*	เข้า
kh**âau**	*rice*	ข้าว
s**âu**	*to be sad*	เศร้า
s**ăau**	*young girl*	สาว

The short **au** and the long **aau** are common in Thai. In Thai, when the length of the vowel is changed, the meaning changes as well. In addition, the meaning is understood from the tone of the word.

2. The English vowel combination **ai** > **aai**

Examples

b**áai**-b**aai**	*bye bye* (bai-bai)	บ๊าย บาย
p**aai**	*pie* (pai)	พาย
frii sà-t**aai***	*free-style* (frii-stail)	ฟรี สะ-ไตล์
ri-t**aai***	*to be retired* (ri-tai-əd)	รี-ไทร์
w**aai**-f**aai***	*Wi-Fi, wireless* (wai-fai)	ไว-ไฟ

The long vowel combination **aai** does not exist in English. Often, Thais turn the short English vowel combination **ai** into the long Thai vowel combination **aai** as in the above words.

*Note that these words are written with a short **ai** sound in the Thai *script,* but pronounced with a long **aai** sound in spite of.

2.1 The English vowel combination **ai** = **ai**

Examples

g**ái**	*guide* (gaid)	ไก๊ด์
n**ái**-klàp	*nightclub* (nait-kláp)	ไน้ท์ ขลับ
ai-diia	*idea* (ai-dia)	ไอ-เดีย
gí-gà-b**ái**	*gigabyte* (gi-ga-bait)	กิ๊-กะ-ไบต์
w**ai**-oo-lin	*violin* (vai-ə-lin)	ไว-โอ-ลิน

The vowel combination **ai** is a common sound in both English and Thai.

Thai words for short **ai** and long **aai**

nǎi	which, where	ไหน
nàai	to be uninterested	หน่าย
sài	to add, to wear	ใส่
sǎai	to be late	สาย

The short **ai** and the long **aai** are common in Thai. In Thai, when the length of the vowel is changed, the meaning changes as well. In addition, the meaning is understood from the context and from the tone of the word.

3. The English vowel combination ɔi > ɔɔi

Examples

kaau-bɔɔi	*cowboy* (kau-bɔi)	คาว-บอย
wɔ́ɔi meeu	*voicemail* (vɔis-meil)	ว้อยซ์ เมล
tsɔ́ɔi	*joint* (jɔint)	จ๊อยนต์
ɛɛn-drɔɔi	*Android* (ɛn-drɔid)	แอน-ดรอยด์

The vowel combination ɔi is a common sound in English. Normally, Thais turn this short English vowel combination ɔi into the long vowel combination sound ɔɔi as in the above words.

The English language does not have a long vowel combination such as ɔɔi.

Thai words for short **ɔi** and long **ɔɔi**

khɔ̂i	softly, hardly	ค่อย
khɔɔi	to wait	คอย
nɔ̀i	a little	หน่อย
nɔ́ɔi	not many	น้อย

The long **ɔɔi** is more common in Thai than the short vowel combination **ɔi**.

In Thai, when the length of the vowel is changed, the meaning changes as well. In addition, the meaning is understood from both context and the tone.

4. The English vowel combination **iə > iia**

Examples

biia	*beer* (biə)	เบียร์
giia	*gear* (giə)	เกียร์
tʃiia	*to cheer* (tʃiə)	เชียร์
piia-noo	*piano* (piə-nou)	เปียโน

The vowel combination **iə** is a common sound in English. Normally, Thais change the short English vowel combination **iə** into the long vowel combination **iia** as in the above words.

Thai words for long **iia**

tîia	*short*	เตี้ย
miia	*wife*	เมีย
liia	*to lick*	เลีย
sǐia	*to waste, to be bad*	เสีย

The long **iia** sound is common in Thai. However, the short **ia** is relatively rare in Thai. Here are some:

Thai words for short **ia**

gía	*sandal with a thick sole*	เกี๊ยะ
nía	*ending particle to show confusion*	เนี่ยะ
tɯng-pría	*too tight*	ตึง เปรี๊ยะ

5. The English vowel combination **uə > uua**

Examples

tuua	*tour* (tuə)	ทัวร์
tʃuua*	*to be sure* (ʃuə)	ชัวร์
yuu-roo*	*euro* (yuə-rəu)	ยู-โร
u-rúk-wai*	*Uruguay* (yuə-rə-gwai)	อุ-รุก-วัย

The vowel combination **uə** is a common sound in English. However, it is a bit tricky to transliterate into Thai sounds.

uua is a common vowel combination in Thai. Normally, Thais turn the short English vowel combination **uə** into the long vowel combination

uua as in the word **tuua** ทัวร์ *tour*. However, there are not many borrowed English words, which behave like this in Thai.

*For example, in English, the word *sure* is pronounced differently depending on the accent. It can be pronounced (ʃuə), (ʃɔɔ) or ʃur).

*In some words, Thais use the long **uu** or short **u** sounds instead of vowel combination **uua**. There seems to be a different pronunciation in words such as y**uu**-roo ยู-โร *euro* and **u**-rúk-wai อุ-รุก-วัย *Uruguay*.

Thai words for long **uua**

rúua	fence	รั้ว
kruua	kitchen	ครัว
gluua	to be afraid	กลัว
tuua	body	ตัว

The long **uua** sound is common in Thai. However, the short **ua** sound is very rare.

c) Special case **iu**
Examples

kiu	queue (ky**uu**)	คิว
wiu	view, scenery, landscape (vy**uu**)	วิว
niu	to be new (ny**uu**)	นิว
kɔm-píu-tɘ̂ə	computer (kɔm-py**uu**-tɘə)	ค็อม-พิ้ว-เต้อร์
míu-tʃéek*	milkshake (milk-ʃeik)	มิ้ลค์-เช้ค

The above words are pronounced in English with the long **uu** sound. Thais pronounce these words with the short vowel combination **iu** as in the above words.

*Whenever you see the consonant **l** ล as a final sound of a word or syllable in borrowed English words, Thais may turn it into the short **u** sound, such as in the word m**íu** มิ้ลค์, meaning *milk*. The **il** sound is pronounced as **iu**, and the final consonant **k** ค์ is silent. It has something to do with the final sound. There are less final sounds than initial sounds in Thai.

In Thai words, the **l** ล consonant is normally pronounced **n** as a final sound. Sometimes, it is also pronounced with the **n** sound in borrowed English words such as guu-gân กู-เกิล for *Google* (guu-gəl). Final sounds will be reviewed in detail in Chapter 4.

Thai words for short **iu**

hĭu	*to be hungry*	หิว
tsĭu	*miniature, midget*	จิ๋ว
tʃĭu	*smoothly, to be angry*	ฉิว
phĭu	*skin, complexion*	ผิว
wĭu	*to be dizzy*	หวิว
pliu	*be blown away by the wind*	ปลิว
gìu	*to be contracted*	กิ่ว
lîu	*to float, to drift*	ลิ่ว

The vowel combination **iu** is not very common in Thai. However, it is a pleasant sound, so we have provided a longer list here. Your challenge is to find more words with the **iu** sound in Thai.

d) Complete list of vowel sounds in Thai language

We shall finish the vowel combination section with the complete list.

1. Pure vowels
   ii อี, **ʉʉ** อือ, **uu** อู
   ee เอ, **əə** เออ, **oo** โอ
   εε แอ, **aa** อา, **ɔɔ** ออ

All of these long pure vowel sounds have a short counterpart. That makes 18 pure vowel sounds in Thai.

2. Short vowel combinations in Thai
au เอา, **iu** อิว, **ui** อุย, **eu** เอ็ว, **ai** อัย, **ɔi** อ็อย
There are less short than long vowel combinations in Thai.

3. Long vowel combinations in Thai
iia เอีย, **ʉʉa** เอือ, **uua** อัว, **eeu** เอว, **əəi** เอย, **ooi** โอย, **εεu** แอว, **aai** อาย, **aau** อาว, **ɔɔi** ออย, **iiau** เอียว, **ʉʉai** เอือย, **uuai** อวย

Make sure you know all these sounds, as they are regularly used by Thais, including in borrowed English words. It's crucial to understand and pronounce these sounds correctly when speaking Thai.

Your challenge is to identify and learn to produce these sounds in Thai sentences.

E. Simple advice

Evolution of the Thai language
In the early days, life was simple with a limited vocabulary. Now, with the advent of computers, cars, banks, ice cream, and thousands of other terms, life has become more complex. Consequently, the Thai language has borrowed many words from other languages such as English.

Using borrowed English words in Thai
When using borrowed English words in Thai conversation, it is crucial to remember that Thai pronunciation is exclusively employed. If an English word contains sounds not present in Thai, those sounds are adapted to fit the Thai sound system, including vowel combinations. These adaptations can sometimes alter the sounds to the extent that comprehension becomes difficult when hearing them spoken. Nevertheless, you'll need to acclimate to this phenomenon, as many borrowed words lack suitable Thai equivalents and are frequently encountered.

Language creativity and tones
In Thai, the creativity in language often involves blending English and Thai elements, resulting in unique expressions. Tones play a crucial role in distinguishing meanings, leading to different pronunciations. Even when the pronunciation might sound the same, context plays an essential role for understanding the correct meaning.

Perspective on loan words
Thai people don't distinguish between original Thai words and loan words; for them, all words are Thai, regardless of origin. This book introduces a vast number of borrowed English words used by Thais.

Speaking Thai
It's not necessary to know the Thai script or writing system to speak Thai proficiently. Your priority should be learning everyday words, mastering all Thai sounds, and understanding sentence construction in order to be able to communicate with Thais. With sufficient time and effort, gaining a solid grasp of the Thai language is achievable, laying the foundation for your further learning path. However, this process will vary for each learner.

Thai script
All words are written in sound-based symbols and in Thai script. We have divided each borrowed English word into syllables to make it easier to follow the Thai writing system and learn how borrowed English words are written in Thai.

Practical tips
If you are in Thailand, start using Thai words from day one. Don't be afraid; treat it as a fun game to see if Thais understand you, especially when mixing in English words. In sections A and B, we offer adapted transliterations to help English speakers pronounce borrowed English words more naturally. Not everyone in Thailand pronounces borrowed English words the same way; so, experiment to find what works best for you.

wé pai yîiam phûuan
แวะ ไป เยี่ยม เพื่อน
Visiting a friend

Chapter 3

A. Sentences spoken by native speakers

In sections A and B, we present two slightly different pronunciations for borrowed English words. First, the *adjusted* pronunciation where borrowed English words are written in *italics*. This is the way native English speakers tend to pronounce these words naturally. Second, the correct Thai pronunciation of the same words is written in **bold**. This is the way that most Thai people pronounce these words. Note that the adjusted pronunciation also includes Thai tones. In Thai, the spoken language is understood through *pronunciation*, *tones* and *context*.

The closer you come to the common Thai way of pronunciation, the better. However, the main point is that your Thai friends understand you when you speak Thai, including the borrowed English words.

Every borrowed English word is divided into syllables. This helps you to follow the Thai pronunciation and tones more easily. Additionally, it serves as an aid for those who wish to improve their reading and writing skills in the Thai script.

The English language is not consistent on how the words are pronounced. Therefore, we use in this book the "sound-based" writing (also known as phonetic writing). If you are not familiar with the "sound-based" writing, try to get used to it bit by bit. This will help you tremendously with your future Thai studies.

The words, marked in **bold**, are based on the most common Thai pronunciation and include the correct transliteration as well as the Thai script. Listen to the audio several times and get familiar with the sounds spoken by native Thai speakers.

Chapter 3
Visiting a friend

1. wípaa วิภา
sàwàtdii khâ – khun máyúrii – yin-dii tôɔn-ráp – tʃəən nâng khâ
สวัสดี ค่ะ คุณ มยุรี – ยินดี ต้อน รับ – เชิญ นั่ง ค่ะ

2. máyúrii มยุรี
sàwàtdii khâ – khun wípaa
สวัสดี ค่ะ คุณ วิภา

a-páat-mént khun yài tsing-tsing – lɛ́ sŭuai dûuai
a-páat-mén khun yài tsing-tsing – lɛ́ sŭuai dûuai
อ-พ้าร์ท-เม้นท์ คุณ ใหญ่ จริงๆ – และ สวย ด้วย

3. wípaa วิภา
khɔ̀ɔp khun khâ – mâi mii arai phísèet – tìt *wɔɔl-pei-pə̂* mài thâu-nán
khɔ̀ɔp khun khâ – mâi mii arai phísèet – tìt **wɔɔ-pee-pə̂ɔ** mài thâu-nán
ขอบ คุณ ค่ะ – ไม่ มี อะไร พิเศษ – ติด วอลล์-เป-เป้อร์ ใหม่ เท่า นั้น

tʃəən nâng bon *sou-fə* khâ
tʃəən nâng bon **soo-faa** khâ
เชิญ นั่ง บน โซ-ฟา ค่ะ

4. máyúrii มยุรี
khun tham ngaan arai khá
คุณ ทำ งาน อะไร คะ

5. wípaa วิภา
tʃán mii bɔɔrísàt sɔ̆ɔn phaasăa thai ɔn-lain
tʃán mii bɔɔrísàt sɔ̆ɔn phaasăa thai **ɔɔn-lai**
ฉัน มี บริษัท สอน ภาษา ไทย ออน-ไลน์

tʃán yàak *ʃou wə́ək-stei-ʃə̂n* tʃán
tʃán yàak **tʃoo wə́ək sà-tee-tʃân** tʃán
ฉัน อยาก โชว์ เวิร์ก สะ-เต-ชั่น ฉัน

tʃán mii hông phísèet thîi mii
ฉัน มี ห้อง พิเศษ ที่ มี

kɔm-pyúu-tô, **kɔm-píu-tôə**   ค็อม-พิ้ว-เต้อร์
sɔ́ft-weə ɔn-lain, **sɔ́ɔp-wɛɛ ɔɔn-lai**   ซ้อฟต์-แวร์ ออน-ไลน์
in-tə-nèt, **in-təə-nèt**   อิน-เทอร์-เหน็ต
wép brau-sô, **wép brau-sôə**   เว็บ เบราว์-เซ่อร์
ráu-tô, **ráu-tôə**   เร้า-เต้อร์
mai-kro-foun, **mai-kroo-foon**   ไม-โคร-โฟน

lέ khrûuang *i-lék-trɔɔ-nìk ùun-ùun* dûuai ná khá
lέ khrûuang **i-lék-trɔɔ-nìk ùun-ùun** dûuai ná khá
และ เครื่อง อิ-เล็ก-ทรอ-หนิกส์ อื่นๆ ด้วย นะ คะ

6. máyúrii มยุรี
thúrágìt *ou-kei* mái khá
thúrágìt **oo-kee** mái khá
ธุรกิจ โอ-เค ไหม คะ

7. wípaa วิภา
gɔ̂ɔ – *ou-kei* ná – man *wə́ək* dii – mâi mii arai hâi *kɔm-plein*
gɔ̂ɔ – **oo-kee** ná – man **wə́ək** dii – mâi mii arai hâi **kɔɔm-pleen**
ก็ – โอ-เค นะ – มัน เวิร์ก ดี – ไม่ มี อะไร ให้ คอม-เพลน

lέɛu – nák riian gɔ̂ɔ *smáat* lέ gèng dûuai
lέɛu – nák riian gɔ̂ɔ **sà-máat** lέ gèng dûuai
แล้ว – นัก เรียน ก็ สะ-ม้าร์ท และ เก่ง ด้วย

tʃán *tsóuk* lέ phûut lên nâ khâ
tʃán **tsóok** lέ phûut lên nâ khâ
ฉัน โจ๊ก และ พูด เล่น น่ะ ค่ะ

tʃán pháyaayaam mâi khôi *siə-rî-əs* mâak
tʃán pháyaayaam mâi khôi **sii-rîiat** mâak
ฉัน พยายาม ไม่ ค่อย ซี-เรียส มาก

máyúrii – khun pai *tua* bɔ̀i mái
máyúrii – khun pai **tuua** bɔ̀i mái
มยุรี – คุณ ไป ทัวร์ บ่อย ไหม

8. máyúrii มยุรี
tsing-tsing-lɛ́ɛu – yàak pai *dís-ni ri-sɔ̀ɔt* thîi *hɔ̂ng-kong*
tsing-tsing-lɛ́ɛu – yàak pai **dít-nii rii-sɔ̀ɔt** thîi **hɔ̂ng-gong**
จริงๆ แล้ว – อยาก ไป ดิ๊ส-นี่ รี-สอร์ท ที่ ฮ่อง กง

tɛ̀ɛ wâa tʃán tông *kea* phɔ̂ɔ-mɛ̂ɛ dûuai
tɛ̀ɛ wâa tʃán tông **kɛɛ** phɔ̂ɔ-mɛ̂ɛ dûuai
แต่ ว่า ฉัน ต้อง แคร์ พ่อ แม่ ด้วย

phɔ̂ɔ mii *faam* líiang sàt – ìik mâi naan kháu tsà *ri-tai-ə* lɛ́ɛu
phɔ̂ɔ mii **faam** líiang sàt – ìik mâi naan kháu tsà **rii-taai** lɛ́ɛu
พ่อ มี ฟาร์ม เลี้ยง สัตว์ – อีก ไม่ นาน เขา จะ รี-ไทร์ แล้ว

lɛ́ɛu khun lâ wípaa
แล้ว คุณ ล่ะ วิภา

9. wípaa วิภา
pai *tua* mâi bɔ̀i – sùuan yài tʃán yùu thîi bâan – tham ngaan yə́
pai **tuua** mâi bɔ̀i – sùuan yài tʃán yùu thîi bâan – tham ngaan yə́
ไป ทัวร์ ไม่ บ่อย – ส่วน ใหญ่ ฉัน อยู่ ที่ บ้าน – ทำ งาน เยอะ

tham *ou-tii* dûuai – lɛ́ɛu gɔ̂ɔ duu *tii-wii*
tham **oo-tii** dûuai – lɛ́ɛu gɔ̂ɔ duu **tii-wii**
ทำ โอ-ที ด้วย – แล้ว ก็ ดู ที-วี

10. máyúrii มยุรี
khun tʃɔ̂ɔp *prou-grɛm tii-wii* arai khá
khun tʃɔ̂ɔp **proo-grɛɛm tii-wii** arai khá
คุณ ชอบ โปร-แกรม ที-วี อะไร คะ

11. wípaa วิภา
tʃán duu lăai *prou-grɛm* – yàang tʃên
tʃán duu lăai **proo-grɛɛm** – yàang tʃên
ฉัน ดู หลาย โปร-แกรม – อย่าง เช่น

năng tàlòk หนัง ตลก
năng gaa-tuun หนัง การ์-ตูน
năng tsiin หนัง จีน
năng sàtaa-múup-wîi หนัง สะตาร์ มู้ฟ-วี่ส์
năng dít-nîi หนัง ดิ๊ส-นี่ย์

12. máyúrii มยุรี
sămràp tʃán – *tɔ́ɔk ʃou* dii thîi-sùt – *riɛ-lə́-tî ʃou* gɔ̂ɔ dii
sămràp tʃán – **tɔ́ɔk tʃoo** dii thîi-sùt – **riia-lí-tîi tʃoo** gɔ̂ɔ dii
สำหรับ ฉัน – ท้อล์ค โชว์ ดี ที่ สุด – เรีย-ลิ-ตี้ โชว์ ก็ ดี

13. wípaa วิภา
taai lâ – khun máyúrii – gùuap luum pai – *hé-pî bə́əth-dei* ná khá
taai lâ – khun máyúrii – gùuap luum pai – **hɛ́ɛp-pîi bə̀ət-dee** ná khá
ตาย ล่ะ – คุณ มยุรี – เกือบ ลืม ไป – แฮ๊ป-ปี้ เบิร์ธ-เดย์ นะ คะ

14. máyúrii มยุรี
khɔ̀ɔp khun khâ – tʃán gὲε lέεu
ขอบคุณ ค่ะ – ฉัน แก่ แล้ว

15. wípaa วิภา
thùuk tông ləəi – khun mâi tʃâi *bei-bĭ* ìik lέεu – tʃán *tsóuk* ná khá
thùuk tông ləəi – khun mâi tʃâi **bee-bĭi** ìik lέεu – tʃán **tsóok** ná khá
ถูก ต้อง เลย – คุณ ไม่ ใช่ เบ-บี้ อีก แล้ว – ฉัน โจ๊ก นะ คะ

16. máyúrii มยุรี
máu gàp khun sànùk sàmɔ̌ə – tὲε wâa tʃán tông pai lέεu
máu gàp khun sànùk sàmɔ̌ə – tὲε wâa tʃán tông pai lέεu
เม้าท์ กับ คุณ สนุก เสมอ – แต่ ว่า ฉัน ต้อง ไป แล้ว

17. wípaa วิภา
khɔ̀ɔp khun mâak – thîi wé maa hăa – lέεu tsəə gan ná khá
ขอบ คุณ มาก – ที่ แวะ มา หา – แล้ว เจอ กัน นะ คะ

18. máyúrii มยุรี
khɔ̀ɔp khun – lέεu tsəə gan – *bái-bai*
khɔ̀ɔp khun – lέεu tsəə gan – **báai-baai**
ขอบ คุณ – แล้ว เจอ กัน – บ๊าย บาย

B. English vocabulary used in this section

This section summarizes the borrowed English vocabulary commonly used in Thai, highlighting pronunciation differences between the two languages. Each pair of words consists of the adapted English pronunciation and the corresponding common Thai pronunciation. Occasionally, the English pronunciation aligns closely with the Thai pronunciation.

The main difference is that, typically in English, *final consonant sounds* are pronounced differently than in Thai. These differences will be reviewed extensively in Chapter 4.

The first word, written in *italics*, represents the adapted English pronunciation, which describes the pronunciation English speakers tend to use.

Sound files, marked in **bold**, are based on the most common Thai pronunciation and include the correct transliteration as well as the Thai script. Listen to the audio several times and get familiar with the sounds spoken by native Thai speakers.

kham sàp คำ ศัพท์

a-páat-mént, **a-páat-mén**	*apartment*	อ-พ้าร์ท-เม้นท์
wɔɔl-pei-pə̂, **wɔɔ-pee-pə̂ə**	*wallpaper*	วอลล์-เป-เป้อร์
sou-fə, **soo-faa**	*sofa*	โซ-ฟา
kɔm-pyúu-tə̂, **kɔm-píu-tə̂ə**	*computer*	ค็อม-พิว-เต้อร์
ɔn-lain, **ɔɔn-lai**	*online*	ออน-ไลน์
sɔ́ft-weə ɔn-lain, **sɔ́ɔp-wɛɛ ɔɔn-lai**	*online software*	ซ้อฟต์-แวร์ ออน-ไลน์
in-tə-nèt, **in-təə-nèt**	*internet*	อิน-เทอร์-เหน็ต
wép brau-sə̂, **wép brau-sə̂ə**	*web browser*	เว็บ เบราว์-เซ่อร์
ráu-tə̂, **ráu-tə̂ə**	*router*	เร้า-เต้อร์
mai-kro-foun, **mai-kroo-foon**	*microphone*	ไม-โคร-โฟน
ʃou, **tʃoo**	*to show*	โชว์
wə̂ək-stei-ʃə̂n, **wə̂ək sà-tee-tʃân**	*workstation*	เวิร์ก สะ-เต-ชั่น

i-lék-trɔɔ-nìk, **i-lék-trɔɔ-nìk**	electronic	อิ-เล็ก-ทรอ-หนิกส์
wɤ̀ək, **wɤ̀ək**	to work (it works)	เวิร์ก
kɔm-plein, **kɔɔm-pleen**	to complain	คอม-เพลน
smáat, **sà-máat**	to be smart	สะ-ม้าร์ท
tsóuk, **tsóok**	to joke	โจ๊ก
siə-rî-əs, **sii-rîiat**	to be serious	ซี-เรียส
tua, **tuua**	tour	ทัวร์
dís-ni ri-sɔ̀ɔt, **dít-nîi rii-sɔ̀ɔt**	Disney resort	ดิส-นี่ รี-สอร์ท
hɔ̂ng-kong, **hɔ̂ng-gong**	Hong Kong	ฮ่อง กง
keə, **kɛɛ**	to care, to worry	แคร์
faam, **faam**	farm, ranch	ฟาร์ม
ri-tai-ə, **rii-taai**	to retire	รี-ไทร์
gaa-tuun, **gaa-tuun**	cartoon	การ์-ตูน
tʃiin, **tsiin**	Chinese	จีน
múu-wî, **múup-wîi**	movie, film	มู้ฟ-วี่ส์
dís-ni, **dít-nii**	Disney	ดิส-นี่ย์
prou-grɛm, **proo-grɛɛm**	program	โปร-แกรม
tii-wii, **tii-wii**	TV	ที-วี
prou-grɛm tii-wii, **proo-grɛɛm tii-wii**		
	TV program	โปร-แกรม ที-วี
ou-tii, **oo-tii**	overtime	โอ-ที
staa múu-wî, **sa-taa múup-wîi**	star movie	สะ-ตาร์ มู้ฟ-วี่ส์
ria-lə́-tî-ʃou, **riia-lí-tîi tʃoo**	reality show	เรีย-ลิ-ตี้ โชว์
tɔ́ɔk-ʃou, **tɔ́ɔk tʃoo**	talk show	ท้อล์ค โชว์
hé-pî bə́əth-dei, **hɛ́ɛp-pîi bə́ət-dee**		
	happy birthday	แฮ๊ป-ปี้ เบิร์ธ-เดย์
máu, **máu**	to gossip, to chat	เม้าท์
bei-bǐ, **bee-bǐi**	baby	เบ-บี้
tsóuk, **tsóok**	to joke, to kid	โจ๊ก
bái-bai **báai-baai**	goodbye	บ๊าย บาย

C. How the language works
Sentences translated, words and sounds explained

In this chapter, the focus is on the consonants when placed in the initial position. We transliterate sounds as they are normally spoken by native Thai speakers.

Many English consonants are pronounced similarly in Thai. However, there are some English consonant sounds that do not exist in Thai. For those sounds Thais use the similar Thai consonant sound.

The difficulty arises from the need to pronounce borrowed English words and Thai words correctly so that Thais understand you. This is because Thais use Thai sounds when pronouncing borrowed English words. Hence, the correct transliteration with tone marks is provided for each sentence.

When sentences are translated, you will see two different translations. First, a literal word-for-word translation in English, which helps you learn new words. Second, the correct English translation of the overall meaning conveyed by the Thai phrase or sentence.

Visiting a friend

1. wípaa วิภา
sàwàtdii khâ – khun máyúrii – yin-dii tôɔn-ráp – tʃəən nâng khâ
สวัสดี ค่ะ – คุณ มยุรี – ยินดี ต้อน รับ – เชิญ นั่ง ค่ะ
hello khâ – khun máyúrii – happy welcome – invite sit khâ
Hello Mayuri, welcome! Please take a seat.

2. máyúrii มยุรี
sàwàtdii khâ – khun wípaa
สวัสดี ค่ะ – คุณ วิภา
hello khâ – khun wípaa
Hello Wípaa!

a-páat-mén khun yài tsing-tsing – lɛ́ sŭuai dûuai
อ-พ้าร์ท-เม้นท์ คุณ ใหญ่ จริงๆ – และ สวย ด้วย
apartment you large really-really – and beautiful also
Your apartment is really big and also beautiful.

Borrowed English words

| **a-páat-mén** | *apartment* | อ-พ้าร์ท-เม้นท์ |

Similar Thai expressions

| **hɔ̂ng-phák** | *lounge, place to stay* | ห้อง พัก |

Comments
a-páat-mén อ-พ้าร์ท-เม้นท์ *apartment*, **kɔn-doo** ค็อน-โด *condominium* and **flɛ̀t** แฟลต *flat* are all used in Thai. The word **bang-ga-loo** บัง-กะ-โล *bungalow* is normally used for a *holiday cottage*. The Thai word **hɔ̂ng-phák** ห้อง พัก *lounge, place to stay* is a general term for all the above words.

Grammar tips
The Thai word **hɔ̂ng** ห้อง means *room*. It is written with a long ɔɔ vowel in the Thai script, but pronounced as a short ɔ̂ with a *falling tone*. It is a multi-functional word in the sense that it can be used in different combinations to create several new meanings, such as:

hɔ̂ng náam	*bathroom, wash room*	ห้อง น้ำ
hɔ̂ng phák	*place to stay, waiting room*	ห้อง พัก
hɔ̂ng sàmùt	*library*	ห้อง สมุด
hɔ̂ng riian	*classroom*	ห้อง เรียน
hɔ̂ng nɔɔn	*bedroom*	ห้อง นอน
hɔ̂ng pràtʃum	*meeting room, auditorium*	ห้อง ประชุม
hɔ̂ng aahăan	*dining-room*	ห้อง อาหาร
hɔ̂ng khruua	*kitchen*	ห้อง ครัว
hɔ̂ng pàtìbàt-gaan	*laboratory, lab*	ห้อง ปฏิบัติการ
hɔ̂ng yen	*cold storage*	ห้อง เย็น
hɔ̂ng tʃâu	*rented room*	ห้อง เช่า
hɔ̂ng tham ngaan	*office*	ห้อง ทำ งาน
hɔ̂ng ráp khɛ̀ɛk	*living room, reception hall*	ห้อง รับ แขก
hɔ̂ng khăng	*prison cell*	ห้อง ขัง

3. **wípaa** วิภา
khɔ̀ɔp khun khâ – mâi mii arai phísèet – tìt *wɔɔ-pee-pə̂ə* mài thâu-nán
ขอบ คุณ ค่ะ – ไม่ มี อะไร พิเศษ – ติด วอลล์-เป-เป้อร์ ใหม่ เท่า นั้น
thank you khâ – no have what special – attach wallpaper new only that
Thank you! It's nothing special! I have just hung new wallpaper.

tʃəən nâng bon *soo-faa* khâ
เชิญ นั่ง บน โซ-ฟา ค่ะ
invite sit on sofa khâ
Please, sit on the sofa.

Borrowed English words
wɔɔ-pee-pə̂ə	*wallpaper*	วอลล์-เป-เป้อร์
soo-faa	*sofa*	โซ-ฟา

Similar Thai expressions
gâu-îi nuuam yaau	*sofa*	เก้าอี้ นวม ยาว

Comments
There isn't any Thai word for **wɔɔ-pee-pə̂ə** วอลล์-เป-เป้อร์ *wallpaper*.

soo-faa โซ-ฟา *sofa* in Thai is **kâu-îi nuuam yaau** เก้าอี้ นวม ยาว. The Thai word is considered too long and therefore not used often.

Grammar tips
phísèet พิเศษ is translated in the sentence 3 as something *special*. Thais commonly use three words for *to be specific*, which are related, but are used slightly differently:

a) **phísèet**	*to be special*	พิเศษ
thaang phi-sèet	*special way*	ทาง พิเศษ
láksànà phísèet	*distinctive feature*	ลักษณะ พิเศษ
khèet phísèet	*special district*	เขต พิเศษ
gɔɔránii phísèet	*special case*	กรณี พิเศษ
ngaan phísèet	*part time job*	งาน พิเศษ

b) **tʃàphɔ́**	*to be specific*	เฉพาะ
dooi tʃàphɔ́	*especially*	โดย เฉพาะ
kham tʃàphɔ́	*jargon*	คำ เฉพาะ
sàp tʃàphɔ́	*technical terms*	ศัพท์ เฉพาะ
tʃàphɔ́ gìt	*specific task*	เฉพาะ กิจ
mâi tʃàphɔ́ tɛ̀ɛ	*not only*	ไม่ เฉพาะ แต่
c) **wísǎaman***	*to be special, unusual*	วิสามัญ
gɔɔránii wísǎaman	*extraordinary case*	กรณี วิสามัญ
gaan pràtʃum wísǎaman	*special meeting*	การ ประชุม วิสามัญ

*****wísǎaman** วิสามัญ is used only in formal situations and in writing: newspapers, books, publications, etc.

Pronunciation tips: "p" and "ph"

The stop sound such as **p** and **ph** are produced by obstructing and then releasing airflow at specific points in the vocal tract. They play a significant role in distinguishing between words and are part of the broader system of consonant sounds. They are pronounced the same or in the similar way in Thai and in English.

The distinction between *aspirated* and *unaspirated sounds* affect the meaning of words in Thai. However, when using borrowed English words or expressions, this distinction is weak or not essential. Therefore, we transliterate *apartment* as **a-páat-mén** อ-พ้าร์ท-เม้นท์ and not as **a-pháat-mén**. In addition, English speakers pronounce the consonant **p** naturally *aspirated* when it appears in stressed syllables.

4. máyúrii มยุรี
khun tham ngaan arai khá
คุณ ทำ งาน อะไร คะ
you do work what khá
What do you do for living?

5. wípaa วิภา

tʃán mii bɔɔrísàt sɔ̌ɔn phaasǎa thai ɔɔn-lai
ฉัน มี บริษัท สอน ภาษา ไทย ออน-ไลน์
I have company teach language thai online
I run an online business that teaches Thai.

tʃán yàak tʃoo wɔ̂ɔk sà-tee-tʃân tʃán
ฉัน อยาก โชว์ เวิร์ก สะ-เต-ชั่น ฉัน
I want show work station I
I want to show you my workstation.

tʃán mii hông phísèet thîi mii
ฉัน มี ห้อง พิเศษ ที่ มี
I have room special that have
I have a special room that has:

kɔm-píu-tɔ̂ə	*computer*	ค็อม-พิว-เต้อร์
sɔ́ɔp-wɛɛ ɔɔn-lai	*online software*	ซ้อฟต์-แวร์ ออน-ไลน์
in-təə-nèt	*internet*	อิน-เทอร์-เหน็ต
wép brau-sɔ̂ə	*web browser*	เว็บ เบราว์-เซ่อร์
ráu-tɔ̂ə	*router*	เร้า-เต้อร์
mai-kroo-foon	*microphone*	ไม-โคร-โฟน

lé khrûuang i-lék-trɔɔ-nìk ùun-ùun dûuai ná khá
และ เครื่อง อิ-เล็ก-ทรอ-หนิกส์ อื่นๆ ด้วย นะ คะ
and machine electronic other-other also ná khá
And I also have other electronic machines.

Borrowed English words

ɔɔn-lai	*online*	ออน-ไลน์
tʃoo	*to show*	โชว์
wɔ̂ɔk sà-tee-tʃân	*workstation*	เวิร์ก สะ-เต-ชั่น
i-lék-trɔɔ-nìk	*electronic*	อิ-เล็ก-ทรอ-หนิกส์

Similar Thai expressions

sàdɛɛng	*to show, show*	แสดง
sàthǎanii tham ngaan	*workstation*	สถานี ทำ งาน

Comments

Most of the internet related words are borrowed from English. However, they can be used slightly differently in Thai.

ɔɔn-lai ออน-ไลน์ *online* is used by some people instead of *internet* in Thailand. **lai** ไลน์ *"line"* is an internet application in Thailand, which is similar to the popular **wɔ́t-ɛ́p** ว็อทส์-แอ็ป application *"WhatsApp"*.

sàthăanii tham ngaan สถานี ทำ งาน *workstation* is normally used for larger offices in Thai.

Grammar tips

khrûuang เครื่อง is a Thai classifier, which normally is placed before *electrical appliances* and *machines, computers, phones* etc. It is also used for borrowed English words. **khrûuang i-lék-trɔɔ-nìk** *electrical appliances* เครื่อง อิ-เล็ก-ทรอ-หนิกส์ is translated into Thai as **khrûuang tʃái-fai-fáa** เครื่อง ใช้ ไฟ ฟ้า.

6. **máyúrii** มยุรี
thúrágìt *oo-kee* mái khá
ธุรกิจ โอ-เค ไหม คะ
business okay "question" khá
Is the business okay?

Borrowed English words
oo-kee   OK   โอ-เค

Similar Thai expressions
tòklong   to agree, okay ตกลง

Comments

tòklong ตกลง *to agree, okay* is used in the similar way as **oo-kee** โอ-เค *okay*, but it is only used for expressing an agreement, while the English word is used semantically more widely.

Grammar tips

The Thai word **thúrágìt** ธุรกิจ means *business* (sentence 6). It is borrowed from Pali/Sanskrit into the Thai language. The original meaning of the word is *duty, affair, work* or *action*. It is a multi-functional word in a sense that it can be used in different combinations to create several new meanings such as:

thúrágìt khànàat yài	*large business*	ธุรกิจ ขนาด ใหญ่
thúrágìt khànàat glaang	*mid-sized business*	ธุรกิจ ขนาด กลาง
thúrágìt khànàat lék	*small business*	ธุรกิจ ขนาด เล็ก
thúrágìt sùuan-tuua	*private business*	ธุรกิจ ส่วน ตัว
thúrágìt thôŋ-thîiau	*tourist business*	ธุรกิจ ท่อง เที่ยว
thúrágìt tuua-thɛɛn	*agency*	ธุรกิจ ตัว แทน
thúrágìt khăai-sòŋ	*wholesale business*	ธุรกิจ ขาย ส่ง
nák thúrágìt	*businessman*	นัก ธุรกิจ
phɛ̆ɛn thúrágìt	*business plan*	แผน ธุรกิจ

Pronunciation tips: "g", "k" and "kh"

Thai alphabets don't have the *voiced* English consonant **g** sound in the initial position. In Thai, the initial consonant **g** is pronounced *voiceless* and *unaspirated*.

In English, initial consonants are distinguished by their *voicing*. For example, a consonant that is not voiced is referred to as voiceless, such as the sound (**k**). Additionally, in stressed syllables, consonants may be *aspirated*, which means they are pronounced with a burst of air, like (**kh**).

This distinction can be tricky because in transliteration, both the *voiced* (**g**) and the *aspirated* (**kh**) sounds are often represented by the same letter, (**k**). Despite this, in practice, understanding borrowed English words is generally not problematic. You can use your natural pronunciation, and Thais will still understand you, as *aspiration* is not a major issue in this context.

7. wípaa วิภา
gɔ̂ɔ – *oo-kee* ná – man *wə́ək* dii – mâi mii arai hâi *kɔɔm-pleen*
ก็ – โอ-เค นะ – มัน เวิร์ก ดี – ไม่ มี อะไร ให้ คอม-เพลน
well, OK ná – it work good – no have what for complain
Well, it is okay and working fine. There is nothing to complain about.

lɛ́ɛu – nák riian gɔ̂ɔ *sà-máat* lɛ́ gèng dûuai
แล้ว – นัก เรียน ก็ สะ-ม้าร์ท และ เก่ง ด้วย
and – person study also smart and talented also
The students are smart and talented.

tʃán *tsóok* lɛ́ phûut lên nâ khâ
ฉัน โจ๊ก และ พูด เล่น น่ะ ค่ะ
I joke and speak play nâ khâ
Normally, I joke a lot.

tʃán pháyaayaam mâi khɔ̂i *sii-rîiat* mâak
ฉัน พยายาม ไม่ ค่อย ซี-เรียส มาก
I try no that serious very
I try not to be serious.

máyúrii – khun pai *tuua* bɔ̀i mái
มยุรี – คุณ ไป ทัวร์ บ่อย ไหม
máyúrii – you go trip often "question"
Mayuri, do you travel a lot?

Borrowed English words

wə́ək	to work	เวิร์ก
kɔɔm-pleen	to complain	คอม-เพลน
sà-máat	to be smart	สะ-ม้าร์ท
tsóok	to joke	โจ๊ก
sii-rîiat	to be serious	ซี-เรียส
tuua	tour, sight-seeing	ทัวร์

Similar Thai expressions

tham dâai	it works, can be done	ทำ ได้
tʃái dâai	it works, can be used	ใช้ ได้
bòn	to mutter, to complain	บ่น
tɔ̀ɔ wâa	to complain, to blame	ต่อ ว่า
gèng	to be talented, to be clever	เก่ง
tʃàlàat	to be intelligent, to be clever	ฉลาด

thêe	to be stylish, to be cool, to be clever	เท่
phûut lên	to joke, to kid	พูด เล่น
lɔ́ɔ lên	to joke, to tease	ล้อ เล่น
tsing tsang	to be serious	จริง จัง
gaan thîiau	tour, sight-seeing	การ เที่ยว
pai thîiau	to go out, to take a tour	ไป เที่ยว

Comments

wǝ́ǝk เวิร์ก *to work* is not used as a verb for people in Thai. We need to say: **kháu tham ngaan** เขา ทำ งาน *he works*. However, you can say that **man wǝ́ǝk** มัน เวิร์ก *it works*.

Depending on to whom you speak, the borrowed English word **kɔɔm-pleen** คอม-เพลน *to complain* can be used instead of Thai words such as **bòn** บ่น *to mutter* or **tɔ̀ɔ-wâa** ต่อว่า *to complain, to blame*.

Grammar tips

Instead of the borrowed English word **tsóok** โจ๊ก *to joke,* Thais often use Thai expressions. There are several interesting expressions, which can be used according to the specific context such as:

phûut tàlòk	to joke	พูด ตลก
lên tàlòk	to joke playfully	เล่น ตลก
tìt tàlòk	to be humorous, always joking	ติด ตลก
lɔ́ɔ lên nâa	just joking	ล้อ เล่น น่า
yûua lên	to joke provokingly	ยั่ว เล่น
gràsáu	to tease, to joke teasingly	กระเช้า

Note that the Thai word **tsóok** โจ๊ก *rice porridge* is spelled and pronounced the same as the borrowed English word *to joke*.

Pronunciation tips: "ts" and "tʃ"

It is very common in Thai that initial stop consonants are pronounced either *aspirated* or *unaspirated*. In English, the initial stop consonant sounds are *aspirated* naturally with a puff of air or *voiced* with vocal folds vibrating.

The Thai **ts** sound is not *voiced* nor it is *aspirated*. It is a *unaspirated* (affricate) stop consonant sound. This **ts** sound is always written with the Thai consonant symbol จ. Actually, to make this sound is simple. Only the explanation gets slightly complicated since this sound doesn't exist in English. Thais pronounce the word **ts**óok โจ๊ก *joke voiceless,* and the English pronounce the same word *joke* as **dʒ**ouk, which is the *voiced affricate* sound. You can get by with the English pronunciation.

The **tʃ** sound is easy since it exists in both languages. The good example in English is the word *cheap* (**tʃ**iip) and in Thai the word **tʃ**àlàat ฉลาด *to be intelligent, to be clever.* This sound is an *aspirated* (affricate) stop consonant sound. In English, it is normally spelled as **ch**.

8. máyúrii มยุรี
tsing-tsing lɛ́ɛu – yàak pai *dít-nîi rii-sɔ̀ɔt* thîi *hɔ̂ng-gong*
จริงๆ แล้ว – อยาก ไป ดิ๊ส-นี่ รี-สอร์ท ที่ ฮ่อง กง
really-really already – want go disney resort at hong-kong
Actually, I would like to go to Disney Resort in Hong Kong,

tɛ̀ɛ wâa tʃán tôŋ *kɛɛ* phɔ̂ɔ-mɛ̂ɛ dûuai
แต่ ว่า ฉัน ต้อง แคร์ พ่อ แม่ ด้วย
but that I must care father-mother also
but I also have to take care of my parents.

phɔ̂ɔ mii *faam* líiang sàt – ìik mâi naan kháu *tsà rii-taai* lɛ́ɛu
พ่อ มี ฟาร์ม เลี้ยง สัตว์ – อีก ไม่ นาน เขา จะ รี-ไทร์ แล้ว
father have farm raise animal – more-no-long he will retire already
My father has a farm, which raises animals. Soon he will be retiring.

แล้ว คุณ ล่ะ วิภา
then you lâ wípaa
What about you Wípaa?

Borrowed English words
dít-nîi rii-sɔ̀ɔt   *Disney Resort*   ดิ๊ส-นี่ รี-สอร์ท
hɔ̂ng-gong   *Hong Kong*   ฮ่อง กง

kɛɛ	*to take care, to look after*	แคร์
faam	*farm, ranch*	ฟาร์ม
rii-taai	*to retire*	รี-ไทร์

Similar Thai expressions

sàthăan phák tàak aagàat	*resort*	สถาน พัก ตาก อากาศ
duu lɛɛ	*to look after*	ดู แล
pen hùuang	*to worry about, to take care*	เป็น ห่วง
naa	*field, farm*	นา
râi	*field, farm*	ไร่
thûng	*field, farm, meadow*	ทุ่ง
gàsĭian	*to retire, to be retired*	เกษียณ

Comments

The Thai expression **sàthăan phák tàak aagàat** สถาน พัก ตาก อากาศ for *resort* is a long and complicated word. Therefore, it isn't normally used. The borrowed English word **rii-sɔ̀ɔt** รี-สอร์ท *resort* is simpler and easier.

Grammar tips

Depending on the context, Thais often use Thai words instead of the borrowed English word for **faam** ฟาร์ม *farm, ranch* such as:

thîi naa	*farmland*	ที่ นา
râi naa	*paddy field*	ไร่ นา
thûng naa	*farm, field, rice field*	ทุ่ง นา
tham râi	*to do farming*	ทำ ไร่
tham naa	*to do farming*	ทำ นา
plùuk khâau	*to farm, to cultivate rice*	ปลูก ข้าว

Pronunciation tips: "f", "s" and "h"

These three consonants are pronounced the same or similarly in both languages. Examples include **faam** ฟาร์ม *farm* for **f**, **sii-rîiat** ซี-เรียส *to be serious* for **s** and **han-nii-muun** ฮัน-นี-มูน *honeymoon* for **h**.

9. wípaa วิภา
pai *tuua* mâi bòi – sùuan yài tʃán yùu thîi bâan – tham ngaan yá
ไป ทัวร์ ไม่ บ่อย – ส่วน ใหญ่ ฉัน อยู่ ที่ บ้าน – ทำ งาน เยอะ
go trip no often – part big I stay at home – do work much
I don't go out often. Mostly, I stay at home. I work a lot.

tham *ou-tii* dûuai – lέεu gɔ̂ɔ duu *tii-wii*
ทำ โอ-ที ด้วย – แล้ว ก็ ชอบ ดู ที-วี
do overtime also – then-also like watch TV
I work overtime as well and like to watch TV.

Borrowed English words
tuua	tour, sight-seeing	ทัวร์
oo-tii	overtime	โอ-ที
tii-wii	TV	ที-วี

Similar Thai expressions
gaan thɔ̂ng thîiau	tour, sight-seeing	การ ท่อง เที่ยว
pai thîiau	to go out, to tour, to travel	ไป เที่ยว
lûuang weelaa	to work overtime	ล่วง เวลา
thooráthát	TV	โทรทัศน์

Comments
oo-tii โอ-ที *overtime* is commonly used for working overtime. **thooráthát** โทรทัศน์ *TV* is an old word and is not much used nowadays. **pai thîiau** ไป เที่ยว *to go out, to tour, to travel* is commonly used instead of **pai tuua** ไป ทัวร์ *to tour, to travel.*

10. máyúrii มยุรี
khun tʃɔ̂ɔp *proo-grεεm tii-wii* arai khá
คุณ ชอบ โปร-แกรม ที-วี อะไร คะ
you like program TV what khá
What kind of TV programs do you like?

Borrowed English words

proo-grɛɛm	*program*	โปร-แกรม
proo-grɛɛm tii-wii	*TV program*	โปร-แกรม ที-วี

Similar Thai expressions

rai gaan	*program, list of items*	ราย การ
rai gaan thooráthát	*TV program*	ราย การ โทรทัศน์

Comments

The English word **proo-grɛɛm** โปร-แกรม *program* is also often used in other contexts such as *computer program*. For the list of items **rai gaan** ราย การ *catalog* is preferred in contexts such as **raai gaan tii-wii** ราย การ ที-วี *TV program* or **raai gaan aahăan** ราย การ อาหาร *menu* etc.

Pronunciation tips: "m", "n" and "ng"

The **m** and **n** consonants are pronounced similarly in both languages. Good examples are **mɛɛn-doo-lin** แมน-โด-ลิน *mandolin* for **m** and **nái-klàp** ไน้ท์-ขลับ *nightclub* for **n**.

The Thai **ng** ง consonant sound does not exist at the beginning of the word or syllable in English. However, you will find it in numerous words in the middle or end position such as ki**ng**, si**ng**le, mi**ng**le etc.

11. wípaa วิภา
tʃán duu lăai *proo-grɛɛm* – yàang tʃên
ฉัน ดู หลาย โปร-แกรม – อย่าง เช่น
I watch many program – such as
I watch many programs such as:

năng gaa-tuun	*cartoon movie*	หนัง การ์-ตูน
năng tàlòk	*comics movie*	หนัง ตลก
năng tsiin	*Chinese movie*	หนัง จีน
năng sàtaa múup-wîi	*Star Movie*	หนัง สะ-ตาร์ มู้ฟ-วี่ส์
năng dít-nîi	*Disney movie*	หนัง ดิ๊ส-นี่ย์

Borrowed English words

gaa-tuun	*cartoon*	การ์-ตูน
tsiin	*Chinese*	จีน
dít-nîi	*Disney*	ดิส-นี่ย์
múup-wîi	*movie, film*	มู้ฟ-วี่ส์

Similar Thai expressions

năng	*movie, film*	หนัง

Comments

năng หนัง is used in Thai for *films* and *movies*. The borrowed English word **múup-wîi** มู้ฟ-วี่ส์ is used only with names such as **năng sà-taa múup-wîi** หนัง สะ-ตาร์ มู้ฟ-วี่ส์ *Star Movie*.

Grammar tips

năng หนัง is translated into Thai as *film, movie* and also *leather*. It is used in several combinations to create new meanings such as:

roong năng	*cinema, movie theater*	โรง หนัง
thàai năng	*to film, to make a movie*	ถ่าย หนัง
tʃăai năng	*to show a movie*	ฉาย หนัง
tŭua năng	*cinema ticket*	ตั๋ว หนัง
phâak năng	*to dub a movie*	พากย์ หนัง
daaraa năng	*movie star*	ดารา หนัง
năng sŏng-khraam	*war movie*	หนัง สงคราม
năng póo	*porn film*	หนัง โป๊
rɔɔng tháu năng	*leather shoes*	รอง เท้า หนัง

12. máyúrii มยุรี

sămràp tʃán – *tɔ́ɔk tʃoo dii thîi-sùt* – *riia-lí-tîi tʃoo* gɔ̂ɔ dii
สำหรับ ฉัน – ท้อล์ค โชว์ ดี ที่ สุด – เรีย-ลิ-ตี้ โชว์ ก็ ดี
for I – talk show – good that most – reality show also good
As for me, talk show is the best. The reality show is good as well.

Borrowed English words

tɔ́ɔk tʃoo   *talk show*   ท้อล์ค โชว์
riia-lí-tîi tʃoo   *reality show*   เรีย-ลิ-ตี้ โชว์

Comments
These are modern loan words from English. There are no similar Thai expressions.

Pronunciation tips: "tʃ"

English pronounce the word *sh*ow (ʃou) without the **t** sound. Thais turn this sound into the **tʃ** sound because there is not such a sound as ʃ (**sh**), in Thai. In addition, the vowel combination **ou** is pronounced as a long **oo** sound. Thus, the English word *show* is pronounced as **tʃoo** โชว์ in Thai.

13. **wípaa** วิภา
taai lâ – gùuap luuum pai – *hɛ́ɛp-pîi bɔ́ət-dee* khun máyúrii ná khá
ตาย ล่ะ – เกือบ ลืม ไป – แฮ็ป-ปี้ เบิร์ธ-เดย์ คุณ มยุรี นะ คะ
die lâ – almost forget go – happy birthday khun máyúrii ná khá
Damn it! I almost forgot. Happy birthday khun Mayuri ná khá.

Borrowed English words

hɛ́ɛp-pîi bɔ́ət-dee   *happy birthday*   แฮ็ป-ปี้ เบิร์ธ-เดย์

Similar Thai expressions

sùksăn wan gə̀ət   *happy birthday*   สุขสันต์ วัน เกิด

Comments
Both expressions, English and Thai are used interchangeably.

14. **máyúrii** มยุรี
khɔ̀ɔp khun khâ – tʃán gɛ̀ɛ lɛ́ɛu
ขอบ คุณ ค่ะ – ฉัน แก่ แล้ว
thank you khâ – I old already
Thank you khâ! I am already old.

Chapter 3

Pronunciation tips: "l" and "r" sounds

In the initial position, the consonant **l** and **r** sounds are pronounced similarly in both languages. However, pay attention to the **r** consonant sound in Thai. Many Thais prefer to pronounce **r** as **l**. So, riian เรียน would be pronounced as liian. There is another Thai word, **liian** เลียน, which means *to copy, to imitate*; thus, the meaning is understood from the context.

15. wípaa วิภา
thùuk tông ləəi – khun mâi tʃâi *bee-bĭi* ìik lɛ́ɛu
ถูก ต้อง เลย – คุณ ไม่ ใช่ เบ-บี๋ อีก แล้ว
correct must beyond – you no-yes "baby" more-already
Right, you are not a baby anymore.

tʃán *tsóuk* ná khá
ฉัน โจ๊ก เท่า นั้น นะ คะ
I joke only that ná khá
I am only joking ná khá!

Borrowed English words
bee-bĭi	*baby*	เบ-บี๋
tsóok	*to joke, to kid*	โจ๊ก

Similar Thai expressions
dèk	*child, baby*	เด็ก
dèk nɔ́ɔi	*small baby*	เด็ก น้อย
phûut lên	*to joke, to kid*	พูด เล่น
lɔ́ɔ lên	*to joke, to tease*	ล้อ เล่น

Comments
phûut lên พูด เล่น *to joke, to kid*, **lɔ́ɔ lên** ล้อ เล่น *to joke, to tease* are preferred by Thais before the borrowed English word **tsóok** โจ๊ก *to joke, to kid.* They are short and expressive.

Grammar tips
ləəi เลย is commonly used as an intensifier in Thai (sentence 15). The context often determines its specific meaning and usage as follows:

Stronger emphasis

thùuk tông ləəi	*right!*	ถูก ต้อง เลย
dâai ləəi	*definitely*	ได้ เลย
tʃâi ləəi	*exactly right*	ใช่เลย
mâak ləəi	*very much*	มาก เลย
tsang ləəi	*extremely*	จัง เลย
nɛ̂ɛ ləəi	*for sure*	แน่ เลย
mâi ləəi	*not at all*	ไม่ เลย

Command or invitation

tham ləəi	*do it right away!*	ทำ เลย
maa ləəi	*come on! come here!*	มา เลย
dǐiau nii ləəi	*right away!*	เดี๋ยว นี้ เลย

Beyond a certain point

ləəi weelaa	*to be overdue*	เลย เวลา
ləəi pai...	*to go over...*	เลย ไป...
ləəi sàmǎi	*to be out-of-date*	เลย สมัย
gəən ləəi	*exceedingly*	เกิน เลย

Conjunction

gɔ̂ɔ ləəi	*so, therefore*	ก็ เลย

Pronunciation tips: "w" and "y"

The **w** and **y** consonants are pronounced similarly in both languages. Good examples are **wɤ́ɤk** เวิร์ก *to work* for **w** and **yuu-túup** ยู-ทูบ *YouTube* for **y**. Note, however that these consonants are also used as a part of vowel combinations (**u** and **i**) when at the end of the sentence or syllable.

16. **máyúrii** มยุรี
máu gàp khun sànùk sàmɤ̌ɤ – tɛ̀ɛ wâa tʃán tông pai lɛ́ɛu
เม้าท์ กับ คุณ สนุก เสมอ – แต่ ว่า ฉัน ต้อง ไป แล้ว
mouth with you fun always – but that I must go already
It is always fun chatting with you, but I must be going now.

Borrowed English words
máu   to gossip, to chat, to talk   เม้าท์

Similar Thai expressions
khui   to chat, to talk   คุย
súpsíp   to whisper, to gossip, to chitchat   ซุบซิบ
ninthaa   to gossip   นินทา

Comments
máu เม้าท์ comes from the English word *mouth*. This is a creative way to make a verb out of a noun and give it a new meaning. Many English words are given *new meanings* or used *differently* by Thais.

Grammar tips
sàmǝ̌ǝ เสมอ is translated into English as *always, regularly*. There are many more interesting expressions, which carry similar meanings in Thai such as:

tàlɔ̀ɔt	*always, throughout*	ตลอด
tàlɔ̀ɔt pai	*forever*	ตลอด ไป
tàlɔ̀ɔt weelaa	*all the time, always*	ตลอด เวลา
sàmǝ̌ǝ pai	*always, continually* (future)	เสมอ ไป
rûuai	*continuously, consistently*	เรื่อย
rûuai pai	*continuously, on and on*	เรื่อย ไป
thìi-thìi	*frequently*	ถี่ๆ
thúk khráng	*every time*	ทุก ครั้ง
thúk wan	*every day*	ทุก วัน

17. **wípaa** วิภา
khɔ̀ɔp khun mâak – thîi wé maa hǎa – lɛ́ɛu tsǝǝ gan ná khá
ขอบ คุณ มาก – ที่ แวะ มา หา – แล้ว เจอ กัน นะ คะ
thank you very – that visit come search – then meet with ná khá
Thank you very much for dropping by. See you later.

18. máyúrii มยุรี
khɔ̀ɔp khun – lɛ́ɛu tsəə gan – *báai-baai*
ขอบ คุณ – แล้ว เจอ กัน – บ๊าย บาย
thank you – then meet together bye-bye
Thank you! See you later, bye bye!

Borrowed English words

báai-baai	*goodbye*	บ๊าย บาย

Similar Thai expressions

sàwàtdii	*goodbye, welcome etc.*	สวัสดี
laa gɔ̀ɔn	*goodbye, farewell*	ลา ก่อน

Grammar tips

sàwàtdii สวัสดี is a very useful Thai expression since it is a multi-purpose word that is always appropriate, no matter the situation. It can mean *hello, goodbye, welcome, good morning, good afternoon, good evening* and more. You hear it all the time and everywhere. It is normally followed by polite particles such as **khâ** ค่ะ or **khráp** ครับ. Thais love these words so much that they also use them when speaking English.

laa gɔ̀ɔn ลา ก่อน is another way to say *goodbye* in Thai, although it is used much less frequently. This phrase is typically used when you are saying *goodbye* to a friend, knowing that you will not see each other for a long time.

D. Review of Thai consonant sounds

When we talk about Thai consonant sounds, we refer to the initial sounds at the beginning of a word or syllable. The final sounds, which we will review in the next chapter, are a completely different story.

According to Thai classification, there are 44 consonant symbols in the Thai language, representing only 20 distinct consonant sounds. This means some consonants share the same sound. However, in this section, we focus on the most common consonants, excluding rare ones that are not typically used in borrowed English words.

In English, consonants are often classified as either *voiced* or *voiceless*. Voiced consonants are produced with vibration of the vocal cords, while voiceless consonants are produced without vocal cord vibration.

Thai does not make this kind of distinction in the same way as English. Instead, it divides consonants into *aspirated, unaspirated* and *voiced consonants*. Additionally, Thai consonants are categorized into *low, mid* and *high* classes, which affect the tone of the word. In Thai, aspiration can change the meaning of a word, which is not the case with English or borrowed English words. The Thai language uses Thai consonant sounds for borrowed English words. Fortunately, most consonant sounds are the same or similar in the initial position.

Thai consonant sounds: b, ph, p, d, th, t, kh, k, tʃ, **ts**, f, s, h, m, n, **ng**, l, r, w, y

We have marked those Thai consonant sounds with **bold**, which are not used in English in initial position.

In English, there are more consonant sounds, which are not used in Thai. They are mainly voiced sounds such as **v** (as in **v**ictory), **z** (as in **z**ink), **g** (as in **g**ame), **th** (as in **th**is), **j** (as in **j**acket (dʒɛ-kit) and others such as **th** (as in **th**ink).

We can divide the Thai consonant sounds into three groups as follows:

a) Stop consonant "pair sounds" (10 sounds)
   b, ph, p
   d, th, t
   kh, k
   ts, tʃ

b) Fricative sounds (3 sounds)
   f, s, h

c) Sonorant sounds (7 sounds)
   m, n, ng, l, r, w, y

a) Stop consonant "pair sounds"

Stop consonant sounds involve a complete blockage of airflow, a build-up of air pressure, and a sudden release, which produces the characteristic "burst" of the sound. The specific qualities of the stop consonant can vary based on the place of articulation, *voicing* and *aspiration*.

The distinction between *aspirated* and *unaspirated sounds* or *voiced* sounds affect the meaning of words in many languages such as Thai. However, generally, the aspiration is not a meaningful distinction in English and in borrowed English words.

In Thai, the pair sounds contain three different meaningful distinctions. Namely, *voiced sounds* such as **b** and **d**, *aspirated sounds* such as **ph**, **th** and **kh** and *unaspirated sounds* such as **p, t** and **k**.

In English, pair sounds are often referred to as *voiced* and *voiceless* sounds such as **b, d** and **g**, and **p, t** and **k**. In English, the *voiceless* consonants are normally articulated *aspirated naturally* at the beginning of the word.

When *voiceless* stop sounds such as **ph, th** and **kh** appear at the beginning of the syllable or word, they are typically *aspirated* in Thai. *Aspiration* is the audible release of a burst of air when these sounds are pronounced.

Here are examples of Thai consonant sounds compared to English.

1. Stop pair sounds **b, p** and **ph**

Thai words

bìt	*to twist*	บิด	(voiced)
pìt	*to close*	ปิด	(unaspirated)
phìt	*to be wrong*	ผิด	(aspirated)

In Thai, it is mandatory to make a distinction between *voiced, unaspirated* and *aspirated* sounds such as **b, p** and **ph**. The meaning of the word can change as shown above.

English words for **b** and **p**

bəə-rîi	*berry* (**be-ri**)	เบอร์-รี่
pít-sâa	*pizza* (**piit-sə**)	พิซ-ซ่า
pík-ník*	*picnic* (**pik-nik**)	ปิ๊ก-นิก

In English, the distinction is made between *voiced* and *voiceless* consonant sounds (**b** and **p**).

Native English speakers pronounce the consonant **p** naturally slightly *aspirated* at the beginning of the word. So, the word *pizza* is transliterated as **pít-sâa** พิซ-ซ่า and not as **phít-sâa** พิซ-ซ่า here.

*Sometimes, Thais pronounce **p** *unaspirated* as in the word **pík-ník** ปิ๊ก-นิก while the native English speakers would pronounce it *aspirated* (**ph**). As we have already pointed out, the aspiration is not an issue for the borrowed English words. Thai pronunciation habits are not consistent regarding borrowed English words. This may have something to do with the fact when and how the word was assimilated into Thai.

2. Stop pair sounds **d**, **t** and **th**

Thai words

dii	*good*	ดี (voiced)
tii	*to hit*	ตี (unaspirated)
thii	*time*	ที (aspirated)

In Thai, it is mandatory to make a distinction between *voiced*, *unaspirated* and *aspirated* sounds such as **d**, **t** and **th**. The meaning of the word can change as shown above.

English words for **d** and **t**

dai-èt	*diet* (**dai-ət**)	ได-เอ็ท
típ	*tip* (**tip**)	ทิป
tiu-tə̂ə*	*tutor* (**tuu-tə**)	ติว-เต้อร์

In English, the distinction is made between the *voiced* and *voiceless* consonants (**d** and **t**). Native English speakers pronounce the consonant **t** naturally slightly *aspirated* at the beginning of the word or syllable.

*However, **t** ต as in the word **tiu-tɔ̂ɔ** ติว-เต้อร์ should be pronounced *aspirated* in Thai because native English speakers pronounce it *aspirated*. Nevertheless, Thais pronounce it *unaspirated* (**t** ต). Thai pronunciation habits are not consistent regarding borrowed English words; moreover, the aspiration is not an issue for the borrowed English words.

3. Stop pair sounds **k** and **kh**, and **g**

Thai words

gam	*to grasp, to hold*	กำ (unaspirated)
kham	*word*	คำ (aspirated)

In Thai, it is mandatory to make a distinction between *unaspirated* and *aspirated* sounds, such as **g** and **kh**. The meaning of the word can change as shown above.

English words for **k** and **g**

kɛɛ	*care* (**k**eə)	แคร์
két-tʃàp	*ketchup* (**k**ét-tʃap)	เค็ต-ชัป
guu-**g**ôn*	*Google* (**g**uu-**g**əl)	กู-เกิ้ล
gí-**g**à-bái*	*gigabyte* (**g**i-**g**ə-bait)	กิ๊-กะ-ไบต์

While in Thai a distinction is made here between *unaspirated* and *aspirated* consonant sounds (**k** and **kh**), in English the distinction is made between *voiceless* and *voiced* sounds (**k** and **g**).

*However, there is no *voiced* consonant sound **g** in Thai, whereas in English, **g** is a common sound.

If you pronounce **g** *voiced*, as in the word *Google*, Thais will understand you without any difficulty. Similarly, when you pronounce **k** *naturally aspirated* (**kh**) as in the word *ketchup*, there are no problems at all. So, in this book, the Thai consonant sound **k** (ก) is transliterated as **g**, and **kh** (ค) as **k** in borrowed English words.

4. Stop pair sounds **ts** and **tʃ**

Thai words

tsan	*moon*	จันทร์ (unaspirated)
tʃán	*floor, story*	ชั้น (aspirated)

In Thai, it is mandatory to make a distinction between *unaspirated* and *aspirated* sounds (**ts** and **tʃ**). The meaning of the word can change as shown above.

Borrowed English words

tsóok*	*joke* (**dʒ**ouk)	โจ๊ก (unaspirated)
tʃáat	*to charge* (**tʃ**aadʒ)	ช้าร์จ (aspirated)
tʃɔ́p-pîng*	*shopping* (**ʃ**ɔ-ping)	ช็อป-ปิ้ง (aspirated)

ts and **tʃ** sounds are common in Thai.

tʃ is often transliterated as **ch** in borrowed English words (as in **ch**ild). This sound is pronounced similarly in both languages. **ts** sound is often transliterated as **j** (as in **j**ob).

*However, the *voiced* English consonant sound **dʒ** (as in **j**ob) and the *aspirated* **ʃ** sound (as in **sh**opping) do not exist in Thai. They both are turned into *affricates* in Thai, meaning that the air flow is first stopped (**t**) and released with the aspiration. Thus, the word *joke* (**dʒ**ouk) becomes **ts**óok โจ๊ก, and **sh**opping becomes **tʃ**ɔ́p-pîng ช็อป-ปิ้ง.

b) Fricative sounds

Fricative sounds are a class of speech sounds produced by forcing air through a narrow constriction in the vocal tract, creating turbulence and a continuous, friction-like sound. Fricatives are found in many languages, including Thai and English, but the specific fricative sounds and their pronunciation can vary between languages. Fricative sounds are normally pronounced the same in Thai and English.

Fricative sounds **f**, **s** and **h**

Thai words

fŏn	*rain*	ฝน
sŏn	*to be interested*	สน
hŏn	*time, place*	หน

In Thai, fricative sounds are *aspirated* and *voiceless,* and they don't have pair sounds.

Borrowed English words

fúut	*food* (fuud)	ฟู้ด
sɛɛn-wít	*sandwich* (sɛn-witʃ)	แซนด์-วิช
hɛm-bəə-gɔ̂ə	*hamburger* (hɛm-bəə-kə)	แฮม-เบอร์-เก้อร์

In English, fricative sounds such as **f, s** and **h** are *aspirated* and *voiceless.* They are pronounced the same as in Thai.

However, the English language has also *voiced* fricatives sounds such as the consonant **v, z, th** (ð), **g** (as in **game**) and **g** (as in **George**). These sounds do not exist in Thai.

c) Sonorant sounds

In the Thai language, there are seven *sonorant* consonant sounds. Sonorant consonants are characterized by the relatively unobstructed airflow through the vocal tract, creating a more resonant or sonorous quality to their sound. In Thai, these sonorant consonants are typically classified into three categories: nasals (**m** ม, **n** น and **ng** ง), liquids (**l** ล and **r** ร) and glides (**w** ว and **y** ย).

These sonorant consonant sounds play an essential role in the phonology and pronunciation of the Thai language. It's important to note that the specific pronunciation and realization of these sounds may vary somewhat depending on regional accents and individual speakers.

Sonorant sounds, also known as resonant sounds, are speech sounds that are produced with a relatively open vocal tract, allowing for a relatively free flow of air. Sonorants are characterized by their sonorous or musical quality and lack of significant constriction in the

Chapter 3

vocal tract. Here's a comparison of sonorant sounds in both English and Thai.

The sonorant sounds are *voiced* in both languages Thai and English. Hence, sonorant sounds don't have pair sound. Pair sounds apply to the *stop sounds* only. The sonorant consonants are pronounced in a similar way in Thai and in English. Long vowel sounds are also sonorant sounds.

1. Nasal consonants **m**, **n** and **ng**

Thai words

mɛ̂ɛn	*exactly*	แม่น
nɛ̂ɛn	*tightly*	แน่น
ngong	*to be confused*	งง
ngaam	*to be pretty*	งาม

Borrowed English words

má-gà-roo-nii	*macaroni* (mɛ-kə-rou-ni)	มะ-กะ-โร-นี
nɛ́p-gîn	*napkin* (nɛp-kin)	แน็ป-กิ๊น
pi**ng** pɔng*	*ping-pong* (ping-pɔng)	ปิง ปอง

*The **ng** consonant sound does not appear at the beginning of borrowed English words; it appears only at the final position. However, in Thai, it is a common sound at both the beginning and the end of words.

2. Liquid consonants **l** and **r**

Liquids are a consonant sounds in which the tongue produces a partial closure in the mouth, resulting in a resonant, vowel-like consonant sound.

Thai words

líiang	*to raise, to bring up*	เลี้ยง
rǐian	*coin*	เหรียญ
riian	*to study*	เรียน

The words **r**ǐian เหรียญ *coin* and **r**iian เรียน *to study* are pronounced in a similar way. The meaning in Thai is understood from the *context* and from the *tone*.

Borrowed English words

laang-sàat	*langsat* (laang-saat)	ลาง-สาด
roo-mɛɛn-tìk*	*romantic* (rou-mɛn-tik)	โร-แมน-ติก

The **l** consonant is pronounced in the same or similar way in both languages.

The Thai **r** sound is a so called *tap sound* similar to the Spanish **r**. It's slightly different from the English **r** sound.

*In addition, Thais often pronounce the **r** consonant as **l**. So, the borrowed English word roo-mɛɛn-tìk โร-แมน-ติก may sound like loo-mɛɛn-tìk โร-แมน-ติก. You just have to get used to different kinds of Thai pronunciations. Both are widely accepted.

3. Glides or semi-vowels **w** and **y**

Semi-vowels **w** and **y** play a crucial role in the phonological structure of languages like Thai and English. They help with the formation of diphthongs and assist in maintaining the flow of speech.

Thai words

wăng	*to hope*	หวัง
yang	*still, yet*	ยัง

Borrowed English words

waai	*wine* (wain)	ไวน์
yoo-gə̀ət	*yogurt* (you-gə̀ət)	โย-เกิร์ต

w and **y** sounds are called semi-vowels because they have some vowel-like characteristics, particularly when at the end of the word. As in the above words, they are more consonant-like in their articulation when at the beginning of the word or syllable.

E. Simple advice

Whether you choose to use English or Thai words, you must pronounce them in a way that Thais can understand. Thai people may prefer using borrowed English words instead of Thai words if the English term is shorter and well-known.

English consonant sounds are similar to Thai sounds when they occur at the beginning of a word or syllable. However, English is spoken widely with various accents, leading to significant differences in sounds, especially vowel sounds, depending on the speaker and their location.

Thais often say, "I pronounce this English word like this." Thai people generally understand each other when using borrowed English words, even though there are individual variations in pronunciation. In practice, there are no strict rules. You need to find your own way and learn to speak in a manner that is understood in Thailand. Being understood is only half the challenge; understanding what others say is equally important. This book provides tools and insights on how to apply Thai sounds to borrowed English words.

Practical tips
In Thai, understanding relies heavily on context and the person you are speaking to. You might manage with your natural English pronunciation for consonant sounds. However, correct tone, vowel length (short or long), and final sounds are also crucial. The closer you approximate the Thai way of speaking, the better you will be understood.

gaan tʃái in-tôə-nét lɛ́ kɔm-píu-tôə
การ ใช้ อิน-เทอร์-เน็ต และ ค็อม-พิ้ว-เต้อร์
Using internet and computers

Chapter 4

A. Sentences spoken by native speakers

The primary goal is for your Thai friends to understand you. You'll need to experiment to find what works best, as there are no strict rules for pronouncing borrowed English words in Thai. A slightly adjusted pronunciation or your natural way is acceptable, though closer alignment with the common Thai pronunciation is preferable.

Gradually familiarize yourself with *sound-based* writing. By the end of this book, you will have gained expertise, greatly benefiting your future Thai studies.

In sections A and B, we present two slightly different pronunciations for borrowed English words. The first is an *adjusted* pronunciation tailored for English speakers who naturally pronounce these words in an English way. The second is the *commonly used* Thai pronunciation. The adjusted pronunciation applies only to borrowed English words; Thai words, however, must be pronounced accurately.

We use *italics* for adjusted pronunciations and **bold** for Thai pronunciations, incorporating Thai tones. In Thai, understanding depends on pronunciation, tones and context.

Every borrowed English word is divided into syllables, which helps in following Thai pronunciation and tones more easily.

Using internet and computers

1. Judi
tʃûuai duu *nóut búk* hâi tʃán nɔ̀i – dâai mái khá
tʃûuai duu **nóot búk** hâi tʃán nɔ̀i – dâai mái khá
ช่วย ดู โน๊ต บุ๊ก ให้ ฉัน หน่อย – ได้ ไหม คะ

2. Friend
khun tʃái *pii-sii* rɯ̌ɯ *mék*
khun tʃái **pii-sii** rɯ̌ɯ mék
คุณ ใช้ พี-ซี หรือ แม็ค

3. Judi
khít wâa *kɔm* tʃán tʃái *win-dôus*
khít wâa **kɔm** tʃán tʃái *win-dôo*
คิด ว่า ค็อม ฉัน ใช้ วิน-โด้วส์

tʃán tôŋ-gaan *áp-dèit kɔm-pyúu-tə̂* – àat tsà mii *bák*
tʃán tôŋ-gaan **áp-dèet kɔm-píu-tə̂ə** – àat tsà mii **bák**
ฉัน ต้อง การ อั๊ป-เดต ค็อม-พิว-เต้อร์ – อาจ จะ มี บั๊ก

tʃán mâi rúu tsiŋ-tsiŋ – thammai tʃái *in-tə-nèt* mâi dâai
tʃán mâi rúu tsiŋ-tsiŋ – thammai tʃái **in-təə-nèt** mâi dâai
ฉัน ไม่ รู้ จริงๆ – ทำไม ใช้ อิน-เทอร์-เหน็ต ไม่ ได้

4. Friend
ou-kei lâ – rau tôŋ *áp-dèit win-dôus* gɔ̀ɔn
oo-kee lâ – rau tôŋ **áp-dèet win-dôo** gɔ̀ɔn
โอ-เค ล่ะ – เรา ต้อง อั๊ป-เดต วิน-โด้วส์ ก่อน

tsiŋ-tsiŋ léɛu – man khuuan tsà tôŋ *áp-dèit ɔɔ-tə-má-tik*
tsiŋ-tsiŋ léɛu – man khuuan tsà tôŋ **áp-dèet àt-tà-noo-mát**
จริงๆ แล้ว – มัน ควร จะ ต้อง อั๊ป-เดต อัต-ตะ-โน-มัติ

5. Friend
ou-kei tɔɔn níi – *áp-dèit win-dôus* sèt léɛu
oo-kee tɔɔn níi – **áp-dèet win-dôo** sèt léɛu
โอ-เค ตอน นี้ – อั๊ป-เดต วิน-โด้วส์ เสร็จ แล้ว

lăŋ tsàak níi rau tôŋ *tʃék* wâa – mii *bák* rɯ̌ɯ plàu
lăŋ tsàak níi rau tôŋ **tʃék** wâa – mii **bák** rɯ̌ɯ plàu
หลัง จาก นี้ เรา ต้อง เช็ค ว่า – มี บั๊ก หรือ หรือ เปล่า

tʃán rúu-tsàk *sɔ́ft-weə* thîi dii – pen *frii-weə* thîi *pɔ́p-pyə-lə̂* mâak
tʃán rúu-tsàk **sɔ́ɔp-wɛɛ** thîi dii – pen **frii-wɛɛ** thîi **pɔ́ɔp-puu-lâa** mâak
ฉัน รู้ จัก ซ้อฟต์-แวร์ ที่ ดี – เป็น ฟรี-แวร์ ที่ ป๊อป-ปู-ล่าร์ มาก

Chapter 4

6. Judi
wáu – khun *smâat* mâak gìiau gàp rûuang *kɔm-pyúu-tə̂*
wáau – khun **sà-máat** mâak gìiau gàp rûuang **kɔm-píu-tə̂ə**
ว้าว – คุณ สะ-ม้าร์ท มาก เกี่ยว กับ เรื่อง ค็อม-พิว-เต้อร์

7. Friend
khɔ̀ɔp khun – *háad dráiv* yài tsing-tsing – mii hâa sìp *gí-gà-báit*
khɔ̀ɔp khun – **háat drái** yài tsing-tsing – mii hâa sìp **gí-gà-bái**
ขอบ คุณ – ฮาร์ด ไดรัฟ ใหญ่ จริงๆ – มี ห้า สิบ กิ๊-กะ-ไบต์

tʃái weelaa *tʃék* naan – pai gin *kɔ-fi* gɔ̀ɔn dii gwàa
tʃái weelaa **tʃék** naan – pai gin **gaa-fɛɛ** gɔ̀ɔn dii gwàa
ใช้ เวลา เช็ค นาน – ไป กิน กา-แฟ ก่อน ดี กว่า

After drinking coffee

8. Friend
nâa tsà pen *hék-gə̂* – mí-nâa-lâ thʉ̌ng mii *bák*
nâa tsà pen **hék-gə̂ə** – mí-nâa-lâ thʉ̌ng mii **bák**
น่า จะ เป็น แฮ็ก-เก้อร์ – มิ น่า ล่ะ ถึง มี บั๊ก

tɛ̀ɛ wâa *kɔm* khun *dii-bák* mòt lɛ́ɛu
tɛ̀ɛ wâa kɔm khun **dii-bák** mòt lɛ́ɛu
แต่ ว่า ค็อม คุณ ดี-บั๊ก หมด แล้ว

9. Friend
khun tʃái *ép-lí-kei-ʃə̂n* arai bâang
khun tʃái **ɛ́ɛp-plí-kee-tʃân** arai bâang
คุณ ใช้ แอ๊ป-พลิ-เค-ชั่น อะไร บ้าง

10. Judi
khít wâa – sùuan yài tʃái
คิด ว่า – ส่วน ใหญ่ ใช้

in-tə-nèt, **in-təə-nèt**	*internet*	อิน-เทอร์-เหน็ต
ɔn-lain, **ɔɔn-laai**	*online*	ออน-ไลน์
guu-kə̂l, **guu-gân**	*Google*	กู-เกิ้ล
féis-búk, **féet-búk**	*Facebook*	เฟ้ส-บุ๊ก
skáip, **sa-gái**	*Skype*	สะ-ไก๊ป์

geim kɔm-pyúu-tɔ̂, **geem kɔm-píu-tɔ̂ə**
　　　　　　　　　　computer games　เกม ค็อม-พิ้ว-เต้อร์
in-stə̀-grɛm, **in-sà-taa-grɛɛm**　*Instagram*　อิน-สะ-ตา-แกรม
prin-tɔ̂, **prin-tɔ̂ə**　　　　　*printer*　พริน-เต้อร์

lɛ́ɛu gɔ̂ɔ *bluu-túuth* dûuai
lɛ́ɛu gɔ̂ɔ **bluu-túut** dûuai
แล้ว ก็ บลู-ทู้ธ ด้วย

11. Friend
ou-kei – tʃán tsà *daun-lòud drai-və̂* tuua mài sămràp *prin-tɔ̂*
oo-kee – tʃán tsà **daau-lòot drai-wə̂ə** tuua mài sămràp **prin-tɔ̂ə**
โอ-เค – ฉัน จะ ดาวน์-โหลด ไดร-เว่อร์ ตัว ใหม่ สำหรับ พริ้น-เต้อร์

khɔ̌ɔ tɔ̀ɔ *kei-bə̂l* khâu thɯ̌ng *prin-tɔ̂* – dâai mái
khɔ̌ɔ tɔ̀ɔ **kee-bə̂n** khâu thɯ̌ng **prin-tɔ̂ə** – dâai mái
ขอ ต่อ เค-เบิ้ล เข้า ถึง พริ้น-เต้อร์– ได้ ไหม

12. Judi
wáu – tɔɔn níi *prínt* reu tsing-tsing
wáau – tɔɔn níi **prín** reu tsing-tsing
ว้าว – ตอน นี้ พริ้นต์ เร็ว จริงๆ

13. Friend
lɛ́ɛu rau tsà *tʃék skáip* – khun tʃái glông khɔ̌ɔng *kɔm-pyúu-tɔ̂* mái
lɛ́ɛu rau tsà **tʃék sà-gái** – khun tʃái glông khɔ̌ɔng **kɔm-píu-tɔ̂ə** mái
แล้ว เรา จะ เช็ค สะ-ไก๊ป์ – คุณ ใช้ กล้อง ของ ค็อม-พิ้ว-เต้อร์ ไหม

14. Judi
nɛ̂ɛ nɔɔn ləəi
แน่ นอน เลย

15. Friend
duu mɯ̌ɯan rau tông *áp-dèit skáip* dûuai
duu mɯ̌ɯan rau tông **áp-dèet sà-gái** dûuai
ดู เหมือน เรา ต้อง อั๊ป-เดต สะ-ไก๊ป์ ด้วย

wai-fai wə́ək mái
waai-faai wə́ək mái
ไว-ไฟ เวิร์ก ไหม

16. Judi
gɔ̂ɔ – *ou-kei* ná
gɔ̂ɔ – **oo-kee** ná
ก็ – โอ-เค นะ

17. Friend
lɛ́ɛu – sùt tháai – rau tsà tham kwaam sà-àat *kii-bɔ̀ɔd*
lɛ́ɛu – sùt tháai – rau tsà tham kwaam sà-àat **kii-bɔ̀ɔt**
แล้ว – สุด ท้าย – เรา จะ ทำ ความ สะอาด คีย์-บอร์ด

lé *rii-stáat kɔm-pyúu-tə̂* ìik khráng
lé **rii-sà-táat kɔm-píu-tə̂ə** ìik khráng
และ รี-สะ-ต๊าร์ท ค็อม-พิว-เต้อร์ อีก ครั้ง

phaasăa ang-grìt rîiak-wâa *rii-sét* dûuai
phaasăa ang-grìt rîiak-wâ a **rii-sét**
ภาษา อังกฤษ เรียก ว่า รี-เซ็ต ด้วย

tɔɔn níi man nâa tsà *wə́ək* lɛ́ɛu
tɔɔn níi man nâa tsà **wə́ək** lɛ́ɛu
ตอน นี้ มัน น่า จะ เวิร์ก แล้ว

18. Judi
khɔ̀ɔp khun mâak ləəi
ขอบ คุณ มาก เลย

19. Friend
mâi-pen-rai khráp – yàa lɯɯm pìt *swítʃ* – weelaa lə̂ək tʃái ngaan ná
mâi-pen-rai khráp – yàa lɯɯm pìt **sà-wít** – weelaa lə̂ək tʃái ngaan ná
ไม่ เป็น ไร ครับ – อย่า ลืม ปิด สะ-วิตช์ – เวลา เลิก ใช้ งาน นะ

lɛ́ɛu gɔ̂ɔ – tʃăn tsà hâi *páas wə̀əd* khun sămràp *stáat kɔm-pyúu-tə̂*
lɛ́ɛu gɔ̂ɔ – tʃăn tsà hâi **páat wə̀ət** khun sămràp **sà-táat kɔm-píu-tə̂ə**
แล้ว ก็ – ฉัน จะ ให้ พ้าส เหวิร์ด คุณ สำหรับ สะ-ต๊าร์ท ค็อม-พิว-เต้อร์

20. Judi
thâa mâi mii khun – tʃán àat tsà yêɛ
ถ้า ไม่ มี คุณ – ฉัน อาจ จะ แย่

21. Friend
mâi-pen-rai – thâa mii arai – thoo-hăa tʃăn ná
ไม่ เป็น ไร – ถ้า มี อะไร – โทร หา ฉัน นะ

B. Understanding spoken sentences

This section summarizes the borrowed English vocabulary commonly used in Thai, highlighting pronunciation differences between the two languages. Each pair of words consists of the adapted English pronunciation and the corresponding common Thai pronunciation. Occasionally, the English pronunciation aligns closely with the Thai pronunciation.

Listen to the audio several times and get familiar with the sounds spoken by native Thai speakers.

The first word, written in *italics*, represents the adapted English pronunciation, which describes the pronunciation English speakers naturally use. The second word is the most common Thai pronunciation.

Sound files, marked in **bold**, are based on the most common Thai pronunciation and include the correct transliterations as well as the Thai script.

kham sàp คำ ศัพท์

nóut búk, **nóot búk**	notebook	โน้ต บุ๊ก
nóut, **nóot**	note	โน้ต
búk, **búk**	book	บุ๊ก
pii-sii, **pii-sii**	PC	พี-ซี
mɛ́k, **mɛ́k**	Mac	แม็ค
kɔm, **kɔm**	computer	ค็อม
kɔm-pyúu-tə̂, **kɔm-píu-tə̂ə**	computer	ค็อม-พิว-เต้อร์
win-dôus, **win-dôo**	Windows	วิน-โด้วส์

Chapter 4

áp-dèit, **áp-dèet**	to update	อั๊ป-เดต
bák, **bák**	bug (software error)	บั๊ก
in-tə-nèt, **in-təə-nèt**	internet	อิน-เทอร์-เหน็ต
tʃék, **tʃék**	to check, to inspect	เช็ค
sɔ́ft-weə, **sɔ́ɔp-wɛɛ**	software	ซ้อฟต์-แวร์
frii-weə, **frii-wɛɛ**	freeware	ฟรี-แวร์
ou-kei, **oo-kee**	okay	โอ-เค
áp-dèit win-dôus, **áp-dèet win-dôo**		
	to update Windows	อั๊ป-เดต วิน-โด้วส์
ɔɔ-tə-má-tik, **àt-tà-noo-mát**	to be automatic	อัต-ตะ-โน-มัติ
áp-dèit ɔɔ-tə-má-tik, **áp-dèet àt-tà-noo-mát**		
	to update automatically	อั๊ป-เดต อัต-ตะ-โน-มัติ
wáu, **wáau**	wow!	ว้าว
smáat, **sà-máat**	to be smart	สะ-ม้าร์ท
háad dráiv, **háat drái**	hard drive	ฮ้าร์ด ไดร้ฟ์
gí-gà-báit, **gí-gà-bái**	gigabyte	กิ๊-กะ-ไบต์
kɔ-fi, **gaa-fɛɛ**	coffee	กา-แฟ
hék-gə̂, **hék-gə̂ə**	hacker	แฮ็ก-เก้อร์
dii-bák, **dii-bák**	to debug	ดี-บั๊ก
ép-plí-kei-ʃə̂n, **ɛ́ɛp-plí-kee-tʃân**	application	แอ๊ป-พลิ-เค-ชั่น
ɔn-lain, **ɔɔn-laai**	online	ออน-ไลน์
guu-gə̂l, **guu-gə̂n**	Google	กู-เกิ้ล
féis-búk, **féet-búk**	Facebook	เฟ้ส-บุ๊ก
skáip, **sà-gái**	Skype	สะ-ไก๊ป์
geim kɔm-pyúu-tə̂, **geem kɔm-píu-tə̂ə**		
	computer games	เกม ค็อม-พิว-เต้อร์
in-stə̀-grɛm, **in-sà-taa-grɛɛm**	Instagram	อิน-สะ-ตา-แกรม
prin-tə̂, **prin-tə̂ə**	printer	พริ้น-เต้อร์
prínt, **prín**	to print	พริ้นต์
bluu-túuth, **bluu-túut**	Bluetooth	บลู-ทู้ธ
daun-lòud, **daau-lòot**	to download	ดาวน์-โหลด

drai-wâ, **drai-wə̂ə**	driver (software)	ไดร-เว่อร์
sɔ́ft-weə drai-wâ, **sɔ́ɔp-wɛɛ drai-wə̂ə**		
	software driver	ซ้อฟต์-แวร์ ไดร-เว่อร์
kei-bôl, **kee-bôn**	cable, wire	เค-เบิ้ล
tʃék skáip, **tʃék sà-gái**	to check Skype	เช็ค สะ-ไก๊ป์
áp-dèit skáip, **áp-dèet sà-gái**		
	to update Skype	อั๊ป-เดต สะ-ไก๊ป์
wə́ək, **wə́ək**	to work	เวิร์ก
kii-bɔ̀ɔd, **kii-bɔ̀ɔt**	keyboard	คีย์-บอร์ด
rii-sét, **rii-sét**	to reset	รี-เซ็ต
swítʃ, **sà-wít**	switch	สะ-วิตซ์
pháas-wə̀əd, **páat wə̀ət**	password	พ้าส เหวิร์ด
státt, **sà-táat**	to start	สะ-ต๊าร์ท
státt kɔm-pyu-tô, **sà-táat kɔm-píu-tôə**		
	to start the computer	สะ-ต๊าร์ท ค็อม-พิ้ว-เต้อร์

C. How the language works

Sentences translated, words and sounds explained

In this chapter, the focus is on the final sounds. Occasionally, English pronunciation closely aligns with Thai pronunciation. However, the main difference lies in how *final consonant sounds* are typically pronounced differently in English compared to Thai.

The difficulty arises from the need to pronounce the final sounds of borrowed English words and Thai words correctly so that Thais can understand you. This challenge exists because the Thai language has far fewer final sounds than English. Several final sounds are reduced to consonant sounds like **t**, **p** and **k**, which are not released at the end of a word or syllable.

When sentences are translated, you will see two different translations. First, a literal word-for-word translation in English, which helps you learn new words. Second, the correct English translation, conveying the overall meaning of the Thai phrase or sentence.

Chapter 4

Using internet & computers

1. Judi

tʃûuai duu *nóot búk* hâi tʃǎn nòi – dâai mái khá
ช่วย ดู โน้ต บุ๊ก ให้ ฉัน หน่อย – ได้ ไหม คะ
help see note book give I little – can "question" khá
Could you please help me with my notebook?

Borrowed English words

nóot búk	notebook	โน้ต บุ๊ก
nóot	note, take a note	โน้ต
búk	book	บุ๊ก

Similar Thai expressions

nǎngsɯ̌ɯ	book	หนังสือ
sàmùt	notebook	สมุด
sàmùt banthúk	notebook	สมุด บันทึก

Comments

The borrowed English **nóot** โน้ต *note* can also be used together with other nouns such as **nóot phleeng** โน้ต เพลง *note*, which refers to music.

When **búk** บุ๊ก is used alone as a verb, it means *to reserve*. As a noun it is used with other words such as **gin-nèet búk** กิน-เนสส์ บุ๊ก *Guinness World Records*.

Grammar tips

The Thai word **sàmùt** สมุด *book* can be easily combined with other words to create distinct meanings such as:

sàmùt tsòt	notepad	สมุด จด
sàmùt banthúk	notebook	สมุด บันทึก
sàmùt phók	pocket notebook	สมุด พก
sàmùt thoorásàp	phone-book	สมุด โทรศัพท์
sàmùt phâap	photo album	สมุด ภาพ
sàmùt phɛ̌ɛn thîi	atlas	สมุด แผน ที่
hɔ̂ng sàmùt	library	ห้อง สมุด

Note also that in Thai, the word **sàmùt** สมุทร *ocean* is pronounced the same but spelled slightly differently in the Thai script.

2. Friend
khun tʃái *pii-sii* rɯ̌ɯ *mék*
คุณ ใช้ พี-ซี หรือ แม็ค
you use PC or Mac
Do you have a PC or Mac?

Borrowed English words
pii-sii   PC   พี-ซี
mék   Mac   แม็ค

Comments
The computer related words are mostly borrowed from English. However, they may be used slightly differently in Thai. **mék-in-tɔ́ɔt** แม็ค-อิน-ท้อช *Macintosh* is shortened to **mék** แม็ค *Mac* also in Thai.

Pronunciation tips: Thai final "t"

The English consonant sounds **t**, **s** and **ʃ (sh)** are always pronounced as **t** at end of the word or syllable in Thai.

Examples: nóot โน้ต *note* (nout), gin-nêet búk กิน-เนสส์ บุ๊ก *Guinness Book of Records* (gi-nis) and mék-in-tɔ́ɔt แม็ค-อิน-ท้อช *Macintosh* (mɛ-kin-tɔʃ).

3. Judi
khít wâa *kɔm* tʃán tʃái *win-dôo*
คิด ว่า ค็อม ฉัน ใช้ วิน-โด้วส์
think that – computer I use windows
I think my computer has Windows.

tʃán tông-gaan *áp-dèet kɔm-píu-tə̂ə* – àat tsà mii *bák*
ฉัน ต้อง การ อั๊พ-เดต ค็อม-พิว-เต้อร์ – อาจ จะ มี บั๊ก
I must-need update computer – may will have bug
I need to update my computer. Perhaps, there is a bug.

tʃán mâi rúu tsing-tsing – thammai tʃái *in-təə-nèt* mâi dâai
ฉัน ไม่ รู้ จริงๆ – ทำไม ใช้ อิน-เทอร์-เหน็ต ไม่ ได้
I no know really-really – why use internet no can
I don't really know why I cannot use the internet.

Borrowed English words

kɔm	*computer*	ค็อม
kɔm-píu-tə̂ə	*computer*	ค็อม-พิว-เต้อร์
win-dôo	*Windows*	วิน-โด้วส์
áp-dèet	*to update*	อัป-เดต
bák	*bug* (computer virus)	บั๊ก
in-təə-nèt	*internet*	อิน-เทอร์-เหน็ต

Similar Thai expressions

khrûuang kɔm-píu-tə̂ə	*computer*	เครื่อง ค็อม-พิว-เต้อร์

Comments
There are not any meaningful Thai alternatives here. However, the Thai classifier **khrûuang** เครื่อง is also used for borrowed English words. Thus, **khrûuang kɔm-píu-tə̂ə** เครื่อง ค็อม-พิว-เต้อร์ is translated into English as a *computer,* literally: *machine computer.*

Grammar tips
khrûuang เครื่อง *machine, tool, engine* is commonly used as a classifier in Thai in several combinations such as:

khrûuang mɯɯ	*tool*	เครื่อง มือ
khrûuang bin	*plane*	เครื่อง บิน
khrûuang yon	*engine*	เครื่อง ยนต์
khrûuang phim	*printer*	เครื่อง พิมพ์
khrûuang sĭiang	*stereo*	เครื่อง เสียง
khrûuang dɯ̀ɯm	*beverage*	เครื่อง ดื่ม
khrûuang săm-aang	*cosmetics*	เครื่อง สำอาง
phrá khrûuang	*small Buddha image*	พระ เครื่อง

Pronunciation tips: Thai final "t"

The English consonant sound **t** is always pronounced as **t** at the end of the word or syllable in Thai.

Examples: áp-dèet อั๊ป-เดต *to update* (ap-deit) and in-təə-nèt อิน-เทอร์-เหน็ต *internet* (intə-net).

4. Friend
ookee lâ – rau tông *áp-dèet win-dôo* gɔ̀ɔn
โอ-เค ล่ะ – เรา ต้อง อั๊ป-เดต วินโด้วส์ ก่อน
okay lâ – we must update Windows first
OK! First, we must update Windows.

tsing-tsing lɛ́ɛu – man khuuan tsà tông *áp-dèet àt-tà-noo-mát*
จริงๆ แล้ว – มัน ควร จะ ต้อง อั๊ป-เดต อัต-ตะ-โน-มัติ
really-really already – it should will update automatically
In fact, it should update automatically.

Borrowed English words

oo-kee	OK	โอ-เค
áp-dèet win-dôo	to update Windows	อั๊ป-เดต วินโด้วส์
àt-tà-noo-mát	to be automatic	อัต-ตะ-โน-มัติ
áp-dèet àt-tà-noo-mát	to update automatically	
		อั๊ป-เดต อัต-ตะ-โน-มัติ

Similar Thai expressions

tòklong	okay, to agree	ตกลง

Comments

tòklong ตกลง *to agree* is used in the similar way as *okay* in English, but it is used for expressing an agreement only, while the English word is used semantically more widely.

àt-tà-noo-mát อัต-ตะ-โน-มัติ is a Pali/Sanskrit word. However, the same meaning "automatic" was already used in ancient Latin and Greek languages. It has been adapted to several languages to mean "self", "itself".

Grammar tips

All adjectives in Thai can be used as *verbs* or *adverbs*. If you wish to emphasize that an adjective plays a role of an adverb, you may place before it the adjective **dooi** โดย or **yàang** อย่าง as follows:

yàang dii	*well, properly*	อย่าง ดี
yàang rɛɛng	*forcefully*	อย่าง แรง
yàang nàk	*severely*	อย่าง หนัก
yàang rûuat reu	*fast*	อย่าง รวด เร็ว
dooi àt-tà-noo-mát	*automatically*	โดย อัตโนมัติ
dooi pòk-gàtì	*usually*	โดย ปกติ
dooi thûua pai	*generally*	โดย ทั่ว ไป
dooi tʃàlìia	*on the average*	โดย เฉลี่ย

Pronunciation tips: Thai final "t"

The English consonants **d**, **tʃ** (**tch**) and **s** are always pronounced as **t** at the end of the word or syllable in Thai.

Examples: kii-bɔ̀ɔt คีย์-บอร์ด *keyboard* (kii-bɔɔd), sa-wít สะ-วิตช์ *switch* (switʃ) and wai-rát ไว-รัส *virus* (wairəs).

5. Friend

ookee tɔɔn níi *áp-dèet win-dôo* sèt lɛ́ɛu
โอ-เค ตอน นี้ – อั๊ป-เดต วินโด้วส์ เสร็จ แล้ว
okay at this update windows complete already
OK. Now the Windows update is already complete.

lăng tsàak níi rau tông *tʃék* wâa – mii *bák* rɰ̌ɰ plàu
หลัง จาก นี้ เรา ต้อง เช็ค ว่า – มี บั๊ก หรือ หรือ เปล่า
after-from-this we must check that – have bug or-not
After this we must check if there are any bugs.

tʃán rúu-tsàk *sɔ́ɔp-wɛɛ* thîi dii – pen *frii-wɛɛ* thîi *pɔ́ɔp-puu-lâa* mâak
ฉัน รู้ จัก ซ้อฟต์-แวร์ ที่ ดี – เป็น ฟรี-แวร์ ที่ ป๊อป-ปู-ล่าร์ มาก
I know-will software that good – be freeware that popular very
I know an excellent software that is both free and very popular.

Borrowed English words

tʃék	to check, to inspect	เช็ค
bák	bug, computer virus	บั๊ก
sɔ́ɔp-wɛɛ	software	ซ้อฟต์-แวร์
frii-wɛɛ	freeware	ฟรี-แวร์

Similar Thai expressions

trùuat	to check, to inspect	ตรวจ
tʃút kham sàng	software	ชุด คำ สั่ง

Comments

tʃút kham sàng ชุด คำ สั่ง *software* is a quite long expression. Hence, **sɔ́ɔp-wɛɛ** ซ้อฟต์-แวร์ *software* is preferred.

On the other hand, Thais mostly use **wai-rát kɔm-píu-tɤ̂ɤ** ไว-รัส ค็อม-พิว-เต้อร์ *computer virus* instead of **bák** บั๊ก.

Grammar tips

The Thai word **plàu** เปล่า *no, not, empty* (sentence 5) can be used in various contexts and meanings such as:

wâang plàu	to be empty	ว่าง เปล่า
hâi plàu	to be free, free-of-charge	ให้ เปล่า
nám plàu	fresh water	น้ำ เปล่า
mɯɯ plàu	empty-handed	มือ เปล่า
tháu plàu	barefooted	เท้า เปล่า
plàu plàu	pointlessly, in vain	เปล่าๆ
plàu pràyòot	good for nothing	เปล่า ประโยชน์
plàu daai	useless	เปล่า ดาย
sǐia plàu	to waste, to loose in vain	เสีย เปล่า
plɯɯai plàu	to uncover, to undress, to strip	เปลือย เปล่า

Pronunciation tips: Thai final "k"

The English consonant sounds **k** and **c** are always pronounced as **k** at the end of the word or syllable in Thai.

Examples: **búk** บุ๊ก *book* (buk), **mék** แม็ค *Mac* (mɛk), **tʃék** เช็ค *to check* (tʃék).

6. Judi
wáau – khun sà-máat mâak gìiau gàp rûuang kɔm-píu-tɔ̂ə
ว้าว – คุณ สะ-ม้าร์ท มาก เกี่ยว กับ เรื่อง ค็อม-พิ้ว-เต้อร์
wow – you smart very related with machine computer
Wow! You know a lot about computers.

Borrowed English words

wáau	*wow*	ว้าว
sà-máat	*to be smart*	สะ-ม้าร์ท
kɔm-píu-tɔ̂ə	*computer*	ค็อม-พิ้ว-เต้อร์

Similar Thai expressions

oohŏo	*wow!*	โอโห
gèng	*to be talented, to be clever*	เก่ง
tʃàlàat	*to be intelligent, to be clever*	ฉลาด
thêe	*to be stylish, to be cool, to be clever*	เท่

Comments

gèng เก่ง *to be talented,* **tʃàlàat** ฉลาด *to be clever,* **thêe** เท่ *to be stylish, cool* are used *interchangeably* by Thais.

Perhaps, **tʃàlàat** ฉลาด *to be clever* is the best translation for the English word **sà-máat** สะ-ม้าร์ท *to be smart.* **thêe** เท่ *to be stylish, cool* is also often used to refer to appearance.

Grammar tips

gìiau gàp เกี่ยว กับ can be translated into English as *about, regarding* (sentence 6). **gìiau** เกี่ยว *to be related to* is used in several different combinations such as:

gìiau gàp	*about, regarding*	เกี่ยว กับ
mâi gìiau	*irrelevant, unrelated*	ไม่ เกี่ยว
yûng gìiau	*to be involved with*	ยุ่ง เกี่ยว
gèp gìiau	*to gather, to harvest*	เก็บ เกี่ยว
gìiau bèt	*to hook, to catch*	เกี่ยว เบ็ด
gìiau gɔ̂i	*to be hand in hand, to hook little fingers*	เกี่ยว ก้อย

In Thai, there are several words, which carry similar meanings as the English word *about*, such as:

pràmaan	about, around, approximately	ประมาณ
raau-raau	about, approximately	ราวๆ
khít thǔng	to think about, to miss	คิด ถึง
phûut thǔng	to speak about, to mention	พูด ถึง
tìt	to be crazy about, to be addicted to	ติด
gamlang tsà	just about to...	กำลัง จะ

Pronunciation tips: Thai final "k"

The English consonant sound **g** is always pronounced as **k** at the end of the word or syllable in Thai. Actually, there is not such a consonant sound as **g** in Thai at all.

Examples: bák บั๊ก *bug* (bag), plák ปลั๊ก *plug* (blag), blɔ́ɔk บล๊อก *blog* (blɔg).

7. Friend

khɔ̀ɔp khun – *háat drái* yài tsing-tsing – mii hâa sìp *gí-gà-bái*
ขอบ คุณ – ฮ้าร์ด ไดรัฟ ใหญ่ จริงๆ – มี ห้า สิบ กิ๊-กะ-ไบต์
thank you – hard drive big really-really – have five ten gigabyte
Thank you! The hard drive is very big. It is fifty gigabytes.

tʃái weelaa *tʃék* naan – pai gin *gaa-fɛɛ* gɔ̀ɔn dii gwàa
ใช้ เวลา เช็ค นาน – ไป กิน กา-แฟ ก่อน ดี กว่า
take time check long – go eat coffee first good more
It takes a long time to check. It is better to go have some coffee.

Borrowed English words

háat drái	hard drive	ฮ้าร์ด ไดรัฟ
gí-gà-bái	gigabyte	กิ๊-กะ-ไบต์
tʃék	to check	เช็ค
gaa-fɛɛ	coffee	กา-แฟ

Similar Thai expressions

trùuat	to check, to inspect	ตรวจ

Comments

trùuat ตรวจ has a similar meaning in Thai as **tʃék** เช็ค *to check, to inspect*. The borrowed English word **tʃék** เช็ค *to check, to inspect* is used in many different contexts in Thai. The most common are: **tʃék bin** เช็ค บิล *to ask for a bill*, **tʃék in** เช็ค อิน *to check in*, **tʃék áu** เช็ค เอ้าท์ *to check out*. **tʃék duu** เช็ค ดู is best translated into English as *to look into*.

Grammar tips

trùuat ตรวจ *to inspect* can be used in several combinations in Thai such as:

trùuat gɛ̂ɛ	*to edit*	ตรวจ แก้
trùuat sɔ̀ɔp	*to check, to verify, to investigate*	ตรวจ สอบ
trùuat hǎa	*to look for*	ตรวจ หา
trùuat wát	*to measure*	ตรวจ วัด
trùuat lûuat	*to have a blood test*	ตรวจ เลือด
trùuat rôok	*to examine* (health)	ตรวจ โรค
khon trùuat	*inspector*	คน ตรวจ

After drinking coffee

8. Friend
nâa tsà pen *hék-gɔ̂ɔ* – mí-nâa-lâ thǔng mii *bák*
น่า จะ เป็น แฮ็ก-เก้อร์ – มิ น่า ล่ะ ถึง มี บั๊ก
should will be hacker – no-wonder-lâ arrive have bug
It must have been a hacker. It's no surprise that there was a bug.

tɛ̀ɛ wâa *kɔm* khun *dii-bák* mòt lɛ́ɛu
แต่ ว่า ค็อม คุณ ดี-บั๊ก หมด แล้ว
but that computer you debug finished already
But your computer has been completely debugged now.

9. Friend
khun tʃái *ɛ́ɛp-plí-kee-tʃân* arai bâang
คุณ ใช้ แอ๊ป-พลิ-เค-ชัน อะไร บ้าง
you use application what any
What kind of applications do you use?

Borrowed English words

hék-gə̂ə	*hacker*	แฮ็ก-เก้อร์
kɔm	*computer*	ค็อม
dii-bák	*to debug*	ดี-บั๊ก
ɛ̀ɛp-plí-kee-tʃân	*application* (software)	แอ๊ป-พลิ-เค-ชั่น

Similar Thai expressions

gɛ̂ɛ bák	*to debug, to fix a bug*	แก้ บั๊ก

Comments

Most of the computer related words are borrowed from English. **gɛ̂ɛ bák** แก้ บั๊ก is a Thai-English mix term meaning *to debug* or *to fix a bug*.

Grammar tips

mòt หมด *to be finished, used up* is a handy word in Thai (sentence 8), which can be used in several combinations expressing meanings such as:

mòt aayú	*to expire, to run out*	หมด อายุ
mòt yúk	*to be out of date*	หมด ยุค
mòt rɛɛng	*to lose strength, out of strength*	หมด แรง
mòt weelaa	*time is up*	หมด เวลา
mòt wăng	*to be hopeless, no hope*	หมด หวัง
mòt pai	*to disappear*	หมด ไป
mòt panyaa	*to be out of ideas*	หมด ปัญญา
ruuam mòt	*all, entire, whole*	รวม หมด
tháng mòt	*all, total, absolutely*	ทั้ง หมด
tháng mòt tháng tuua	*all, whole*	ทั้ง หมด ทั้ง ตัว

Pronunciation tips: final "p"

English consonant sounds **p**, **b** and **f** are normally pronounced as **p** at the end of the word or syllable in Thai.

Examples: lèp-tɔ́p แหล็ป-ท็อป *laptop* (lɛp-tɔp), róop โร้ป *robe* (roub), gɔ́p kláp กอล์ฟ ขลับ *golf club* (gɔlf klap) and líp ลิฟท์ *lift* (lift).

10. Judi
khít wâa – sùuan yài tʃái
คิด ว่า – ส่วน ใหญ่ ใช้
think that – part big use
I think, normally I use:

in-tɤɤ-nèt	*internet*	อิน-เทอร์-เหน็ต
ɔɔn-laai	*online*	ออน-ไลน์
guu-gɔ̂n	*Google*	กู-เกิ้ล
féet-búk	*Facebook*	เฟ๊ส-บุ๊ก
sà-gái	*Skype*	สะ-ไก๊ป์
geem kɔm-píu-tɤ̂ɤ	*computer games*	เกม ค็อม-พิว-เต้อร์
in-sà-taa-grɛɛm	*Instagram*	อิน-สะ-ตา-แกรม
prin-tɤ̂ɤ	*printer*	พริ้น-เต้อร์

lɛ́ɛu gɔ̂ɔ *bluu-túut* dûuai
แล้ว ก็ บลู-ทู้ธ ด้วย
then-also bluu-tooth as well
And then, I also use Bluetooth.

Borrowed English words
bluu-túut	*Bluetooth*	บลู-ทู้ธ

Similar Thai expressions
khrûuang phim	*printer*	เครื่อง พิมพ์

Comments
Most of the internet and computer related words are borrowed from English.

Grammar tips
tʃái ใช้ *to use* is a multi-functional verb (sentences 9 and 10), which can be used in several combinations in Thai such as:

tʃái weelaa	*to spend time*	ใช้ เวลา
tʃái dâai	*to be usable, can be used*	ใช้ ได้
tʃái lɛ́ɛu	*used, second-hand*	ใช้ แล้ว
tʃái gamlang	*to use force, to fight*	ใช้ กำลัง

ɔ̀ɔk tʃái	*to put into use or practice*	ออก ใช้
tʃái khɯɯn	*to pay back, to reimburse*	ใช้ คืน
tʃái sàdùuak	*user-friendly*	ใช้ สะดวก
khon tʃái	*maid, servant*	คน ใช้
phûu tʃái	*user*	ผู้ ใช้

Pronunciation tips: final "n"

The consonant sound **n** is normally pronounced in the same way in both languages. **n** is a so called sonorant consonant sound. It is voiced and can be continued without stopping the sound.

Examples: ɛ́ɛp-plí-kee-tʃân แอ๊ป-พลิ-เค-ชั่น *application* (ɛp-li-kei-ʃən), ɔɔn-laai ออน-ไลน์ *online* (ɔn-lain)* and prín พริ้นต์ *to print* (pri**n**t)*.

*Note that in Thai, end sounds consist of only one final consonant sound (vowel or consonant). Therefore, the final **n** (น์) in the word **ɔɔn-laai** ออน-ไลน์ and **t** (ต์) in the word **prín** พริ้นต์ are silent.

11. Friend

oo-kee – tʃán tsà *daau-lòot drai-wɔ̂ɔ* tuua mài sămràp *prin-tə̂ə*
โอ-เค – ฉัน จะ ดาวน์-โหลด ไดร-เว่อร์ ตัว ใหม่ สำหรับ พริ้น-เต้อร์
Okay – I will download driver sample new for printer
Okay! I will download a new driver for the printer.

khɔ̌ɔ tɔ̀ɔ *kee-bân* khâu thɯ̌ng *prin-tə̂ə* – dâai mái
ขอ ต่อ เค-เบิ้ล เข้า ถึง พริ้น-เต้อร์– ได้ ไหม
ask connect cable enter reach printer – can "question"
Could you connect the printer cable?

Borrowed English words

daau-lòot	*to download*	ดาวน์-โหลด
drai-wɔ̂ɔ	*driver*	ไดร-เว่อร์
sɔ́ɔp-wɛɛ drai-wɔ̂ɔ	*software driver*	ซ้อฟต์-แวร์ ไดร-เว่อร์
prin-tə̂ə	*printer*	พริ้น-เต้อร์
kee-bân	*cable, wire*	เค-เบิ้ล

Similar Thai expressions

săai kee-bôn	*cable, wire*	สาย เค-เบิ้ล
khrûuang phim	*printer*	เครื่อง พิมพ์

Comments

săai kee-bôn สาย เค-เบิ้ล, which is a Thai-English term for *cable, wire,* is preferred by Thais instead of just **kee-bôn** เค-เบิ้ล. It is more understandable for Thais.

Grammar tips

The Thai word **săai** สาย *line, to be late* is a multi-functional word. It is used in various contexts with different meanings such as:

ráp săai	*to answer the phone*	รับ สาย
thànŏn săai yài	*main road*	ถนน สาย ใหญ่
săai gaan bin	*airline, airway*	สาย การ บิน
săai fai	*cable, wire* (electric)	สาย ไฟ
rái săai	*wireless, Wi-Fi*	ไร้ สาย
săai glaang	*middle way*	สาย กลาง
săai taa	*eyesight, sight*	สาย ตา
săai diiau	*single line, single piece*	สาย เดียว
maa săai	*to come late*	มา สาย
tɔɔn săai	*late in the morning*	ตอน สาย
săai tsai	*darling, honey, sweetheart*	สาย ใจ

Pronunciation tips: final "m"

Sonorant sounds such as **m** are normally pronounced the same in both languages in the final and initial position. It is a voiced sound and can be continued without stopping the sound.

Examples: suu**m**-in ซูม อิน *to zoom in* (zuum in), moo-de**m** โม-เด็ม *modem* (mou-dəm) and in-sà-taa-grεε**m** อิน-สะ-ตา-แกรม *Instagram* (in-stə-grεm)

12. Judi
wáau – tɔɔn níi prín reu tsing-tsing
ว้าว – ตอน นี้ พริ้นต์ เร็ว จริงๆ
wow – at this print fast really-really
Wow! Now it is really fast.

Borrowed English words
wáau	*wow!*	ว้าว
prín	*to print*	พริ้นต์
prin-tɜ̂ə	*printer*	พริ้น-เต้อร์

Similar Thai expressions
oohŏo	*wow!*	โอโห
phim	*to print*	พิมพ์
khrûuang phim	*printer*	เครื่อง พิมพ์

Grammar tips
The Thai word **tɔɔn** ตอน *at, in, while, when* (sentence 12) is a versatile word that can be used in various contexts with different meanings such as:

tɔɔn níi	*now, at this moment*	ตอน นี้
tɔɔn thîi	*while, as, when*	ตอน ที่
tɔɔn nán	*at that time, then, by then*	ตอน นั้น
tɔɔn tʃáu	*early morning*	ตอน เช้า
tɔɔn bàai	*in the afternoon*	ตอน บ่าย
tɔɔn yen	*in the late afternoon*	ตอน เย็น
tɔɔn tham ngaan	*while working*	ตอน ทำ งาน

13. Friend
lέεu – rau tsà tʃék sà-gái – khun tʃái glɔ̂ng khɔ̌ɔng kɔm-píu-tɜ̂ə mái
แล้ว – เรา จะ เช็ค สะ-ไก๊ป์ – คุณ ใช้ กล้อง ของ ค็อม-พิว-เต้อร์ ไหม
then – we check Skype – you use camera of computer "question"
Now, we shall check Skype. Do you use the computer camera?

Borrowed English words

tʃék	to check, to inspect	เช็ค
sà-gái	Skype	สะ-ไก๊ป์
tʃék sà-gái	to check Skype	เช็ค สะ-ไก๊ป์

Similar Thai expressions

trùuat	to check, to inspect	ตรวจ

Comments

We have used **glɔ̂ng** กล้อง *camera* and not **kaa-mee-râa** คา-เม-ร่า *camera*. Camera is not used alone in Thai. It is used in a special way in words such as **len kaa-mee-râa** เลนส์ คา-เม-ร่า *camera lens*, **kaa-mee-râa tʃɔ̂p** คา-เม-ร่า ฉ็อป *camera shop*.

Grammar tips

The Thai word **tsing-tsing** จริงๆ *honestly, really, truly* (sentence 12) is a nice expression, which is used similarly as the following adverbs:

tsing-tsing	*honestly*	จริงๆ
tsing-tsang	*seriously*	จริงจัง
tsing-thɛ́ɛ	*truly*	จริง แท้
thɛ́ɛ-tsing	*actually*	แท้ จริง
thɛ́ɛ-thɛ́ɛ	*genuinely*	แท้ๆ
tʃiiau	*indeed*	เชียว
nɛ̂ɛ nɔɔn	*definitely*	แน่ นอน

Pronunciation tips: final "ng"

In the final position, the consonant sound **ng** is pronounced the same in both languages.

Examples: tʃɔ́p-pîng ช็อป-ปิ้ง *shopping* (ʃɔ-ping), lòot-dîng โหลด-ดิ้ง *loading* (lou-ding) and rii-mòot wɔ̂ɔk-gîng รี-โหมท เวิร์ก-กิง *remote working* (ri-mout wəə-king).

In Thai, this sound (**ng**) can also be used in the initial position, while in English, it is used only in the final position.

14. Judi
nêɛ nɔɔn ləəi
แน่ นอน เลย
sure sleep beyond
Sure, of course!

15. Friend
duu mǔuan rau tông *áp-dèet sà-gái* dûuai
ดู เหมือน เรา ต้อง อั๊ป-เดต สะ-ไก๊ป์ ด้วย
seem-like we must update Skype also
Looks like that we must update Skype as well.

waai-faai wɔ́ək mái
ไว-ไฟ เวิร์ก ไหม
Wi-Fi work "question"
Does Wi-Fi work?

16. Judi
gɔ̂ɔ – *oo-kee* ná
ก็ – โอ-เค นะ
well – okay ná
Well, it works okay.

Borrowed English words

áp-dèet	*to update*	อั๊ป-เดต
áp-dèet sà-gái	*to update Skype*	อั๊ป-เดต สะ-ไก๊ป์
waai-faai	*Wi-Fi*	ไว-ไฟ
wɔ́ək	*to work*	เวิร์ก

Similar Thai expressions

tham dâai	*it works, can be done*	ทำ ได้
tʃái dâai	*it works, can be used*	ใช้ ได้

Comments
tham dâai ทำ ได้ or **tʃái dâai** ใช้ ได้ mean *it works, it is possible* or *can be done*. These phrases are used for things (e.g., It works). **wɔ́ək** เวิร์ก means *to work* for things.

tham ngaan ทำ งาน means *to work* for people (e.g., I work).

Grammar tips
The borrowed English word **wə́ək** เวิ้ร์ก *to work* (sentence 15) is used as a noun in various contexts with different meanings such as:

áat wə́ək	*artwork*	อ๊าร์ต เวิ้ร์ก
tiim wə́ək	*teamwork*	ทีม เวิ้ร์ก
wə́ək grúp	*work group*	เวิ้ร์ก กรุ๊ป
wə́ək tʃíit	*worksheet*	เวิ้ร์ก ชี๊ต
wə́ək búk	*workbook*	เวิ้ร์ก บุ๊ก
wə́ək lòot	*workload*	เวิ้ร์ก โหลด
wə́ək pəə-mìt	*work permit*	เวิ้ร์ก เพอร์-หมิท

However, as a verb, it is not used for people. For things, it is commonly used as a verb, **man wə́ək** มัน เวิ้ร์ก *it works*.

Pronunciation tips: final "w"

The semi-vowel **w** (ว) is pronounced as **u** at the end of the word or syllable. It is normally preceded by a vowel.

The short English vowel combination **au** is sometimes pronounced with the long vowel combination **aau** in Thai.

Examples: kh**aau**-bɔɔi คาว บอย *cowboy* (k**au**-bɔi), d**aau**-lòot ดาวน์-โหลด *to download* (d**au**n-loud) and w**áau** ว้าว *wow* (w**au**).

17. Friend
lέɛu – sùt tháai – rau tsà tham kwaam sà-àat kii-bɔ̀ɔt
แล้ว – สุด ท้าย – เรา จะ ทำ ความ สะอาด คีย์-บอร์ด
then – last end – we will do subject clean keyboard
Lastly, we shall clean the keyboard.

lé *rii-sa-táat kɔm-píu-təə iik khráng*
และ รี-สะ-ต๊าร์ท ค็อม-พิ้ว-เต้อร์ อีก ครั้ง
and restart computer more time
And then, we shall restart computer once more.

phaasăa *angkrìt* rîiak wâa *rii-sét* dûuai
ภาษา อังกฤษ เรียก ว่า รี-เซ็ต ด้วย
language English called that reset also
In English, it is also called to reset.

tɔɔn níi man nâa tsà *wɔ̂ək* lɛ́ɛu
ตอน นี้ มัน น่า จะ เวิร์ก แล้ว
at this it should will work already
Now, it should work.

Borrowed English words

kii-bɔ̀ɔt	*keyboard*	คีย์-บอร์ด
rii-sét	*to reset*	รี-เซ็ต

Similar Thai expressions

pɛ̂ɛn phim	*keyboard*	แป้น พิมพ์
rə̂əm mài	*to restart, to reboot*	เริ่ม ใหม่
tâng khâa mài	*to reset*	ตั้ง ค่า ใหม่

Comments

rii-sà-táat รี-สะ-ต๊าร์ท *to restart* or **rə̂əm mài** เริ่ม ใหม่ *to start again* are often used by Thais. **rii-sét** รี-เซ็ต *to reset* or **rii-búut** รี-บู๊ต *to reboot* are other expressions for *to restart*, which are typically used by Thai professionals.

Grammar tips

The Thai word **sùt** สุด *end, finish, superlative* (sentence 17) is a versatile word used in various contexts with different meanings. It adds emphasis, completion and a sense of extremity to the phrases it is used in, making it a powerful word in the Thai language. Examples:

thîi sùt	*the most*	ที่ สุด
dii sùt-sùt	*extremely good*	ดี สุดๆ
yài sùt	*the biggest*	ใหญ่ สุด
nai thîi sùt	*finally*	ใน ที่ สุด
sùt thànŏn	*the end of the street*	สุด ถนน
sùt săai taa	*as far as the eye can see*	สุด สาย ตา

sùt gamlang	*with full strength*	สุด กำลัง
sùt tsai	*wholeheartedly*	สุด ใจ
sùt yɔ̂ɔt	*to be great, excellent*	สุด ยอด

Pronunciation tips: "i"

The semi-vowel **i** (ย) is pronounced as **i** at the end of the word or syllable. It typically follows a vowel, resulting in several vowel combinations in Thai.

For example, *boy* (bɔi) is pronounced as **bɔɔi** บอย, *joint* (jɔint) as **tsɔ́ɔi** จ๊อยนต์ and *pie* (pai) as **paai** พาย.

Sonorant sounds like **i** are generally pronounced similarly in both Thai and English at the final position.

However, in English the final sound **i** is spelled several ways, such as **y, i** and **e**.

18. Judi
khɔ̀ɔp khun mâak ləəi
ขอบ คุณ มาก เลย
thank you much-beyond
Thank you very much!

19. Friend
mâi-pen-rai khráp – yàa lɯɯm *pìt sà-wít* – weelaa lə̂ək tʃái ngaan ná
ไม่ เป็น ไร ครับ – อย่า ลืม ปิด สะ-วิตช์ – เวลา เลิก ใช้ งาน นะ
no-be-anything khráp – don't forget close switch – time finish use work ná
Never mind! Do not forget to switch off the computer when you stop working.

lɛ́ɛu gɔ̂ɔ – tʃán tsà hâi *páat wə̀ət* khun sǎmràp *sà-táat kɔm-píu-tə̂ə*
แล้ว ก็ – ฉัน จะ ให้ พ้าส เวิร์ด คุณ สำหรับ สะ-ต๊าร์ท ค็อม-พิว-เต้อร์
then-also – I will give password you for start computers
Also, I'll give you a password for starting the computer.

Borrowed English words

sà-wít	*switch*	สะ-วิตซ์
páat wə̀ət	*password*	พ้าส เหวิร์ด
sà-táat	*to start*	สะ-ต๊าร์ท
sà-táat kɔm-píu-tɤ̂ə	*to start the computer*	สะ-ต๊าร์ท ค็อม-พิ้ว-เต้อร์

Similar Thai expressions

pìt sà-wít	*to turn off the switch*	ปิด สะ-วิตซ์
ráhàt phàan	*password*	รหัส ผ่าน
rɤ̂əm	*to start*	เริ่ม
pə̀ət kɔm-píu-tɤ̂ə	*to start the computer,*	
	to open the computer	เปิด ค็อม-พิ้ว-เต้อร์

Comments

The expression **pìt sà-wít** ปิด สะ-วิตซ์ means *to turn off the switch*. Similarly, **pə̀ət sà-wít** เปิด สะ-วิตซ์ means *to turn on the switch* and **meen sà-wít** เมน สะ-วิตซ์ refers to the *main switch*. These terms are examples of Thai-English expressions, as there is no direct Thai equivalent for **sà-wít** สะ-วิตซ์ *switch*.

ráhàt phàan รหัส ผ่าน can be used instead of **páat wə̀ət** พ้าส เหวิร์ด for *password*.

20. Judi
thâa mâi mii khun – tʃán àat tsà yɛ̂ɛ
ถ้า ไม่ มี คุณ – ฉัน อาจ จะ แย่
if no have you – I may-will in trouble
If I didn't have you, I would be in trouble.

21. Friend
mâi-pen-rai – thâa mii arai – thoo-hăa tʃán ná
ไม่ เป็น ไร – ถ้า มี อะไร – โทร หา ฉัน นะ
no-be-anything if have what call search I ná
Never mind. If you have something, just call me.

Grammar tips
The Thai word **hăa** หา *to find, to look for, to visit* (sentence 21) is a versatile word that can be used in various contexts with different meanings in Thai such as:

hăa phóp	*to search for*	หา พบ
hăa khon	*to look for someone*	หา คน
tông hăa	*to have to find*	ต้อง หา
hăa rûuang	*to look for trouble*	หา เรื่อง
hăa thaang	*to look for a way, to find a way*	หา ทาง
hăa yâak	*difficult to find, rare*	หา ยาก
hăa sĭiang	*to campaign (election)*	หา เสียง
pai hăa phûuan	*to visit a friend*	ไป หา เพื่อน
hăa ngən	*to make money*	หา เงิน
khon hăa plaa	*fisherman*	คน หา ปลา

D. Review of the Thai final consonant sounds

Generally, in Thai, there are two kinds of final consonant sounds, *closed* final sounds and *open* final sounds. The three *stop* consonant sounds **p**, **t** and **k** produce a closed final sound, and the seven *sonorant* sounds such as **m**, **n** and **ng** produce an open final sound.

Additionally, all vowel sounds, whether short or long, including vowel combinations, are used as final sounds in Thai. A short final vowel sound is associated with a *closed* sound, while a long vowel (including vowel combinations) produces an *open* final sound.

These two distinct categories of speech sounds (closed and open) play a crucial role in the formation of words and language.

Let's explore each category and their key differences:

a) Stop final sounds (closed)
Stop consonants, also known as plosive consonants, are a class of speech sounds characterized by a complete closure or blockage of airflow at a specific point in the vocal tract, followed by a sudden release of that airflow when at the *beginning* of the word or syllable.

However, in the *final position*, stop consonants are not released, but are rather produced by obstructing the airflow in three main places within the vocal tract.

There are only three stop final consonant sounds in Thai; they are **p**, **t** and **k**. Hence, there are many more consonant alphabets that constitute a *closed final sound*.

1. The final stop consonant sound **p**

Thai words for **p**

thêe**p**	*almost*	แทบ
thàai rûu**p**	*to take a picture*	ถ่าย รูป
tuua bɛ̀ɛ**p**	*a model*	ตัว แบบ
sâa**p**	*to know, to understand*	ทราบ
lâa**p**	*luck*	ลาภ

English words for **p**

klí**p**	*clip* (klip)	คลิป
lɛ̀**p**-tɔ́**p**	*laptop* (lɛp-tɔp)	แหล็ป-ท็อป
sée**p** soon*	*safety zone* (seif-ti zoun)	เซัฟ โซน
mai-kroo-sɔ́ɔ**p***	*Microsoft* (mai-krou-sɔft)	ไม-โคร-ซ้อฟต์
mai-kroo-wée**p***	*microwave* (mai-krou-weiv)	ไม-โคร-เว้ฟ

In Thai, several consonants produce a **p** sound in the final position. Thus, consonants such as **b** (บ), **p** (ป), **ph** (ภ) and **f** (ฟ) are all pronounced as **p** in the final position. This **p** sound is not released, but rather held or kind of *buried* in the mouth. Borrowed English words follow this Thai pronunciation pattern.

*Since there is no **v** consonant sound in Thai, it is written as **f** in the Thai script and pronounced as **p** in the final position.

*Often, borrowed English words are pronounced differently in Thai compared to English. Typically, English vowel combinations such as **ei** and **ou** are pronounced in Thai as long vowel sounds, **ee** and **oo** respectively.

Chapter 4

Note also that there can only be *one final consonant sound* in Thai. Thus, the word *Microsoft* is pronounced as mai-kroo-sóɔp, and the final **t** (ต์) is silent in Thai.

2. The final stop consonant sound **t**

Thai words for **t**

trùuat	*to check*	ตรวจ
gràdàat	*paper*	กระดาษ
ráhàt phàan	*password*	รหัส ผ่าน
khùuat	*bottle*	ขวด
sàt	*animal*	สัตว์

English words for **t**

in-təə-nèt	*internet* (in-tə-net)	อิน-เทอร์-เหน็ต
kii-bɔ̀ɔt	*keyboard* (kii-bɔɔ**d**)	คีย์-บอร์ด
wai-rát	*virus* (vai-rəs)	ไว-รัส
meen sà-wít*	*main switch* (mein switʃ)	เมน สะ-วิตช์
áp-dèet*	*to update* (ap-deit)	อั๊ป-เดต
sɔ́ɔt kóot*	*source code* (sɔɔ**s** kou**d**)	ซ้อร์ส โค้ด

When the word or syllable ends with consonant sounds such as **ts** (จ), **s** (ส ษ), **d** (ด), **t** (ต) and **tʃ** (ช), these consonants are pronounced as **t** in the final position. This **t** sound is not released, but rather held or kind of *buried* in the mouth.

*Often, borrowed English words are pronounced differently in Thai compared to English. Typically, English vowel combinations such as **ei** and **ou** are pronounced in Thai as long vowel sounds, **ee** and **oo** respectively.

3. The final stop consonant sound **k**

Thai words for **k**

mâak	*much*	มาก
khàyăai ɔ̀ɔk	*zoom out*	ขยาย ออก
fàak	*to deposit, to entrust*	ฝาก

lɛ̂ɛk	*to exchange, to change*	แลก
phâak	*region, area*	ภาค

English words for **k**

klík	*to click* (klik)	คลิก
tʃék	*to check* (tʃek)	เช็ค
bák*	*bug* (bag)	บั๊ก
plák*	*plug* (plag)	ปลั๊ก
blɔ́ɔk*	*blog* (blɔg) *(blog site)*	บล๊อก

When the word or syllable ends with the **k** (ก) or **kh** (ค), they are pronounced as **k** in the final position.

*The English consonant **g** does not exist in Thai. It is always pronounced as *unaspirated* **k** (ก) sound, when it appears at the end of a word. This **k** sound is not released, but rather held or kind of *buried* in the mouth.

In English, the consonant sound **k** is spelled in several ways, such as **k**, **c** or **q**.

b) Sonorant final sounds (open)
Sonorant sounds, in contrast to the stop sounds, are produced with a more open vocal tract, allowing for a relatively unobstructed airflow. These sounds are characterized by resonance, which means that the air vibrates within the vocal tract as it passes through. Sonorants include several types of sounds as follows:

1. The sonorant final sound **m**

Thai words for **m**

rə̂əm	*to start*	เริ่ม
hâam	*to forbid*	ห้าม
khwaam tsam*	*memory*	ความ จำ
tham ngaan*	*to work*	ทำ งาน

*In these two words, the **m** (ม) sound is spelled differently in the Thai script, tsam จำ and tham ทำ. This symbol is sometimes called a *consonant-like vowel* because it includes both consonant and vowel sounds. However, this kind of spelling does not appear in the borrowed English words.

English words for **m**

proo-grɛɛ**m**	*program* (prou-grɛm)	โปร-แกรม
hɛɛ**m**	*ham* (hɛm)	แฮม
in-sà-taa-grɛɛ**m**	*Instagram* (in-stə-grɛm)	อิน-สะ-ตา-แกรม
wə́ək frɔm hoo**m***	*working from home* (wəək-ing frɔm houm)	เวิร์ก ฟร็อม โฮม
geem ɔɔn-laai*	*online game* (ɔn-lain geim)	เกม-ออน-ไลน์

When the word or syllable ends with the consonant sound **m** (ม), it is always pronounced as **m** in the final position in Thai. It is an open sound, which can be continued without effort. The **m** sound is pronounced the same in both languages.

*Often, borrowed English words are pronounced differently in Thai compared to English. Typically, English vowel combinations such as **ei** and **ou** are pronounced in Thai as long vowel sounds, **ee** and **oo** respectively.

2. The sonorant final sound **n**

Thai words for **n**

naan	*long time*	นาน
khon	*person*	คน
ngaan	*work*	งาน
sǎai dùan	*hot-line*	สาย ด่วน

English words for **n**

meen switʃ	*main switch* (mein switʃ)	เมน สะ-วิตช์
fang-tʃân	*to function* (fang-ʃən)	ฟังก์-ชั่น
ɔɔn-laai*	*online* (ɔn-lain)	ออน-ไลน์
kee-bôn	*cable, wire* (kei-bəl)	เค-เบิ้ล
guu-gôn	*Google* (guu-gəl)	กู-เกิล
tseeu*	*gel* (dʒel)	เจล

The consonant sound **n** (น) is normally pronounced in the same way in both languages. It is a voiced sound and can be continued without stopping the sound. The final **n** sound can be written in several ways in Thai.

When the word or syllable ends with a **n** (น), **l** (ล) or **r** (ร) sound in Thai, they are typically pronounced as a consonant sound **n** in the final position.

Examples: ɛ́ɛp-plí-kee-tʃân แอ๊ป-พลิ-เค-ชั่น *application* (ɛp-li-kei-ʃən), guu-gôn กู-เกิ้ล *Google* (guu-gəl), phan-rá-yaa ภรรยา *wife*.

In borrowed English words, the sound **r** is not pronounced at the end of the word or syllable in Thai. The small symbol on the top of **r** (ร์) indicates that this letter is silent; *compute*r **kɔm-píu-tə̂ə** คอม-พิว-เต้อร์ serves as an example.

*In Thai, there can only be one final sound. Thus, the word ไลน์ *line* is pronounced as **laai**. The vowel combination **aai** is a final sound, and the consonant **n** (น์) is silent.

*In borrowed English words, the consonant **l** (ล) is sometimes pronounced as **u** in the final position; **tseeu** เจล *gel* (dʒel) is a good example.

3. The sonorant final sound **r** is a special case

Thai words for **r** (ร)

phan-rá-yaa	*wife*	ภรรยา (พัน-ระ-ยา)
săan	*document*	สาร
săn	*to build*	สรรค์

In Thai, the **r** sound is normally pronounced as **n** (น) in the final position as in the above words.

English words for **r** (ร)

in-təə-nèt	*internet* (in-təə-nèt)	อิน-เทอร์-เหน็ต
ree-dâa*	*radar* (rei-daa)	เร-ด้าร์
ráu-tə̂ə*	*router* (ruu-tə)	เร้า-เต้อร์

wép brau-sə̂ə*	*web browser* (wep brau-sə)	เว็บ เบราว์-เซ่อร์
hɛ́k-gə̂ə*	*hacker* (hɛ-kə)	แฮ็ก-เก้อร์

However, in borrowed English words, the Thai consonant **r** (ร) is silent. This is indicated by a small symbol on top of the **r** (ร์), which shows that the consonant is not pronounced. This practice is due to Thai typically adopting British English consonant sounds for these borrowed words.

*In many cases, the final sounds in borrowed English words such as "er" and "ar" are pronounced as long vowel sounds (əə and aa) with a falling tone (**âa** and **ə̂ə**) in Thai.

4. The sonorant final sound **ng**

Thai words for **ng**

thíng	*to throw away*	ทิ้ง
khrɯ̂ɯ-ang	*machine*	เครื่อง
long glɔɔn	*to lock*	ลง กลอน
tâng tɛ̀ɛ	*since*	ตั้ง แต่

English words for **ng**

rii-mòot wə́ək-îng	*remote working* (ri-mout wəək-ing)	รี-โหมต เวิร์ก-กิ้ง
míit-tîng	*meeting* (mii-ting)	มีต-ติ้ง
ping pɔɔng	*ping pong* (ping pɔng)	ปิง ปอง
lòot-dîng	*loading* (lou-ding)	โหลด-ดิ้ง
fang-tʃân	*to function* (fangk-ʃən)	ฟังก์-ชั่น

When a word or syllable ends with the **ng** sound as in the English word ki**ng**, it is pronounced in the same way also in Thai. It is an open sonorant sound, which can be continued without an effort.

5. The consonant **h** is not used as a final sound in Thai.

c) Semi-vowels as final sounds
Any vowel or vowel combination can also serve as a final sound. Short vowels typically create a closed final sound, while long vowels or vowel combinations are associated with open final sounds.

The semi-vowels **u** ว and **i** ย
In English, these semi-vowels are written **w** and **y**. **w** is pronounced as **u** and **y** as **i** in the final position. Semi-vowels play a crucial role in the phonological structure of languages like Thai and English. They help with the formation of diphthongs and assist in maintaining the flow of speech.

w and **y** sounds are called semi-vowels because they have some vowel-like characteristics, particularly when at the end of the word. They are more consonant-like in their articulation when at the beginning of the word or syllable.

Thai words for **u** ว

glàau	*to say, to tell*	กล่าว
sǎau	*young girl*	สาว
lɛ́ɛu	*already*	แล้ว
leeu	*to be bad*	เลว

English words for **u** ว

kaau-bɔɔi	*cowboy* (kau-bɔi)	คาว บอย
wáau	*wow* (wau)	ว้าว
daau-lòot	*to download* (daun-loud)	ดาวน์-โหลด
káau-daau*	*countdown* (kaunt-daun)	เค้าท์ ดาวน์
moo-deeu*	*model* (mɔ-dəl)	โม-เดล

In Thai, the semi-vowel **w** (ว) is commonly a part of many long vowel combinations. It is pronounced as **u** at the end of the word or syllable. For example, in the word **kaau-bɔɔi** คาว บอย *cowboy* above, Thais often elongate short English vowel combinations to match Thai pronunciation habits.

*In Thai, there can only be one final sound per word or syllable. Thus, the English word *countdown* (**kaunt-daun**) is pronounced as **káau-daau** เค้าท์ ดาวน์. The vowel combination **aau** is a final sound, and the consonants **t** (ท์) and **n** (น์) are silent.

*An interesting fact is that sometimes, Thais turn the final consonant **l** (ล) into a **u** sound in borrowed English words. For example, see the word moo-de**eu** โม-เดล *model* above. Normally, Thais pronounce the **l** (ล) consonant as **n** in the final position.

Semi-vowels are also used as consonants at the beginning of the word or syllable in both languages. In this position, the consonant **w** (ว) is pronounced as in the English word **wáau** ว้าว *wow*.

Thai words for **i** ย

ruuai	*to be rich*	รวย
dûuai	*also*	ด้วย
suuai	*to be bad, unlucky*	ซวย
sŭuai	*to be beautiful*	สวย
búuai	*Apricot*	บ๊วย
nùuai	*to be tired*	เหนื่อย
ləəi	*beyond*	เลย

English words **i** ย

bɔɔi	*boy* (**bɔi**)	บอย
paai	*pie* (**pai**)	พาย
tsɔ́ɔi*	*joint* (**jɔint**)	จ๊อยนต์
wɔ́ɔi meeu*	*voicemail* (**vɔis-meil**)	ว้อยซ์-เมล
ɛɛn-drɔɔi*	*Android* (**ɛn-drɔid**)	แอน-ดรอยด์

The semi-vowel **i** (ย) is commonly used in several *long vowel combinations*. Thais often pronounce short English vowel combinations long as in the above words.

*In Thai, each word or syllable typically has only one final sound. For instance, the word *voicemail* is pronounced as **wɔ́ɔi meeu** ว้อยซ์-เมล and not as **wɔis-meil**. Thus, the **s** (ซ์) and **l** (ล์) sounds are silent.

Semi-vowels also function as consonants at the beginning of the word or syllable. For example, in **yoo-gə̀ət** โย-เกิร์ต *yogurt* the **y** sound serves as a consonant.

English maintains various spellings for final **i** sounds including **y**, **e** and **i** as shown in the above examples.

See more about vowel combinations in the next chapter.

In order to learn more about the Thai final sounds and tones, you may wish to read the book *Sounds of the Thai Language, Book II – Advanced Sounds* by Dhyan Manik (ISBN 978-952-6651-33-0).

E. Simple advice

The main difference between *stop consonant* final sounds and *sonorant* final sounds lies in the degree of airflow obstruction and resonance. Stop consonants involve a complete closure while sonorant sounds are produced with a more open vocal tract, allowing for continuous airflow and resonance. Understanding these distinctions is essential for Thai language learning.

Sonorant consonants are typically pronounced the same way in English as in Thai. However, a major distinction between English and Thai pronunciation lies in how *stop consonants* are pronounced as final sounds. Thai has only three stop consonant final sounds: **p**, **t**, and **k**. Therefore, Thai has significantly fewer final sounds compared to English.

Thais normally apply the Thai pronunciation to borrowed English words as well. As a result, it can sometimes be challenging to recognize English words when spoken by Thai speakers.

Constructing Thai sentences with English words is quite simple. In Thai, there is no need for any subject in the sentence if it is understood from the context. Thai uses a vast number of vocabulary such as nouns, verbs, adjectives and adverbs, which are in basic form. This means that the words are not conjugated. This applies also to the borrowed English words.

However, not everyone in Thailand pronounces borrowed English words the same way; so, experiment to find what works best for you.

Initially, use simple, everyday words. They are easily understood even if your pronunciation is not perfect. Listen to audio files and repeat the words. The key is to practice and learn to use words and phrases so that Thais will understand you.

Sometimes, the meaning of the borrowed English word differs or is limited to one purpose only while in English, the word may have multiple meanings.

Practical tips
If you feel more comfortable with English pronunciation, you can try using the adapted pronunciation for borrowed English words. See if Thais understand you; it may depend on whom you are talking to. Keep in mind that initial consonant clusters and final sounds often differ in Thai.

Note also that using borrowed English words while speaking Thai is an art. If there is a similar Thai word, you should know it as well. The person you are speaking to might not understand the borrowed word, or you might pronounce it incorrectly. In such cases, you can quickly switch to the Thai word.

nâng ték-sîi pai thîiau lên
นั่ง แท๊ก-ซี่ ไป เที่ยว เล่น
Going out and taking a taxi

Chapter 5

A. Sentences spoken by native speakers

In the section A, there are two slightly different transliterations. The first sentence provides an adjusted pronunciation tailored for English speakers who naturally pronounce these words in an English way. The second sentence reflects the commonly used Thai pronunciation, as spoken by native Thai speakers.

The adjusted pronunciation applies only to borrowed English words, while Thai words must always be pronounced accurately. Listen to the audio several times and see if you can recognize all the words spoken by native Thai speakers.

For the borrowed English words, we use *italics* for adjusted pronunciations and **bold** for Thai pronunciations, incorporating Thai tones. In Thai, comprehension depends on pronunciation, tones and context. Each borrowed English word is divided into syllables to make the following Thai pronunciation and tones easier.

The primary goal is for Thai listeners to understand you. You'll need to experiment to find what works best, as there are no strict rules for pronouncing borrowed English words in Thai. A slightly adjusted pronunciation or your natural way is acceptable, though aligning more closely with the common Thai pronunciation is preferable.

Going out and taking a taxi

1. Apple
sàwàtdii khâ – khun yàak tsà pai yang-ngai khá
สวัสดี ค่ะ – คุณ อยาก จะ ไป ยังไง คะ

2. Jang
mâi rúu ləəi – nâng *he-lí-kɔ́p-tə̂* nâa tsà dii thîi sùt
mâi rúu ləəi – nâng **hee-lí-kɔ́p-tə̂ə** nâa tsà dii thîi sùt
ไม่ รู้ เลย – นั่ง เฮ-ลิ-ค็อป-เต้อร์ น่า จะ ดี ที่ สุด

3. Apple
tammai khun tʃɔ̂ɔp phûut lên
ทำไม คุณ ชอบ พูด เล่น

4. Jang
yàa *siə-rî-əs* gəən pai – tʃán khɛ̂ɛ sɛɛu khun nít nɔ̀i
yàa **sii-rîiat** gəən pai – tʃán khɛ̂ɛ sɛɛu khun nít nɔ̀i
อย่า ซี-เรียส เกิน ไป – ฉัน แค่ แซว คุณ นิด หน่อย

thâa mâi mii *he-lí-kɔ́p-tə̂* – pai *ték-sî* gɔ̂ɔ dâai
thâa mâi mii **hee-lí-kɔ́p-tə̂ə** – pai **ték-sîi** gɔ̂ɔ dâai
ถ้า ไม่ มี เฮ-ลิ-ค็อป-เต้อร์ – ไป แท็ก-ซี่ ก็ ได้

5. Apple
tʃán tsà rîiak *ték-sî* ná
tʃán tsà rîiak **ték-sîi** ná
ฉัน จะ เรียก แท็ก-ซี่ นะ

ʃou-fə̂ khá – rau yàak tsà pai *hou-tel nyuu wəəld* khâ
tʃoo-fə̂ə khá – rau yàak tsà pai **hoo-teeu niu wəəu** khâ
โซ-เฟอร์ คะ – เรา อยาก จะ ไป โฮ-เตล นิว เวิร์ล ค่ะ

rau mii nát thîi nân – khun tʃái *míi-tə̂* mái
rau mii nát thîi nân – khun tʃái **mí-tə̂ə** mái
เรา มี นัด ที่ นั่น – คุณ ใช้ มิ-เต้อร์ ไหม

6. Chauffeur
arai ná khá – *ʃua khâ*
arai ná khá – **tʃuua** *khâ*
อะไร นะ คะ – ชัวร์ ค่ะ

tʃái *fáast trɛ̀k ou-kei* mái
tʃái **fáat trɛ̀k oo-kee** mái
ใช้ ฟ้าสต์ แทร็ก โอ-เค ไหม

7. Apple
arai gɔ̂ɔ dâai – lɛ́ɛu tɛ̀ɛ – pai gan thə̀
อะไร ก็ ได้ – แล้ว แต่ – ไป กัน เถอะ

rót *ték-sî* khan níi yîihɔ̂ɔ arai khá
rót **ték-sîi** khan níi yîihɔ̂ɔ arai khá
รถ แท็ก-ซี่ คัน นี้ ยี่ห้อ อะไร คะ

8. Chauffeur
yîihɔ̂ɔ *tou-you-tâ* – pen *nyuu mɔ-dəl*
yîihɔ̂ɔ **too-yoo-tâa** – pen **niu moo-deeu**
ยี่ห้อ โต-โย-ต้า – เป็น นิว โม-เดล

mi *eə* – tʃái *géɛs* lé *giə ɔɔ-tə-mɛ-tik*
mi **ɛɛ** – tʃái **géɛt** lé **giia àt-tà-noo-mát**
มี แอร์ – ใช้ แก๊ส และ เกียร์ อัต-ตะ-โน-มัติ

9. Jang
mâi mii *klát* rʉ̌ʉ
mâi mii **klát** rʉ̌ʉ
ไม่ มี คลัตช์ หรือ

10. Chauffeur
mâi tɔ̂ng plìian *giə* ləəi – man *ɔɔ-tôu*
mâi tɔ̂ng plìian **giia** ləəi – man **ɔɔ-tôo**
ไม่ ต้อง เปลี่ยน เกียร์ เลย – มัน ออ-โต้

tɛ̀ɛ *brèik* tɔ̂ng mii
tɛ̀ɛ **brèek** tɔ̂ng mii
แต่ เบรก ต้อง มี

thâa mâi mii *brèik* – àat tsà yɛ̂ɛ
thâa mâi mii **brèek** – àat tsà yɛ̂ɛ
ถ้า ไม่ มี เบรก – อาจ จะ แย่

11. Apple
mâi tɔ̂ng khàp reu – khàp tʃáa-tʃáa khâ
ไม่ ต้อง ขับ เร็ว – ขับ ช้าๆ ค่ะ

12. Jang
wyuu sŭuai – tʃâi mái
wiu sŭuai – tʃâi mái
วิว สวย – ใช่ ไหม

13. Apple
mii *faam* – tôn *palm* gɔ̂ɔ mii
mii **faam** – tôn **paam** gɔ̂ɔ mii
มี ฟาร์ม – ต้น ปาล์ม ก็ มี

mii naa glɯɯa rɯ̌ɯ bɔ̀ɔ glɯɯa yùu glai-glai
มี นา เกลือ หรือ ป่อ เกลือ อยู่ ไกลๆ

duu mɯ̌ɯan mii *fɛ́k-tə-rî* thîi phàlìt glɯɯa sǎmràp rau
duu mɯ̌ɯan mii **fɛ́k-tɔɔ-rîi** thîi phàlìt glɯɯa sǎmràp rau
ดู เหมือน มี แฟ็ก-ทอ-รี่ ที่ ผลิต เกลือ สำหรับ เรา

14. Jang
tsing-tsing lɛ́ɛu – yàak pai *pík-ník* tsâng
tsing-tsing lɛ́ɛu – yàak pai **pík-ník** tsâng
จริงๆ แล้ว – อยาก ไป ปิ๊ก-นิก จัง

15. Chauffeur
thɯ̌ng lɛ́ɛu – *hou-tel nyuu wəəld* yùu thîi nîi
thɯ̌ng lɛ́ɛu – **hoo-teeu niu wəəu** yùu thîi nîi
ถึง แล้ว – โฮ-เตล นิว เวิร์ล อยู่ ที่ นี่

tháng mòt gâu sìp bàat
ทั้ง หมด เก้า สิบ บาท

16. Jang
khɔ̀ɔp khun mâak – an níi rɔ́ɔi nɯng
ขอบ คุณ มาก – อัน นี้ ร้อย นึง

mâi tɔ̂ng thɔɔn khâ
ไม่ ต้อง ทอน ค่ะ

17. Chauffeur
tsà glàp yang-ngai
จะ กลับ ยังไง

18. Apple
phûuan tʃán yàak tsà nâng *he-lí-kɔ́p-tə̂* khâ
phûuan tʃán yàak tsà nâng **hee-lí-kɔ́p-tə̂ə** khâ
เพื่อน ฉัน อยาก จะ นั่ง เฮ-ลิ-ค็อป-เต้อร์ ค่ะ

19. Chauffeur
he-lí-kɔ́p-tə̂ mâi mii – 555! hâa hâa hâa (hŭuarɔ́)
hee-lí-kɔ́p-tə̂ə mâi mii – 555! hâa hâa hâa (hŭuarɔ́)
เฮ-ลิ-ค็อป-เต้อร์ ไม่ มี – ห้าๆๆ (หัวเราะ)

tɛ̀ɛ rót fai *dii-sel* mii – rót *bás* gɔ̂ɔ mii
tɛ̀ɛ rót fai **dii-seeu** mii – rót **bát** gɔ̂ɔ mii
แต่ รถ ไฟ ดี-เซล มี – รถ บั๊ส ก็ มี

20. Jang
ʃuə – mâi mii panhăa ləəi – khɔ̀ɔp khun khâ – sàwàtdii khâ
tʃuua – mâi mii panhăa ləəi – khɔ̀ɔp khun khâ – sàwàtdii khâ
ชัวร์ – ไม่ มี ปัญหา เลย – ขอบ คุณ ค่ะ – สวัสดี ค่ะ

At the reception

21. Apple
sàwàtdii khâ
สวัสดี ค่ะ

rau yàak tsà *búk* hɔ̂ng sămràp sɔ̌ɔng khon khâ
rau yàak tsà **búk** hɔ̂ng sămràp sɔ̌ɔng khon khâ
เรา อยาก จะ บุ๊ก ห้อง สำหรับ สอง คน ค่ะ

mii hɔ̂ng wâang mái
มี ห้อง ว่าง ไหม

B. Understanding spoken sentences

Section B summarizes the borrowed English vocabulary commonly used in Thai, highlighting pronunciation differences between the two languages. Each pair of words consists of the adapted English pronunciation and the corresponding common Thai pronunciation. Occasionally, the English pronunciation aligns closely with the Thai pronunciation.

The first word, written in *italics*, represents the adapted English pronunciation, which describes the pronunciation English speakers naturally use. The second word is the most common Thai pronunciation.

Sound files, marked in **bold**, are based on the most common Thai pronunciation and include the correct transliterations as well as the Thai script.

kham sàp คำ ศัพท์

he-lí-kɔ́p-tə̂, **hee-lí-kɔ́p-tə̂ə**	*helicopter*	เฮ-ลิ-ค็อป-เต้อร์
tέk-sî, **tέk-sîi**	*taxi*	แท็ก-ซี่
rót tέk-sî, **rót tέk-sîi**	*taxi*	รถ แท็ก-ซี่
tsouk, (*dʒouk*), **tsóok**	*to joke*	โจ๊ก
siə-rî-əs, **sii-rîiat**	*to be serious*	ซี-เรียส
ʃou-fə̂, **tʃoo-fə̂ə**	*chauffeur*	โช-เฟ่อร์
nyuu, **niu**	*new*	นิว
hou-tel nyuu wəəld, **hoo-teeu niu wəəu**		
	New World Hotel	โฮ-เตล นิว เวิร์ล
míi-tə̂, **mí-tə̂ə**	*meter*	มิ-เต้อร์
tέk-sî míi-tə̂, **tέk-sîi mí-tə̂ə**	*taxi with meter*	แท็ก-ซี่ มิ-เต้อร์
tou-you-tə̂, **too-yoo-tâa**	*Toyota*	โต-โย-ต้า
mɔ-dəl, **moo-deeu**	*model*	โม-เดล
nyuu mɔ-dəl, **niu moo-deeu**	*new model*	นิว โม-เดล
eə, **εε**	*air*	แอร์
gέes, **gέεt**	*gas*	แก๊ส
giə, **giia**	*gear*	เกียร์
ɔɔ-tə-mε-tik, **àt-tà-noo-mát**	*to be automatic*	อัต-ตะ-โน-มัติ
giə ɔɔ-tə-mε-tik, **giia àt-tà-noo-mát**		
	automatic gear	เกียร์ อัต-ตะ-โน-มัติ
plìian giə, **plìian giia**	*to change gear*	เปลี่ยน เกียร์
ɔɔ-tôu, **ɔɔ-tôo**	*auto* (*automatic*)	ออ-โต้
klátʃ, **klát**	*clutch*	คลัตช์

brèik, **brèek**	*brake*	เบรก
wyuu, **wiu**	*view*	วิว
fɛ̂k-tə-rî, **fɛ́k-tɔɔ-rîi**	*factory*	แฟ็ก-ทอ-รี่
faam, **faam**	*farm*	ฟาร์ม
paam, **paam**	*palm*	ปาล์ม
pík-ník, **pík-ník**	*picnic*	ปิ๊ก-นิก
dii-sel, **dii-seeu**	*diesel*	ดี-เซล
rót bás, **rót bát**	*bus*	รถ บัส
ʃuə, **tʃuua**	*to be sure*	ชัวร์
búk, **búk**	*to book*	บุ๊ก

C. How the language works

Sentences translated, words and sounds explained

In this chapter, the focus is on pure vowels and vowel combinations as final sounds. Occasionally, English pronunciation closely aligns with Thai pronunciation. However, the main difference lies in how *vowel combinations* from English are pronounced in Thai.

The challenge comes from needing to pronounce the final sounds of both borrowed English words and Thai words correctly for Thais to understand you. This difficulty exists because the Thai language treats borrowed English words as if they were Thai, using Thai sounds even for these borrowed words.

If you find the theory and explanations in this section boring, concentrate on learning new vocabulary – Thai and borrowed English words. That is always interesting.

Going out and taking a taxi

1. Apple
sàwàtdii khâ – khun yàak tsà pai yang-ngai khá
สวัสดี ค่ะ – คุณ อยาก จะ ไป ยังไง คะ
hello khâ – you want will go how khá
Hello! How would you like to go?

2. Jang
mâi rúu ləəi – nâng *hee-lí-kɔ́p-tɜ̂ə* nâa tsà dii thîi sùt
ไม่ รู้ เลย – นั่ง เฮ-ลิ-ค็อป-เต้อร์ น่า จะ ดี ที่ สุด
no know at all – sit helicopter should will good that most
I don't really know. It would be best to take a helicopter.

3. Apple
tammai khun tʃɔ̂ɔp phûut lên
ทำไม คุณ ชอบ พูด เล่น
why you like speak play
Why do you always like to joke?

4. Jang
yàa *sii-rîiat* gəən pai – tʃán khɛ̂ɛ sɛɛu khun nít nɔ̀i
อย่า ซี-เรียส เกิน ไป – ฉัน แค่ แซว คุณ นิด หน่อย
don't serious over go – I only tease you little
Don't be too serious. I am only teasing a little.

thâa mâi mii *hee-lí-kɔ́p-tɜ̂ə* – pai *ték-sîi* gɔ̂ɔ dâai
ถ้า ไม่ มี เฮ-ลิ-ค็อป-เต้อร์ – ไป แท็ก-ซี่ ก็ ได้
if no have helicopter – go taxi also can
If there is no helicopter, we can take a taxi.

Borrowed English words

sii-rîiat	*to be serious*	ซี-เรียส
ték-sîi	*taxi*	แท็ก-ซี่
hee-lí-kɔ́p-tɜ̂ə	*helicopter*	เฮ-ลิ-ค็อป-เต้อร์

Similar Thai expressions

tsing-tsang	*to be serious*	จริง จัง
rót ték-sîi	*taxi*	รถ แท็ก-ซี่
khrûuang bin hee-lí-kɔ́p-tɜ̂ə		
	helicopter	เครื่อง บิน เฮ-ลิ-ค็อป-เต้อร์
khrûuang bin pìik-mɛ́lɛɛng-pɔɔ		
	helicopter	เครื่อง บิน ปีก แมลง ปอ

Comments

Thai people commonly use the word **rót** รถ meaning *car* to refer to anything that moves on wheels on the ground. Therefore, it is used not only for *cars* but also for *trains*, *bicycles* and even *shopping trolleys*. For example, **rót mee** รถ เมล์ is a *bus*, **rót khěn** รถ เข็น is *shopping trolley*, and **rót tsàk-kràyaan** รถ จักรยาน is a *bicycle*.

The word **khrûuang** เครื่อง meaning *machine, tool, engine* is used with various types of machines, such as **khrûuang bin** เครื่อง บิน *airplane*.

Grammar tips

In Thai, there are several words and expressions that convey the meaning of *"to be serious"*. Depending on the context, the following words and expressions vary in intensity, allowing you to express different degrees of seriousness in Thai:

tsing-tsang	to be serious	จริง จัง
khrîiat	to be tense, serious	เครียด
nàk	to be heavy, hard, serious	หนัก
ráai rɛɛng	to be severe, serious	ร้าย แรง
sǎahàt	to be severe, serious	สาหัส
wí-grìt	to be critical, serious	วิกฤติ
khrêeng	to be strict, serious	เคร่ง
khrêeng khrǔm	to be solemn, serious	เคร่ง ขรึม

Pronunciation tips: vowel combinations "ai" and "aai"

When vowel combinations are used as final sounds, they are typically associated with *open* final sounds.

Normally, the short vowel combination **ai** is pronounced the same in both languages.

Examples: **nái**-klàp ไน้ท์-ขลับ *nightclub* (**nait**-klap), **ai**-diia ไอ-เดีย *idea* (**ai**-dia), wép-**sái** เว็บ ไซต์ *website* (web-**sait**).

The long vowel combinations do not exist in English. Often, the English short vowel combination **ai** is turned into the long vowel Thai combination **aai** in Thai.

Examples: **paai** พาย *pie* (**pai**), **rii-taai** รี-ไทร์ *to retire* (**ri-taiə**).

5. Apple
tʃán tsà rîiak *ték-sîi* ná
ฉัน จะ เรียก แท็ก-ซี่ นะ
I will call taxi ná
I'll call a taxi for us.

tʃoo-fɔ̂ə khá – rau yàak tsà pai *hoo-teeu niu wɔɔu* khâ
โช-เฟอร์ คะ – เรา อยาก จะ ไป โฮ-เตล นิว เวิร์ล ค่ะ
chauffeur khá – we want will go hotel new world khâ
Chauffeur, we would like to go to the New World Hotel.

rau mii nát thîi nân – khun tʃái *mí-tɔ̂ə* mái
เรา มี นัด ที่ นั่น – คุณ ใช้ มิ-เต้อร์ ไหม
we have appointment place that – you use meter "question"
We have a meeting there. Do you use meter?

Borrowed English words
tʃoo-fɔ̂ə	*chauffeur, driver*	โช-เฟอร์
mí-tɔ̂ə	*meter*	มิ-เต้อร์
ték-sîi mí-tɔ̂ə	*taxi meter*	แท็ก-ซี่ มิ-เต้อร์
hoo-teeu niu wɔɔu	*New World Hotel*	โฮ-เตล นิว เวิร์ล

Similar Thai expressions
khon khàp rót	*driver, chauffeur*	คน ขับ รถ
roong rɛɛm	*hotel*	โรง แรม

Comments
The words **khon khàp rót** คน ขับ รถ meaning *driver* or *chauffeur*, and **roong rɛɛm** โรง แรม, meaning *hotel*, are used more commonly in Thai than their English equivalents. The borrowed English word

drai-wɔ̂ɔ ไดร-เว่อร์, meaning *driver*, is mostly used in the context of computer software.

The Thai word **nát** นัด, meaning *meeting* or *date* (as in the conversation 5), can be used in both official situations and casual dating. However, the borrowed English word **dèet** เดท, meaning *date*, is mainly used by Thais to refer to *romantic dates* between two people.

Grammar tips
The English word *meter* has various meanings. The key words used in Thai are **mí-tɔ̂ɔ** มิ-เต้อร์ *meter*, **méet** เม้ตร *length*, **wát** วัด *to measure, to test, to gauge* and **mâat** มาตร *quantity, measured amount*.

Here are some translations in Thai, based on different contexts:

a) **mí-tɔ̂ɔ** *meter, a device that measures* มิ-เต้อร์

mí-tɔ̂ɔ fai fáa	*electricity meter*	มิ-เต้อร์ ไฟ ฟ้า
tɔə-moo mí-tɔ̂ɔ	*thermometer*	เทอร์-โม มิ-เต้อร์
mí-tɔ̂ɔ tsɔ̀ɔt rót	*parking meter*	มิ-เต้อร์ จอด รถ
tɛ́k-sîi mí-tɔ̂ɔ	*taxis with meters*	แท็ก-ซี่ มิ-เต้อร์
mai-khroo mí-tɔ̂ɔ	*micrometer*	ไม-โคร มิ-เต้อร์

b) **méet** *unit of measure: length, size* เม้ตร

gì-loo méet	*kilometer*	กิ-โล-เม้ตร
taa-raang méet	*square meter*	ตาราง เม้ตร
lûuk bàat méet	*cubic meter*	ลูก บาศก์ เม้ตร
méet tɔ̀ɔ wínaa-thii	*meters per second*	เม้ตร ต่อ วินาที
máai méet	*measuring stick*	ไม้ เม้ตร

c) **wát** *to measure, to test, to gauge* วัด
Used as a verb

trùuat wát	*to measure*	ตรวจ วัด
wát phǒn	*to evaluate*	วัด ผล
wát un-nà-phuum	*to take a temperature*	วัด อุณหภูมิ
wát tsai	*to test one's willingness*	วัด ใจ
wát duuang	*to test one's luck*	วัด ดวง

Used as a noun

khrûuang wát	*meter, gauge*	เครื่อง วัด
mâat wát	*meter, gauge*	มาตร วัด
gaan wát	*measurement*	การ วัด
upàgɔɔn wát	*measuring instruments*	อุปกรณ์ วัด
ná-khɔɔn wát	*Angkor Wat*	นคร วัด
ngaan wát*	*temple fair*	งาน วัด

*****wát** วัด also used to mean a *temple*. **khâu wát** *to go to temple* เข้า วัด

d) **mâat** *quantity, measured amount* มาตร

mâat wát	*meter, gauge*	มาตร วัด
mâat khwaam rɔ́ɔn	*heat meter*	มาตร ความ ร้อน
mâat wát náam	*water meter*	มาตร วัด น้ำ
mâat wát khwaam reu	*speedometer*	มาตร วัด ความ เร็ว

Pronunciation tips: final "au" and "aau"

When vowel combinations are used as final sounds, they are typically associated with *open* final sounds.

The short vowel combination **au** is used in both languages.

Examples: **máu** เม้าส์ *mouse for computers* (**m**a**us**), **háu** เฮ้าส์ *house* (**h**a**us**), **wép brau-sɘə** เว็บ เบราว์-เซ่อร์ *web browser* (wep br**au**-s**ə**).

Long **aau**
The long vowel combinations do not exist in English. Often, the English short vowel combination **au** is turned into the long vowel combination **aau** in Thai.

Examples: **laau** ลาว *Laos* (L**aus**), **kaau-bɔɔi** คาว บอย *cowboy* (k**au**-bɔi), **daau-lòot** ดาวน์-โหลด *to download* (**d**a**un**-loud).

6. Chauffeur
arai ná khá – *tʃuua* khâ
อะไร นะ คะ – ชัวร์ ค่ะ
what ná khá – sure khâ
What? Sure, of course!

tʃái *fáat trèk oo-kee* mái
ใช้ ฟ้าสต์ แทร็ก โอ-เค ไหม
use fast track OK "question"
Can we use the fast track?

Borrowed English words

fáat	*fast*	ฟ้าสต์
trèk	*track*	แทร็ก
fáat trèk	*fast track*	ฟ้าสต์ แทร็ก

Similar Thai expressions

tʃɔ̂ng tsàraa-tsɔɔn dùuan	*fast track*	ช่อง จราจร ด่วน
tʃɔ̂ng dəən rot dùuan	*fast lane*	ช่อง เดิน รถ ด่วน

Comments
fáat leen ฟ้าสต์ เลน *fast lane* may be used instead of **fáat trèk** ฟ้าสต์ แทร็ก *fast track*. The borrowed English word **fáat** ฟ้าสต์ *fast* is only used in combination with other words such as **fáat fúut** ฟ้าสต์ ฟู้ด *fast food*.

7. Apple
arai gɔ̂ɔ dâai – lɛ́ɛu tɛ̀ɛ – pai gan thə̀
อะไร ก็ ได้ – แล้ว แต่ – ไป กัน เถอะ
what also can – then only – go together let's
Anything is fine. It's up to you, let's go.

rót *ték-sîi* khan níi yîihɔ̂ɔ arai khá
รถ แท็ก-ซี่ คัน นี้ ยี่ห้อ อะไร คะ
car taxi vehicle this brand what khá
What brand is this taxi?

8. Chauffeur
yîihɔ̂ɔ too-yoo-tâa – pen *niu moo-deeu*
ยี่ห้อ โต-โย-ต้า – เป็น นิว โม-เดล
brand toyota – is new model
It's a Toyota and a new model.

rót khan níi mi ɛɛ – tʃái géet lé giia àt-tà-noo-mát
รถ คัน นี้ มี แอร์ – ใช้ แก๊ส และ เกียร์ อัต-ตะ-โน-มัติ
car vehicle this has air – use gas and gear automatic
This car has air-conditioning, runs on gas and has an automatic transmission.

Borrowed English words

niu	*new*	นิว
moo-deeu	*model*	โม-เดล
niu moo-deeu	*new model*	นิว โม-เดล
ɛɛ	*air, air conditioner*	แอร์
géet	*gas*	แก๊ส
giia	*gear*	เกียร์
àt-tà-noo-mát	*automatic*	อัต-ตะ-โน-มัติ
giia àt-tà-noo-mát	*automatic transmission*	เกียร์ อัต-ตะ-โน-มัติ

Similar Thai expressions

mài	*new, again*	ใหม่
tuua bèɛp	*model*	ตัว แบบ
tuua bèɛp mài	*new model*	ตัว แบบ ใหม่
rûn mài	*new model, new generation*	รุ่น ใหม่
naang bèɛp	*model, mannequin*	นาง แบบ
khrûuang pràp aagàat	*air conditioner*	เครื่อง ปรับ อากาศ
khâu giia	*to put the gear on*	เข้า เกียร์
plìian giia	*to change the gear*	เปลี่ยน เกียร์

Comments

niu นิว *new* is normally used with names and word combinations and not as an *adjective alone*.

Thai people use the word **àt-tà-noo-mát** อัต-ตะ-โน-มัติ in much the same way as English speakers use the word *automatic*. It can be used as an *adjective* or *adverb*.

Sometimes, Thais add **dooi** โดย *by* before an adjective to emphasize that it is being used as an *adverb*, such as **dooi àt-tà-noo-mát** โดย

อัต-ตะ-โน-มัติ *automatically*. However, just using **àt-tà-noo-mát** อัต-ตะ-โน-มัติ for the adverb *automatically* is also perfectly fine.

Examples of common word combinations include **fɔɔm àt-tà-noo-mát** ฟอร์ม-อัต-ตะ-โน-มัติ *automatic form* and **pràtuu àt-tà-noo-mát** ประตู อัต-ตะ-โน-มัติ *automatic door*.

Other uses in English include terms like *automatic focus* (on a camera) and *automatic gearbox* or *transmission*.

In Thai, phrases such as **khâu giia** เข้า เกียร์ *to put the gear on* and **plìian giia** เปลี่ยน เกียร์ *to change the gear* are common English-Thai expressions. There is not direct Thai word for the English word *gear*.

Grammar tips
The borrowed English words **ɛɛ** แอร์ *air* and **géɛt** แก๊ส *gas* are used in several combinations in Thai to form new meanings such as:

ɛɛ	*air, air conditioner*	แอร์
ɛɛ bát	*bus with air conditioner*	แอร์ บั๊ส
baang-gɔ̀ɔk ɛɛ wee	*Bangkok Airways*	บางกอก แอร์ เวย์
sǐngkápoo ɛɛ lai	*Singapore Airline*	สิงคโปร์ แอร์ ไลน์
géɛt	*gas*	แก๊ส
géɛt thammátʃâat	*natural gas*	แก๊ส ธรรมชาติ
géɛt lěeu	*liquid gas*	แก๊ส เหลว
lǔm géɛt	*gas well*	หลุม แก๊ส
lɛ̀ɛng géɛt	*gas field*	แหล่ง แก๊ส
tau géɛt	*gas stove*	เตา แก๊ส
thɔ̂ɔ géɛt	*gas pipe*	ท่อ แก๊ส
khrûuang yon géɛt	*gas engine*	เครื่อง ยนต์ แก๊ส

Pronunciation tips: final "ou" and "oo"

The vowel combination **ou** does not exist in Thai; so, Thais turn it into the long pure vowel sound **oo**. When the long **oo** vowel sound is used as a final sound, it is typically associated with an *open* final sound.

Examples: **moo-dem** โม-เด็ม *modem* (**mou**-dəm), **mék-sì-goo** เม็ก-สิ-โก *Mexico* (mek-si-**kou**), **ɛɛ-roo-bìk** แอ-โร-บิก *aerobics* (eə-**rou**-biks).

Interestingly, some Thais pronounce words such as เดี๋ยว dǐiau *moment* as dǐou with the **ou** sound.

9. Jang
mâi mii *klát* rǔɯ
ไม่ มี คลัตช์ หรือ
no have clutch or
It doesn't have a clutch?

Grammar tips
rǔɯ, rɔ̌ɔ, rɔ̌ə or **lɔ̌ɔ**

Thai word หรือ **rǔɯ** can be used as a question word or as a conjunction word. It is typically pronounced in slightly different ways: While **rǔɯ** หรือ is the standard pronunciation, regional accents or informal speech can influence how it's spoken. Some may pronounce it as **rɔ̌ə** or **lɔ̌ɔ**, or even **rɔ̌ɔ** (especially in casual or colloquial contexts). The tone remains a rising tone in all of them, however.

Used as a question word

rǔɯ	or?	หรือ
tʃâi rǔɯ	is that right?	ใช่ หรือ
tsing rǔɯ	really?	จริง หรือ

Used as a conjunction

rǔɯ yang	or not yet	หรือ ยัง
rǔɯ ngai	or what	หรือ ไง
rǔɯ mâi	or not	หรือ ไม่
rǔɯ plàu	or not	หรือ เปล่า
rǔɯ wâa	or otherwise	หรือ ว่า
rǔɯ mí tʃànán	or otherwise	หรือ มิ ฉะนั้น

10. Chauffeur
mâi tông pliian *giia* ləəi – man *ɔɔ-tôo*
ไม่ ต้อง เปลี่ยน เกียร์ เลย – มัน ออ-โต้
no need change gear at all – it automatic
There is no need to change gears at all. It's automatic.

tɛ̀ɛ *brèek* tɔ̂ng mii
แต่ เบรก ต้อง มี
but brake must have
But it must have brakes.

thâa mâi mii *brèek* – àat tsà yɛ̂ɛ
ถ้า ไม่ มี เบรก – อาจ จะ แย่
if no have brake – perhaps will trouble
Without brakes, we would be in trouble.

Borrowed English words

klát	*clutch*	คลัตช์
ɔɔ-tôo	*automatic*	ออ-โต้
giia	*gear*	เกียร์
brèek	*brakes, to brake*	เบรก

Similar Thai expressions

hâam lɔ́ɔ	*to brake*	ห้าม ล้อ
khrûuang hâam lɔ́ɔ	*brakes*	เครื่อง ห้าม ล้อ
plìian giia	*to change the gear*	เปลี่ยน เกียร์
pɛ̂ɛn brèek	*brake pedal*	แป้น เบรก
brèek mɯɯ	*hand brake*	เบรก มือ

Comments

Thai often borrows words from English for modern or technical terms. There is no native Thai word for *gear* (in a car); **plìian** เปลี่ยน means *to change*. Therefore, the phrase *to change the gear* becomes **plìian giia** เปลี่ยน เกียร์. This illustrates how the Thai language often combines borrowed English words (or other foreign terms) with Thai words to create new expressions. The borrowed English words **klát** คลัตช์ is commonly used to mean a *clutch* in a car because there isn't an original Thai equivalent.

The Thai words **hâam lɔ́ɔ** ห้าม ล้อ for *to brake* and **khrûuang hâam lɔ́ɔ** เครื่อง ห้าม ล้อ for *brakes* are considered old-fashioned and are rarely used today. The borrowed English word **brèek** เบรก, meaning both *brakes* and *to brake*, is more practical and widely used as it functions both as a noun and a verb.

Grammar tips

In Thai, **ɔɔ-tôo** ออ-โต้ is a shortened form of **àt-tà-noo-mát** อัต-ตะ-โน-มัติ meaning *automatic*. It is not always easy to understand when Thai people use foreign words. For example, **pràtuu àt-tà-noo-mát** ประตู อัต-ตะ-โน-มัติ and **pràtuu ɔɔ-tôo** ประตู ออ-โต้ both mean *automatic door*.

In English, *auto* is a noun meaning *car*. However, it is also used as a prefix to describe things that function automatically, such as *autopilot*.

Interestingly, **àt-tà-noo-mát** *automatic* อัต-ตะ-โน-มัติ is a word of Bali/Sanskrit origin, yet it carries the same meaning of *automatic*, which is widely used internationally.

Pronunciation tips: final "ei" and "ee"

When the long **ee** vowel sound is used as a final sound, it is typically associated with an *open* final sound.

The English vowel combination **ei** does not exist in Thai. Thais replace it with the long **ee** sound when using borrowed English words.

Examples include: bee-gəə-rîi เบ-เกอ-รี่ *bakery* (bei-kə-ri), oo-kee โอ-เค *okay* (ou-kei), séep เซ้ฟ *safe* (seif).

Interestingly, some Thais pronounce words like sǔu**ai** สวย *to be beautiful* with the **ei** sound, saying sǔei instead.

11. Apple
mâi tông khàp reu – khàp tʃáa-tʃáa khâ
ไม่ ต้อง ขับ เร็ว – ขับ ช้าๆ ค่ะ
no need drive fast – drive slow-slow khâ
There is no need to drive fast. Please drive slowly.

12. Jang
wiu sǔuai – tʃâi mái
วิว สวย – ใช่ ไหม
view beautiful – yes "question"
The view is beautiful, isn't it?

Borrowed English words
wiu	*view, scenery, landscape*	วิว

Similar Thai expressions
thiu thát	*view, scenery, landscape*	ทิว ทัศน์
wiu thiu thát	*view, scenery, landscape*	วิว ทิว ทัศน์

13. Apple

mii *faam* – tôn paam gɔ̂ɔ mii
มี ฟาร์ม – ต้น ปาล์ม ก็ มี
have farm – trunk palm also have
There are farm houses and also palm plantations.

mii naa glɯɯa rɯ̌ɯ bɔ̀ɔ glɯɯa
มี นา เกลือ หรือ บ่อ เกลือ
have field salt or well salt
There is a salt field or salt well.

duu mɯ̌ɯan mii *fɛ́k-tɔɔ-rîi* thîi phàlìt glɯɯa sămràp rau
ดู เหมือน มี แฟ็ก-ทอ-รี่ ที่ ผลิต เกลือ สำหรับ เรา
look as have factory that produce salt for us
It looks like there is a factory that produces salt for us.

Borrowed English words
paam	*palm*	ปาล์ม
faam	*farm, ranch*	ฟาร์ม
fɛ́k-tɔɔ-rîi	*factory*	แฟ็ก-ทอ-รี่

Similar Thai expressions
naa	*field, farm*	นา
tham naa	*to farm*	ทำ นา
tham râi	*to farm*	ทำ ไร่
tham faam	*to raise animals*	ทำ ฟาร์ม
roong ngaan	*factory*	โรง งาน

Comments

tham naa ทำ นา and **tham râi** ทำ ไร่ *to farm* are used *to cultivate crops* such as *rice, wheat, sugar-cane,* etc.

Pronunciation tips: final "iu" and "yuu"

In English, the semi-vowel **y** is used as a consonant sound here. However, in Thai, it is treated as part of the vowel combination **iu**. To pronounce this combination correctly, you can practice with the Thai word **hĭu** (หิว), meaning *to be hungry*.

Examples include k**iu** คิว *queue* (k**yuu**), w**iu** วิว *view, scenery, landscape* (v**yuu**) and kɔm-p**íu**-tôə คอม-พิว-เต้อร์ *computer* (kɔm-p**yuu**-tə).

14. Jang

tsing-tsing lέεu – yàak pai *pík-ník* tsâng
จริงๆ แล้ว – อยาก ไป ปิ๊ก-นิก จัง
really-really already want go picnic very
In fact, I would really like to go on a picnic.

Borrowed English words
pík-ník   *picnic*   ปิ๊ก-นิก

Comments

There isn't any Thai word for **pík-ník** ปิ๊ก-นิก *picnic*; so, you can use the English word, which carries a similar meaning in Thai.

15. Chauffeur

thŭng lέεu – *hoo-teeu niu wəəu* yùu thîi nîi
ถึง แล้ว – โฮ-เตล นิว เวิร์ล อยู่ ที่ นี่
reach already – hotel new world be place this
We have arrived now. The New Wold Hotel is here.

tháng mòt gâu sìp bàat
ทั้ง หมด เก้า สิบ บาท
all totally nine ten baht
It will be 90 baht altogether.

Borrowed English words

niu	*new*	นิว
hoo-teeu	*hotel*	โฮ-เตล
hoo-teeu niu-wɔɔ	*New World Hotel*	โฮ-เตล นิว เวิร์ล

Similar Thai expressions

roong rɛɛm	*hotel*	โรง แรม
mài	*new, again*	ใหม่

Comments

The Thai word **roong rɛɛm** โรง แรม is more commonly used for *hotel* than the borrowed English word **hoo-teu** โฮ-เตล. Some people may pronounce **hoo-teeu** โฮ-เตล as **hoo-ten**.

The Thai word **mài** ใหม่ *new* is used when you want to say *my car is new*. The borrowed English word **niu** นิว *new* is not normally used alone as an adjective.

Grammar tips

In the following contexts, the borrowed English word **wɔɔu** เวิร์ล *world* adds a sense of global or worldwide scope to the noun it modifies. It's commonly used in formal and technical contexts where the English term is adapted to fit into Thai discourse seamlessly.

wɔɔ wai wép	*worldwide web*	เวิลด์ ไวด์ เว็บ
wɔɔ tʃɛ́ɛm-pîan	*world champion*	เวิร์ล แช้ม-เปี้ยน
wɔɔ káp	*World Cup* (FIFA)	เวิร์ล คัพ
wɔɔ trèet sen-tɔ̂ɔ	*World Trade Center*	เวิลด์ เทรด เซ็น-เต้อร์

Note that depending on the context, some people pronounce the word *world* as **wɔɔu** or **wɔɔn** instead of **wɔɔ** เวิร์ล.

16. Jang
khɔ̀ɔp khun mâak – an níi rɔ́ɔi nɯŋ
ขอบ คุณ มาก – อัน นี้ ร้อย นึง
thank you very – piece this hundred one
Thank you very much! Here is a one hundred baht note.

mâi tông thɔɔn khâ
ไม่ ต้อง ทอน ค่ะ
No need to give a change.

Grammar tips

tháng ทั้ง (sentence 15) serves as a versatile word that can mean *both*, *all* or *entire* depending on the situation. Here are some common examples:

Similar to adjectives

| **tháng** | *all, entire, whole* | ทั้ง |
| **tháng sɔ̌ɔng** | *both* | ทั้ง สอง |

Similar to pronouns

| **tháng khûu** | *both* | ทั้ง คู่ |
| **tháng tʃán lɛ́ thəə** | *both me and her* | ทั้ง ฉัน และ เธอ |

Similar to adverbs

tháng mòt	*absolutely, all total*	ทั้ง หมด
tháng lôok	*throughout the world*	ทั้ง โลก
tháng khɯɯn	*all night long*	ทั้ง คืน

Conjunctions

tháng tháng	*though, although, despite*	ทั้งๆ
tháng thîi	*even if, although, even though*	ทั้ง ที่
tháng yàang nán	*despite that, although*	ทั้ง อย่าง นั้น

Pronunciation tips: final "ɔi" and "ɔɔi"

There are a few Thai words which are pronounced with the short **ɔi** sound. They are, however, written with the long **ɔɔi** sound in the Thai script. When vowel combinations are used as final sounds, they are typically associated with *open* final sounds.

Examples include: **nɔ̀i** หน่อย *a little bit*, **khɔ̂i** ค่อย *gradually, silently*, **sɔ̂i** สร้อย *necklace*.

The English language does not have any long vowel combinations such as **ɔɔi**. The long vowel combination **ɔɔi** is a common sound in Thai.

The short **ɔi** sound is frequently employed in English. However, these English short **ɔi** sounds are typically turned into the long **ɔɔi** sound in Thai as follows:

Examples: **wɔ́ɔi** meeu ว้อยซ์ เมล *voicemail* (vɔis-meil), tsɔ́ɔi จ๊อยนต์ *joint* (jɔint), ɛɛn-drɔɔi แอน-ดรอยด์ *Android* (ɛn-drɔid).

17. Chauffeur
tsà glàp yang-ngai
จะ กลับ ยังไง
will return how
How are you going back?

18. Apple
phûuan tʃán yàak tsà nâng *hee-lí-kɔ́p-tɜ̂ə* khâ
เพื่อน ฉัน อยาก จะ นั่ง เฮ-ลิ-ค็อป-เต้อร์ ค่ะ
friend I want will sit helicopter khâ
A friend of mine wants to take a helicopter.

Borrowed English words
hee-lí-kɔ́p-tɜ̂ə　　*helicopter*　　เฮ-ลิ-ค็อป-เต้อร์

Similar Thai expressions
khrûuang bin hee-lí-kɔ́p-tɜ̂ə
　　　　　　　　helicopter　　เครื่อง บิน เฮ-ลิ-ค็อป-เต้อร์
khrûuang bin pìik-málɛɛng-pɔɔ
　　　　　　　　helicopter　　เครื่อง บิน ปีก แมลง ปอ

Comments
The borrowed English words **hee-lí-kɔ́p-tɜ̂ə** เฮ-ลิ-ค็อป-เต้อร์ *helicopter* is more commonly used in Thai to refer to a *helicopter*, rather than the Thai equivalent **khrûuang bin pìik-málɛɛng-pɔɔ** เครื่อง บิน ปีก แมลง ปอ, which literally means "dragonfly-winged aircraft."

19. Chauffeur
hee-lí-kɔ́p-tɤ̂ɤ mâi mii – 555! hâa-hâa-hâa (hǔuarɔ́)
เฮ-ลิ-ค็อป-เต้อร์ ไม่ มี – ห้าๆๆ (หัวเราะ)
helicopter no have – 555 (laugh)
There aren't helicopters. Haha!

tɛ̀ɛ rót fai *dii-seeu* mii – rót *bát* gɔ̂ɔ mii
แต่ รถ ไฟ ดี-เซล มี – รถ บั๊ส ก็ มี
but car fire diesel have – car bus also have
But there is a diesel train and also a bus.

Borrowed English words

dii-seeu	*diesel*	ดี-เซล
bát	*bus*	บั๊ส

Similar Thai expressions

rót	*car*	รถ
rót bát	*bus*	รถ บั๊ส
fai	*flame, fire, light*	ไฟ
rót fai	*train*	รถ ไฟ
rót fai dii-seeu	*diesel train*	รถ ไฟ ดี-เซล
nám man dii-seeu	*diesel oil*	น้ำ มัน ดี-เซล
khrûuang yon dii-seeu	*diesel engine*	เครื่อง ยนต์ ดี-เซล

Comments
rót fai dii-seeu is a Thai-English expression. Note that the Thai word **fai** ไฟ meaning *flame, fire, light, electricity* is also used for a *diesel* powered train.

Grammar tips
If you engage in social media, you may encounter the Thai expression written with numbers 555. It simply means "haha" or laughter in English because the number 5 is pronounced as **hâa** ห้า in Thai. Actually, it is written in Thai script like this **hâa hâa hâa** ฮ่าๆๆ. The pronunciation is the same, however.

Chapter 5

The word **fai** ไฟ in Thai, which literally means *fire* or *light* is highly versatile and can be used in various contexts depending on its combination with other words. **fai** ไฟ can carry a wide range of meanings, from something physical like *fire* or *light*, to abstract concepts like *emotions* or *urgency*. The context in which it's used is key to understanding its intended meaning.

Here are some common examples:

a) Nouns

1. **fai**	*fire, flame*	ไฟ
fai mâi	*fire outbreak*	ไฟ ไหม้
phuu khău fai	*volcano*	ภู เขา ไฟ
tau fai	*stove*	เตา ไฟ
dɔ̀ɔk máai fai	*fireworks, firecracker*	ดอก ไม้ ไฟ
bâng fai	*fireworks, firecracker*	บั้ง ไฟ
máai khìit fai	*matches*	ไม้ ขีด ไฟ
pɯɯn fai	*firearm*	ปืน ไฟ
2. **fai**	*electricity*	ไฟ
fai fáa	*electricity*	ไฟ ฟ้า
lɔ̀ɔt fai	*light bulb*	หลอด ไฟ
rɯɯa fai	*steam boat*	เรือ ไฟ
rót fai fáa	*electric train*	รถ ไฟ ฟ้า
	(used also for BTS in Bangkok)	
rót yon fai fáa	*electric car*	รถ ยนต์ ไฟ ฟ้า
3. **fai**	*light*	ไฟ
khoom fai	*lamp*	โคม ไฟ
lɔ̀ɔt fai	*light bulb*	หลอด ไฟ
fai tʃăai	*flashlight*	ไฟ ฉาย
fai dɛɛng	*red light*	ไฟ แดง
sănyaan fai	*light signal*	สัญญาณ ไฟ
fai nâa	*headlight*	ไฟ หน้า
fai dàp	*power cut, blackout*	ไฟ ดับ

b) Verbs

tʃăai fai	to shine, to illuminate	ฉาย ไฟ
sɔ̀ɔng fai	to shine, to illuminate	ส่อง ไฟ
dàp fai	to turn off the light	ดับ ไฟ
pìt fai	to turn off the light	ปิด ไฟ

c) Expressing emotions or conditions

1. Adjectives

fai rɛɛng	to be enthusiastic, eager	ไฟ แรง
wai fai	to be fast, sensual, hot	ไว ไฟ

2. Verbs and adverbs

phə̂əm fai	to fire up	เพิ่ม ไฟ
pen fɯɯn pen fai	furiously, angrily, fiercely	เป็น ฟืน เป็น ไฟ

3. Nouns

fai dɛɛng	red light, period, menstruation	ไฟ แดง

20. Jang

tʃuua – mâi mii panhăa ləəi – khɔ̀ɔp khun khâ – sàwàtdii khâ
ชัวร์ – ไม่ มี ปัญหา เลย – ขอบ คุณ ค่ะ – สวัสดี ค่ะ
sure – no have problem at all – thank you
Sure, no problems! Thank you and goodbye!

Borrowed English words

tʃuua	to be sure	ชัวร์

Similar Thai expressions

nɛ̂ɛ nɔɔn	sure, definitely	แน่ นอน
dâai ləəi	sure, certainly	ได้ เลย

Pronunciation tips: "short" and "long" pure vowels

Short vowels produce a *closed* final sound while long vowels are associated with an *open* final sound.

Examples for long vowel sounds: **dii-seeu** ดี-เซล *diesel,* **tʃoo-fɤ̂ɤ** โช-เฟอร์ *chauffeur,* **ɛɛ** *air.*

Examples for short vowel sounds: **hee-lí-kɔ́p-tɤ̂ɤ** เฮ-ลิ-ค็อป-เต้อร์ *helicopter,* **mí-tɤ̂ɤ** มิ-เต้อร์ *meter,* **àt-tà-noo-mát** อัต-ตะ-โน-มัติ *to be automatic.*

At the reception

21. Apple
sàwàtdii khâ
สวัสดี ค่ะ
hello khâ
Hello!

rau yàak tsà *búk* hɔ̂ng sămràp sɔ̌ɔng khon khâ
เรา อยาก จะ บุ๊ก ห้อง สำหรับ สอง คน ค่ะ
we want will book room for two person khâ
We would like to book a room for two persons.

mii hɔ̂ng wâang mái
มี ห้อง ว่าง ไหม
have room vacant "question"
Do you have vacant rooms?

Borrowed English words
búk   *to book*   บุ๊ก

Similar Thai expressions
tsɔɔng   *to reserve, to book*   จอง

Grammar tips
The Thai word **sămràp** สำหรับ, which means *for* (sentence 21), is used to indicate that something is intended for someone or something.

In Thai, the English word *for* can be translated in several different ways depending on the context. Here are some common Thai words for *for*, along with their specific usage.

a) Prepositions

1. **sămràp** *for*   *general*   สำหรับ
khɔ̆ɔng khwăn sămràp khun
                          a gift for you   ของ ขวัญ สำหรับ คุณ

2. **gɛ̀ɛ*** *for*   *formal*   แก่
bɔɔrígaan gɛ̀ɛ dèk-dèk
                          service for children   บริการ แก่ เด็กๆ

3. **phûua** *for*   *the sake of*   เพื่อ
phûua khrɔ̂ɔp khruua tʃăn
                          for the sake of my family   เพื่อ ครอบ ครัว ฉัน

*__gɛ̀ɛ__ แก่ is also used as an adjective in Thai, meaning *to be old*.

b) Conjunctions

1. **thɛɛn thîi** *for*   *on behalf of, instead of*   แทน ที่
pai nát thɛɛn tʃăn   *to go to the meeting for me*   ไป นัด แทน ฉัน

2. **sùuan** *for*   *as for*   ส่วน
sùuan tʃăn...   *As for me...*   ส่วน ฉัน...

3. "For example" (several expressions)
tʃên   *for example, for instance*   เช่น
yàang tʃên   *for example, such as, so*   อย่าง เช่น
tuua yàang   *for example, for instance*   ตัว อย่าง
tuua yàang tʃên   *for example, for instance*   ตัว อย่าง เช่น
pen tôn   *for example, and so on*   เป็น ต้น

c) Verbs as *for*

Even though **pen** เป็น, **hâi** ให้ and **fàak** ฝาก are typically verbs in Thai, they can convey meanings similar to the preposition *for* in English when used in specific contexts such as:

1. **pen**   *for (to be)*   เป็น
pen weelaa naan   *for a long time*   เป็น เวลา นาน
pen khráng rɛ̂ɛk   *for the first time*   เป็น ครั้ง แรก

2. **hâi**	*for (to give)*	ให้
an níi hâi khun	*This is for you*	อัน นี้ ให้ คุณ
man sâang panhăa hâi	*It creates problems for someone*	มัน สร้าง ปัญหา ให้
3. **fàak**	*for (to deposit)*	ฝาก
nîi fàak khun tham	*for you to do*	นี่ ฝาก คุณ ทำ
fàak bɔ̀ɔk khău dûuai ná	*please tell him for me*	ฝาก บอก เขา ด้วย นะ

D. Review of vowels and vowel combinations as final sounds

Let's dive into this subject and explore how Thais pronounce English vowels and vowel combinations at the end of words or syllables in real life. Why is this important?

Thais often transform some English vowel combinations into pure long vowel sounds. Additionally, it's crucial to understand that short and long pure vowels influence different tones in the Thai tonal system when used as final sounds. In Thai, final sounds are categorized into two types: *open* and *closed* sounds.

In the previous Chapter 4, we have reviewed the Thai consonants as final sounds. Consonants behave differently as final sounds. Stop consonants such as **p, t** and **k** are associated with *closed* final sounds while sonorant consonant such as **m, n** or **ng** are produced relaxed and are associated with *open* final sounds. Vowel combinations are not typically followed by a consonant in Thai; hence, they constitute an *open* sound.

In this section, you can also find several Thai and English words that are worth knowing.

a) Pure vowels as final sounds (closed and open)
The English language has only *five vowel letters*: **a, e, i, o** and **u**. Yet, they create twenty different vowel sounds. How these vowels are pronounced depends on the word, not just on the letter itself.

In contrast, the Thai language has nine short pure vowel sounds, each with a corresponding long counterpart, making a total of 18 pure vowel sounds. Each of these sounds has its own unique symbol in the Thai script.

In Thai, short and long vowels constitute a different sound.

Thai vowel table
   i/ii, **ɯ/ɯɯ**, u/uu
   e/**ee**, ə/əə, **o/oo**
   ɛ/ɛɛ, a/aa, ɔ/ɔɔ

We have marked those Thai vowel sounds with **bold** that are not typically used by English. See more about the Thai vowels in Chapter 1.

1. Short pure vowels > closed sound
When the sound is *closed*, it is not released, but is rather produced by obstructing the airflow in the glottis, sometimes also called a *glottal stop*. Short vowels and stop consonants (**p**, **t** and **k**) produce a *closed* final sound in Thai.

Thai words

sà-àat	*to be clean*	สะอาด
thà-nǒn	*road*	ถนน
sà-baai	*to be good, fine, happy*	สบาย
wɛ́	*to stop by, to visit*	แวะ
ná	*softening ending particle*	นะ

Borrowed English words

dí-tsì-tân	*digital* (di-dʒi-təl)	ดิ๊-จิ-ทัล
gí-gà-bai	*gigabyte* (gi-ga-bait)	กิ๊-กะ-ไบต์
mék-sì-goo sí-tîi	*Mexico City*	เม็ก-ซิ-โก ซิ-ตี้
ta-wít-təə*	*twitter* (twi-tə)	ทะ-วิต-เต้อร์
sa-gɛɛn-nə̂ə*	*scanner* (skɛ-nə)	สะ-แกน-เน่อร์

Short final vowel sounds create a *closed* final sound in Thai, which is important to understand due to the tonal structure of the language. Note that a final sound can be at the end of a word or syllable.

*Additionally, Thais often insert **a** vowel sound between English consonant clusters in such words as ta-wít-tôə ทะ-วิต-เต้อร์ *twitter* (**twi**-tə) or sa-gɛɛn-nə̂ə สะ-แกน-เน่อร์ *scanner* (**skɛ**-nə) because such clusters don't exist in Thai.

2. Long pure vowels > open sound
When the sound is *open*, it can be continued without obstructing the airflow.

Thai words

yîi-hɔ̂ɔ	*brand, trademark*	ยี่ห้อ
duu lɛɛ	*to take care*	ดู แล
wee-laa	*time*	เวลา
tʃíi	*to show, to point out*	ชี้
mɛ̂ɛ	*mother*	แม่

Borrowed English words

frii-wɛɛ	*freeware* (frii weə)	ฟรี แวร์
pii-sii	*PC* (pii-sii)	พี-ซี
meem-moo-rîi	*memory* (me-mə-ri)	เมม-โม-รี่
sa-gii*	*to ski* (skii)	สะ-กี
loo-gôo**	*logo* (lou-gou)	โล-โก้

Long final vowel sounds create an *open* final sound in Thai, which is important to understand due to the tonal structure of the language.

*Often, Thais insert a vowel sound between consonant clusters, as in the word sa-gii สะ-กี *to ski* (**sk**ii), because such clusters don't exist in Thai.

Additionally, Thais transform English vowel combinations such as **ei, ou and **eə** into pure long vowel sounds **ee, oo** and **ɛɛ** respectively, which are reviewed in more detail in section 1 below.

b) Vowel combinations

Thai vowel combinations are typically *open* and are not followed by consonant sounds.

There are more vowel combinations in Thai than in English, though some English vowel combinations do not exist in Thai. All Thai vowel combinations are formed from the 18 pure vowel sounds.

While Thai has more vowel combinations than English, only three English vowel combinations exist in Thai: **au**, **ai** and **ɔi**. In grammatical terms, there are no long vowel combinations in English, but short English vowel combinations can be pronounced as long in Thai. For more on vowel combinations, see Chapter 2.

The list of Thai vowel combinations

Short vowel combinations
au เอา, **ai** อัย, **ɔi** อ็อย, **iu** อิว, **ui** อุย, **eu** เอ็ว

Long vowel combinations
aau อาว, **aai** อาย, **ɔɔi** ออย, **iia** เอีย, **ʉʉa** เอือ, **uua** อัว, **eeu** เอว, **ɔɔi** เอย, **ooi** โอย, **ɛɛu** แอว, **iiau** เอียว, **ʉʉai** เอือย, **uuai** อวย

The following list summarizes how Thais use English vowel combinations while speaking Thai. We have shown those vowel combinations in **bold** that are normally used in the borrowed English words.

1. Three English vowel combinations that don't exist in Thai are converted into long pure vowel sounds.

   ei *face, main, day* > **ee**
   ou *home, grow, load* > **oo**
   eə *care, wear, declare* > **ɛɛ**

2. Three vowel combinations that are used in both languages.
   au *sound, town, house* > **au** or **aau**
   ai *find, pie, cry* > **ai** or **aai**
   ɔi *coin, boy, toy* > **ɔi** or **ɔɔi**

3. Remaining four vowel combinations are special.

    eil or **el** *sales, cocktail, diesel* > **eeu**
    yuu *view, queue, computer* > **iu**
    iə *gear, beer, hear* > **iia**
    uə *tour, pure, cure* > **uua**

1.1 The English vowel combination **ei** > **ee**

Borrowed English words

oo-kee*	*okay* (ou-kei)	โอ-เค
geem	*game* (geim)	เกม
féek	*fake* (feik)	เฟ้ก
féet-búk	*face-book* (feis-buk)	เฟ้ส-บุ๊ก
brèek	*brakes* (breiks)	เบรก

The English vowel combination **ei** does not exist in Thai. Typically, Thais replace it with the long pure vowel sound **ee**, which is quite similar to the English **ei** sound. When spoken quickly, the difference is often hard to notice.

*The English vowel combination **ei** is often followed by a consonant sound. In Thai, if the final sound ends with the stop consonants (**p t, k**), the final sound is *closed*. On the other hand, when the final sound is a *long pure vowel,* such as **ee** in the word oo-kee โอ-เค *okay* (ou-**kei**), the final sound is *open*. This distinction is important to understand because of the tonal structure of Thai.

Typically, the Thai language transforms the English vowel combination **ei** into a long pure vowel sound, and the final sounds are pronounced accordingly. For example, in the word féet-búk เฟ้ส-บุ๊ก *face-book* (feis-buk), the **s** is pronounced as **t** and in the word brèek เบรก *brakes* (breiks), the **s** is dropped, keeping **k** as the *final sound*. See Chapter 4 for more details on final consonant sounds.

1.2 The English vowel combination **ou** > **oo**

Borrowed English words

ɔɔ-tôo	*auto* (au-tou)	ออ-โต้
hoo-teeu	*hotel* (hou-tel)	โฮ-เตล

ɛɛ-roo-bìk	*aerobics* (eə-rou-biks)	แอ-โร-บิก
oo-kee	*okay* (ou-kei)	โอ-เค
moo-dem	*modem* (mou-dəm)	โม-เด็ม
nóot*	*note, message* (nout)	โน้ต

The vowel combination **ou** does not exist in Thai. Typically, Thais replace it with the long pure vowel **oo**, which is quite similar to the English **ou** sound. When spoken quickly, the difference is often hard to notice. In Thai, vowel combinations are usually not followed by consonants.

When the final sound is a *long pure vowel* like **oo**, the sound is *open*.

*On the other hand, final sounds are often turned into a *closed consonant* sound at the end of a word. For example, in the word n**óot** โน้ต *note* (n**out**), the consonant **t** serves as the final sound.

See Chapter 4 for more on final consonant sounds. When a final sound ends with stop consonants (such as **p**, **t**, or **k**), the sound is considered *closed*. Understanding this is important due to the tonal structure of the language.

1.3 The English vowel combination **eə** > **ɛɛ**

Borrowed English words

ɛɛ	*air conditioner* (eə)	แอร์
sɔ́ɔp-wɛɛ	*software* (sɔft-weə)	ซ้อฟต์-แวร์
tʃɛɛ	*to share* (ʃeə)	แชร์
tʃɛɛ-wɛɛ	*shareware* (ʃeə-weə)	แชร์ แวร์
sà-pɛɛ páat	*spare parts* (speə paats)	สะ-แปร์ พาร์ท
téek kɛɛ	*to take care* (teik keə)	เท้ก แคร์
ɛɛ-roo-bìk	*aerobics* (eə-rou-biks)	แอ-โร-บิก

The English vowel combination **eə** does not exist in Thai. Thais typically replace it with the long pure vowel sound **ɛɛ**, as in the English word "sad". The **ɛɛ** sound is quite similar to the English **eə** sound. When spoken quickly, the difference is often hard to notice.

The long pure vowel sound ɛɛ is common in Thai. In borrowed English words, the ɛɛ sound is derived from the eə combination; it is usually not followed by a consonant, which often results in an *open* sound. This distinction is important to understand because of the tonal structure of the language.

However, the ɛɛ sound is followed by a consonant in words such as:

gɛ́ɛt	*gas* (gɛɛs)	แก๊ส
kɛ́ɛt-tʃiia	*cashier* (kɛʃ-iə)	แค้ช-เชียร์
hɛɛm	*ham* (hɛɛm)	แฮม

In these words, the ɛɛ sound is not derived from the English vowel combination eə; instead, it is based on the English pure vowel **a**. Hence, there can be a consonant at the end of the words in Thai.

2. The vowel combinations used in both languages
    au *sound, town, house* > **au** or **aau**
    ai *find, pie, cry* > **ai** or **aai**
    ɔi *coin, boy, toy* > **ɔi** or **ɔɔi**

2.1 Vowel combination **au** and **aau**

Thai words for short **au**

thâu	*equal to*	เท่า
său	*pillar, polar*	เสา
lâu	*to tell*	เล่า
rau	*we*	เรา
bau	*gently, softly*	เบา

Thai words for long **aau**

khâau	*rice*	ข้าว
năau	*cold*	หนาว
săau	*young girl*	สาว
hăau	*yawn*	หาว
raau	*about, around*	ราว

Both short **au** and long **aau** are common sounds in Thai.

Borrowed English words for short **au**

m**áu**	*mouse for computers* (m**aus**)	เม้าส์
h**áu**	*house* (h**aus**)	เฮ้าส์
w**ép** br**au**-sɘ̂ɘ	*web browser* (w**ep** br**au**-sɘ)	เว็บ เบราว์-เซ่อร์
k**áu**-tɘ̂ɘ	*counter, desk* (k**aun**-tɘ)	เค้าน์-เต้อร์
au-mɔ̂n*	*almond* (**ɔɔl**-mɘnd)	อัล-ม่อนด์

In some words, the short **au** sound is pronounced similarly in both English and Thai.

*Normally in Thai, the consonant sound **l** (ล) is pronounced as **n** when it appears at the end of a word or syllable. However, in borrowed English words, when **l** (ล) follows a vowel, it can be pronounced either **n** or **u**. For example, in the word **au**-mɔ̂n อัล-ม่อนด์ *almond* (**ɔɔl**-mɘnd), the **l** (ล) sound becomes **u**.

Borrowed English words **au** > **aau**

k**aau**-bɔɔi	*cowboy* (k**au**-bɔi)	คาว บอย
w**áau**	*wow* (w**au**)	ว้าว
d**aau**-lòot*	*to download* (d**aun**-loud)	ดาวน์-โหลด
k**áau**-d**aau***	*countdown* (k**aunt**-d**aun**)	เค้าท์-ดาวน์
t**aau** h**áu***	*town house* (t**aun** h**aus**)	ทาวน์ เฮ้าส์

Thais often elongate short English vowel combinations such as **au** to fit Thai pronunciation habits. For instance, in the word k**aau**-bɔɔi คาว บอย *cowboy*, the vowel is long instead of the shorter English vowel sound.

*In Thai, only one final sound is allowed per word or syllable. As a result, the English word *countdown* (k**aunt**-d**aun**) is pronounced as k**áau**-d**aau** เค้าท์ ดาวน์. Here, the vowel combination **aau** becomes a final sound, while the consonants **t** (ท์) and **n** (น์) are silent.

2.2 Vowel combinations **ai** and **aai**

Thai words for short **ai**

m**âi**	*no*	ไม่
m**ái**	*question word*	ไหม

sài	*to add*	ใส่
arai	*what*	อะไร
tʃâi	*yes*	ใช่

Thai words for long **aai**

thaai	*guess*	ทาย
taai	*to die*	ตาย
lăai	*many*	หลาย
phraai	*ghost*	พราย
săai	*to be late*	สาย

Both short **ai** and long **aai** are common sounds in Thai.

Borrowed English words for short **ai**

háat drái	*hard drive* (haad dra**iv**)	ฮ๊าร์ด ได๊รฟ์
gí-gà-bái	*gigabyte* (gi-ga-ba**it**)	กิ๊-กะ-ไบ๊ต์
sa-gái	*Skype* (ska**ip**)	สะ-ไก๊ป์
sái	*size* (sa**iz**)	ไซ๊ซ์
nái-klàp	*nightclub* (na**it**-klàp)	ไน้ท์-ขลับ

The short vowel combination **ai** is used in both English and Thai. In all of the above English words, the final sound is followed by consonants such as **v**, **t**, **p** and **z**. However, when the vowel combination functions as a final sound in Thai, the last consonant is normally silent and not pronounced.

Borrowed English words **ai** > **aai**

paai	*pie* (pai)	พาย
rii-taai	*to retire* (ri-tai-ə)	รี-ไทร์
ɔɔn-laai	*online* (ɔn-lain)	ออน-ไลน์
frén fraai*	*french fries* (frentʃ fraiz)	เฟร้นช์ ฟราย

The long vowel combination **aai** does not exist in English. However, native English speakers often elongate vowel sounds, so, sometimes *online* may be pronounced as **ɔɔn-laai**n. Despite this, the meaning remains the same.

Often, Thais pronounce the short English **ai** sound with the long vowel combination **aai**. Additionally, in Thai, vowel combinations are usually not followed by final consonant sounds. For instance, the English word *french fries* is pronounced as fr**én** fr**aai** เฟร้นช์ ฟราย without the **ch** (tʃ) and **s** (z) sounds. Similarly, ɔɔn-**laai** ออน-ไลน์ *online* (ɔn-lain) is pronounced without the final **n** sound.

*Moreover, the consonant clusters like **fr** are often not fully pronounced or are completely omitted in Thai; so, *french fries* can simply become **fén-faai** เฟร้นช์ ฟราย.

2.3 Vowel combinations ɔi and ɔɔi

Thai words for short ɔi

nɔ̀i	*a little bit*	หน่อย
khɔ̂i	*gradually, silently*	ค่อย
sɔ̂i	*necklace*	สร้อย
bɔ̀i-bɔ̀i	*often*	บ่อยๆ
arɔ̀i	*tasty*	อร่อย

Short ɔi sound is rare in Thai. However, it is a common sound in English in words such as *oil* (ɔil), *voice* (vɔis), *noise* (nɔiz), *boy* (bɔi), *toy* (tɔi). There are only a few Thai words that use this short ɔi sound. The above Thai words are typically written with the long ɔɔi sound in the Thai script but are often pronounced with a short vowel, similar to the English examples.

Thai words for long ɔɔi

hɔ̌ɔi	*shellfish*	หอย
rɔ́ɔi	*hundred*	ร้อย
thɔ̌ɔi	*to move back*	ถอย
lɔɔi	*to float*	ลอย

The long vowel combination ɔɔi is a common sound in Thai.

Borrowed English words ɔi > ɔɔi

bɔɔi	*boy* (bɔi)	บอย
tsɔ́ɔi	*joint* (jɔint)	จ๊อยนต์

| wɔ́ɔi meeu* | *voicemail* (vɔis-meil) | ว้อยซ์ เมล |
| ɛɛn-drɔɔi* | *Android* (ɛnd-rɔid) | แอน-ดรอยด์ |

Thais tend to change the short English vowel combination **ɔi** into the long vowel combination **ɔɔi**.

However, the English language doesn't have a long **ɔɔi** vowel combination. That said, native English speakers sometimes elongate vowel sounds, so *boy* (bɔi) may be pronounced as bɔɔi, though the meaning remains unchanged.

*Note also that after vowel combinations, Thai omits final consonant sounds. For instance, the English word *voicemail* is pronounced as **wɔ́ɔi meeu** ว้อยซ์ เมล without the **s** consonant, and *Android* ɛɛn-drɔɔi is pronounced without the **d** consonant.

3. The remaining four vowel combinations are special.
    eil or **el** *sales, cocktail, diesel* > **eeu**
    yuu *view, queue, computer* > **iu**
    iə *gear, beer, hear* > **iia**
    uə *tour, pure, cure* > **uua**

3.1 The English vowel combination **eil** or **el** > **eeu**

Thai words for **eeu**

leeu	*to be bad*	เลว
eeu	*waist*	เอว
hěeu	*abyss*	เหว

The long vowel combination **eeu** is rare in Thai.

Borrowed English words **eil** or **el** > **eeu**

seeu	*sales* (**seils**)	เซล
kɔ́k-teeu	*cocktail* (kok-teil)	ค็อก-เทล
hoo-teeu	*hotel* (hou-tel)	โฮ-เตล
moo-deeu	*model* (mɔɔ-del)	โม-เดล
dii-seeu	*diesel* (dii-sel)	ดี-เซล
wɔ́ɔi meeu*	*voicemail*	ว้อยซ์ เมล
ii-meeu	*email* (ii-meil)	อี-เมล

When the consonant **l** follows the English vowel combination **ei** (**eil**) or the vowel **e** (**el**), it is typically turned into long vowel combination **eeu** in the final position as in the above borrowed English words. When you hear the long **eeu** sounds in Thai, you can assume, it's part of a vowel combination in borrowed English words, as this sound is rare in native Thai words.

*In Thai, each word or syllable typically has only one final sound. For instance, the word *voicemail* is pronounced as **wɔ́ɔi meeu** ว๊อยซ์ เมล and not as **wɔis-meil**. Therefore, the **s** (ซ์) and **l** (ล์) sounds are silent.

In Thai words, **l** as the final sound is pronounced as **n**. In some borrowed English words, the **l** consonant is also pronounced as **n**. Examples include kee-bə̂n เค-เบิ้ล *cable* or guu-gə̂n กู-เกิ้ล *Google*. Some people in Thailand, especially older individuals, pronounce the English word *hotel* as hoo-ten instead of hoo-teeu, preferring the traditional Thai pronunciation.

3.2 Special vowel combinations **iu** and **yuu**

Thai words for short **iu**

hǐu	to be hungry	หิว
phǐu	skin, complexion	ผิว
wǐu	to be dizzy	หวิว
lîu	to float, to drift, fast moving	ลิ่ว
pliu	to be blown away by the wind	ปลิว
gìu	to be contracted, narrow, slim	กิ่ว
tsǐu	miniature, midget	จิ๋ว
tʃǐu	smoothly, swiftly	ฉิว

The short vowel combination **iu** is somewhat rare in Thai, but it is used in several borrowed English words such as:

Borrowed English words for **yuu** > **iu**

kiu	*queue* (**kyuu**)	คิว
wiu	*view* (**vyuu**)	วิว
niu	*to be new* (**nyuu**)	นิว

kɔm-píu-tə̂ə	*computer (*kəm-**pyuu**-tə*)*	ค็อม-พิ้ว-เต้อร์
míu-tʃéek*	*milkshake (***milk**-ʃeik*)*	มิลค์ เช้ค
soo-tʃĭu-mii-dìa*	*social media (*sou-ʃəl-mii-diə*)*	โซ-เชี่ยล มี-เดี่ย

Depending on the word, the English semi-vowel **y** can create different sounds, as in **ai** in "m**y**," **i** in "happ**y**" or **y** in "**y**ellow." However, in Thai, it is treated as part of the vowel combination **iu**.

*Normally, the Thai consonant **l** (ล) is pronounced as **n** in the final position. However, in some borrowed English words, it is pronounced as **u**. These are special cases.

3.3 The vowel combinations **iə > iia**

Thai words for long **iia**

liia	*to lick*	เลีย
sìia	*wealthy Chinese, rich man*	เสี่ย
miia	*wife*	เมีย
tîia	*short*	เตี้ย

The short vowel combination **ia** is relatively rare in Thai and is not typically used in borrowed English words. However, the long vowel combination **iia** is a common sound in Thai.

Borrowed English words **iə > iia**

tʃiia	*to cheer, to support* (tʃiə)	เชียร์
tʃiia-lìit-də̂ə	*cheerleader* (tʃiə-lii-də)	เชียร์ หลีด-เด้อร์
kέεt-tʃiia	*cashier* (kɛ-ʃiə)	แค้ช-เชียร์
kliia	*clear, ready* (kliə)	เคลียร์
bὲεk-tii-riia	*bacteria* (bɛk-tiə-riə)	แบค-ที-เรีย
giia*	*gear* (giə)	เกียร์

Thais usually convert the short English vowel combination **iə** into the long vowel combination **iia**.

Native English speakers often elongate vowel sounds, so *gear* (**giə**) may be pronounced as **giiə**. Despite this elongation, the meaning remains the same.

*Note: The voiced English consonant sound **g** does not exist in Thai. Instead, it is pronounced as the *voiceless* and *unaspirated* **k** sound. However, if you use the *unaspirated voiced* **g** sound (as in the word **game**) when speaking Thai, it is fine. Thais will understand you because they are accustomed to hearing the *unaspirated voiceless* **k** sound instead of the *voiced* **g** sound. So, we have decided to transliterate the Thai consonant sound **k** (ก) as **g** in the initial position.

3.4 The vowel combinations **uua** and **uə**

Thai words for long **uua**

rúua	*fence*	รั้ว
kruua	*kitchen*	ครัว
gluua	*to be afraid*	กลัว
tuua	*body*	ตัว
buua	*lotus*	บัว

The long vowel combination **uua** is a common sound in Thai, but the short **ua** sound is rare.

Borrowed English words **uə > uua**

tuua	*tour* (tuə)	ทัวร์
tʃuua	*to be sure* (ʃuə)	ชัวร์

In British English, the vowel combination **uə** is used in words like *during* (dy**uə**-ring), *hour* (a**uə**), *security* (se-ky**uə**-rə-ti), cure (ky**uə**) and pure (py**uə**). In American English, this sound is typically pronounced as **ur**.

The vowel combination **uə** does not exist in Thai. Thais usually convert the short English vowel combination **uə** into the long vowel combination **uua**. However, this sound is seldom used in borrowed English words in Thai. At the moment, only two words are identified.

E. Simple advice

As a foreigner, there are several ways to overcome the challenge of using English words while speaking Thai. First, you can imitate how

Thai is spoken, which requires exposure to the language, possibly by spending time in Thailand. Secondly, you can read books that explain the structure of the Thai language. Unfortunately, there aren't many books that specifically cover how to use borrowed English words in Thai, and learning new vocabulary can be difficult. Third, you could learn to read and write Thai, which involves mastering the Thai script – a challenging task. If you choose this path, you should learn the tone rules to properly master tones through the script.

Whether you choose to learn to read and write the Thai script or not, understanding the Thai tonal system is essential. Final sounds, known as *open* or *closed* (also referred to as *live* and *dead* syllables), are integral to this system. Equally important is mastering the correct pronunciation of all five Thai tones.

You can also be creative in how you use this book. First, focus on Sections A, B and E. This will help you get used to the language intuitively. You don't need to know all the rules to speak Thai fluently – not all native speakers know them. However, they do know how to pronounce words (including borrowed English words) and how to use them in sentences.

Second, due to the tonal structure of Thai, there are several complex rules that cannot be ignored. Sections C and D are somewhat more advanced and complicated. They give you explanations, grammar tips and special rules on how to incorporate borrowed English words into Thai.

Third, instead of concentrating on rules and explanations in sections C and D, you can simply learn interesting vocabulary using Thai and borrowed English words.

Practical tips
It would be a good idea to decide how you want to proceed and stick with it. You can always change your approach later as you gain more knowledge. It all depends on you and your level of Thai. However, trying to learn everything at once may not be the best strategy. This book provides tools for whichever path you choose. Focus on what

is most relevant for you right now. By practicing and immersing yourself in Thai as much as possible, the language will become more intuitive over time. Thai's blending of foreign words into its tonal system is part of what makes it such a dynamic and interesting language to learn!

rii-mòot wə́ək-gîng lɛ́ dí-tsì-tân wəəu
รี-โหมท เวิ้ร์ก-กิ้ง และ ดิ๊-จิ-ทั่ล เวิลด์
Remote work in the digital world

Chapter 6

A. Sentences spoken by native speakers

1. sǎngkhom ɔɔn-lai สังคม ออน-ไลน์
tʃiiwít khɔ̌ɔng tʃán yùu nai sǎngkhom ɔn-lain
tʃiiwít khɔ̌ɔng tʃán yùu nai sǎngkhom **ɔɔn-lai**
ชีวิต ของ ฉัน อยู่ ใน สังคม ออน-ไลน์

sùuan yài tʃán tsəə phûɨan nai *wép*
sùuan yài tʃán tsəə phûɨan nai **wép**
ส่วน ใหญ่ ฉัน เจอ เพื่อน ใน เว็บ

phrɔ́ ngâai lɛ́ sàdùuak – *ʃeə fou-tôu* gɔ̂ɔ dâai dûuai
phrɔ́ ngâai lɛ́ sàdùuak – **tʃɛɛ foo-tôo** gɔ̂ɔ dâai dûuai
เพราะ ง่าย และ สะดวก – แชร์ โฟ-โต้ ก็ ได้ ด้วย

2. soo-tʃĩau mii-dìa โซ-เชี่ยล มี-เดี่ย
sou-ʃɔ̃l mii-dìə pen *plét-fɔɔm*
soo-tʃĩau mii-dìa pen **plét-fɔ́ɔm**
โซ-เชี่ยล มี-เดี่ย เป็น แพล็ต-ฟอร์ม

thîi thúk khon tʃái nai pàt-tsùban níi
ที่ ทุก คน ใช้ ใน ปัจจุบัน นี้

baang khon mii *wép pèits* rɯ̌ɯ *houm pèits* dûuai
baang khon mii **wép pèet** rɯ̌ɯ **hoom pèet** dûuai
บาง คน มี เว็บ เผจ หรือ โฮม เผจ ด้วย

thâa *in-tə-nèt* mâi wɔ́ək tʃán tsà rúu-sùk *feil*
thâa **in-təə-nèt** mâi **wɔ́ək** tʃán tsà rúu-sùk **feeu**
ถ้า อิน-เทอร์-เหน็ต ไม่ เวิ๊ร์ก ฉัน จะ รู้ สึก เฟล

3. dí-tsì-tân noo-mèt ดิ๊-จิ-ทั่ล โน-แหมด
thîi mɯɯang thai mii *dí-tsì-tôl nou-mèd* lăai khon lɛ́ɛu
thîi mɯɯang thai mii **dí-tsì-tân noo-mèt** lăai khon lɛ́ɛu
ที่ เมือง ไทย มี ดิ๊-จิ-ทั่ล โน-แหมด หลาย คน แล้ว

pàt-tsùban gamlang tsà *hít*
pàt-tsùban gamlang tsà **hít**
ปัจจุบัน กำลัง จะ ฮิต

mii nák thɔ̂ng thîiau lé khon tsàak lăai pràtéet
มี นัก ท่อง เที่ยว และ คน จาก หลาย ประเทศ

thîi tʃɔ̂ɔp tham ngaan bèep *ri-mòut*
thîi tʃɔ̂ɔp tham ngaan bèep **rii-mòot**
ที่ ชอบ ทำ งาน แบบ รี-โหมท

4. rii-mòot wə́ək-gîng รี-โหมท เวิร์ก-กิ้ง
ri-mòut wə́ək-gîng khɯɯ gaan tham ngaan thîi năi gɔ̂ɔ dâai
rii-mòot wə́ək-gîng khɯɯ gaan tham ngaan thîi năi gɔ̂ɔ dâai
รี-โหมท เวิร์ก-กิ้ง คือ การ ทำ งาน ที่ ไหน ก็ ได้

tɛ̀ɛ wâa – sùuan yài tɔ̂ng mii *lèp-tɔ́p* lé *in-tə-nèt kə-nék-ʃən*
tɛ̀ɛ wâa – sùuan yài tɔ̂ng mii **lèp-tɔ́p** lé **in-təə-nèt kɔɔn-nék-tʃân**
แต่ ว่า – ส่วน ใหญ่ ต้อง มี แหล็ป-ท็อป และ อิน-เทอร์-เหน็ต คอน-เน็ค-ชัน

tʃên *wai-fai* rɯ̌ɯ tham ngaan tsàak *in-tə-nèt kɛ-fêi*
tʃên **waai-faai** rɯ̌ɯ tham ngaan tsàak **in-təə-nèt kaa-fêe**
เช่น ไว-ไฟ หรือ ทำ งาน จาก อิน-เทอร์-เหน็ต คา เฟ่

rɯ̌ɯ *kɔ́-fî ʃɔ̂p* thûua pai gɔ̂ɔ dâai – thâa mii sănyaan *in-tə-nèt*
rɯ̌ɯ **kɔ́ɔp-fîi tʃɔ̂p** thûua pai gɔ̂ɔ dâai – thâa mii sănyaan **in-təə-nèt**
หรือ ค้อฟ-ฟี่ ฉ็อป ทั่ว ไป ก็ ได้ – ถ้า มี สัญญาณ อิน-เทอร์-เหน็ต

5. koo-wə́ək-gîng sa-péet โค-เวิร์ก-กิ้ง สะ-เป๊ซ
dooi thûua pai *kou-wə́ək-gîng spéis* mâi khôi *frii*
dooi thûua pai **koo-wə́ək-gîng sa-péet** mâi khôi *frii*
โดย ทั่ว ไป โค-เวิร์ก-กิ้ง สะ-เป๊ซ ไม่ ค่อย ฟรี

pòk-gàtì mii khâa tʃái tsàai pen raai wan rɯ̌ɯ raai dɯɯan
ปกติ มี ค่า ใช้ จ่าย เป็น ราย วัน หรือ ราย เดือน

phrɔ́ wâa *in-tə-nèt* reu lé mii *səə-vìs* ruuam dûuai
phrɔ́ wâa **in-təə-nèt** reu lé mii **səə-wìt** ruuam dûuai
เพราะ ว่า อิน-เทอร์-เหน็ต เร็ว และ มี เซอร์-หวิส รวม ด้วย

yàang tʃên – mii hɔ̂ng phísèet sămràp *tiim wɔ́ɔk*
yàang tʃên – mii hɔ̂ng phísèet sămràp **tiim wɔ́ɔk**
อย่าง เช่น – มี ห้อง พิเศษ สำหรับ ทีม เวิร์ก

tʃái *skɛ-nə̂* gàp *prín-tə̂* – lé khrûɯang tʃái ɯ̀ɯn-ɯ̀ɯn dâai
tʃái **sa-gɛɛn-nə̂ə** gàp **prín-tə̂ə** – lé khrûɯang tʃái ɯ̀ɯn-ɯ̀ɯn dâai
ใช้ สะ-แกน-เน่อร์ กับ พริ้น-เต้อร์ – และ เครื่อง ใช้ อื่นๆ ได้

6. kás-too-mə̂ə sen-tə̂ə คัส-โต-เม่อร์ เซ็น-เต้อร์
rɔɔ pép nɯng ná khá – tʃán tɔ̂ng pai *kás-tə-mə̂ sen-tə̂* gɔ̀ɔn
rɔɔ pép nɯng ná khá – tʃán tɔ̂ng pai **kás-too-mə̂ə sen-tə̂ə** gɔ̀ɔn
รอ แป๊ป นึง นะ คะ – ฉัน ต้อง ไป คัส-โต-เม่อร์ เซ็น-เต้อร์ ก่อน

káun-tə səə-vìs yùu nǎi khá
káu-tə̂ə səə-wìt yùu nǎi khá
เค้าน์-เต้อร์ เซอร์-หวิส อยู่ ไหน คะ

7. wɔ́ɔk frɔm hoom เวิร์ก ฟร็อม โฮม
tʃán dâai yin wâa
ฉัน ได้ ยิน ว่า

pàt-tsùban níi lǎai khon tham ngaan bɛ̀ɛp *ri-mòut*
pàt-tsùban níi lǎai khon tham ngaan bɛ̀ɛp **rii-mòot**
ปัจจุบัน นี้ หลาย คน ทำ งาน แบบ รี-โหมท

tʃán tʃɔ̂ɔp ìtsàrà lé khít wâa *wɔ́ɔk frɔm houm* pen *ai-dia* thîi dii
tʃán tʃɔ̂ɔp ìtsàrà lé khít wâa **wɔ́ɔk frɔm hoom** pen **ai-dia** thîi dii
ฉัน ชอบ อิสระ และ คิด ว่า เวิร์ก ฟร็อม โฮม เป็น ไอ-เดีย ที่ ดี

mâi tông pai *ɔ́ɔ-fîs*
mâi tông pai **ɔ́ɔp-fít**
ไม่ ต้อง ไป อ๊อฟ-ฟิศ

tɛ̀ɛ wâa tʃán khít thŭng *tiim* ngaan tʃán
tɛ̀ɛ wâa tʃán khít thŭng **tiim** ngaan tʃán
แต่ ว่า ฉัน คิด ถึง ทีม งาน ฉัน

lé thîi bâan tʃán gɔ̂ɔ mii khɛ̂ɛ *lèp-tóp* thâu nán
lé thîi bâan tʃán gɔ̂ɔ mii khɛ̂ɛ **lèp-tóp** thâu nán
และ ที่ บ้าน ฉัน ก็ มี แค่ แหล็ป-ท็อป เท่า นั้น

tɛ̀ɛ thîi *ɔ́ɔ-fís* mii *wɔ́ək-stei-ʃə̂n* – thîi dii
tɛ̀ɛ thîi **ɔ́ɔp-fít** mii **wɔ́ək sa-tee-tʃân** – thîi dii
แต่ ที่ อ๊อฟ-ฟิศ มี เวิร์ก สะ-เต-ชั่น – ที่ ดี

8. yuu-túup-bɔ̂ə ยู-ทู้บ-เบ้อร์
khun rúu mái wâa – phɯ̂ɯan rau tsuudîi pen *yuu-túu-bɔ̂*
khun rúu mái wâa – phɯ̂ɯan rau tsuudîi pen **yuu-túup-bɔ̂ə**
คุณ รู้ ไหม ว่า – เพื่อน เรา จูดี้ เป็น ยู-ทู้บ-เบ้อร์

tɔɔn níi – kháu mii tʃɯ̂ɯ-sĭiang mâak lɛ́ɛu
ตอน นี้ – เขา มี ชื่อ เสียง มาก แล้ว

kháu gèng rɯ̂ɯang thàai *fou-tôu* – lé *wi-di-ou*
kháu gèng rɯ̂ɯang thàai **foo-tôo** – lé **wi-dii-oo**
เขา เก่ง เรื่อง ถ่าย โฟ-โต้ และ วิ-ดี-โอ

kháu mii *in-nə̂ə* pen *blɔ́ɔ-gə̂* tsing-tsing
kháu mii **in-nə̂ə** pen **blɔ́ɔk-gə̂ə** tsing-tsing
เขา มี อิน-เน่อร์ เป็น บล็อก-เก้อร์ จริงๆ

lé kháu *áp-lòud klíp* mài thúk aatít
lé kháu **áp-lòot klíp** mài thúk aatít
และ เขา อั๊ป-โหลด คลิป ใหม่ ทุก อาทิตย์

kháu mii mâak gwàa sǎam sɛ̌ɛn *fɔ-lou-ə̂*
kháu mii mâak gwàa sǎam sɛ̌ɛn **fɔɔ-loo-wə̂ə**
เขา มี มาก กว่า สาม แสน ฟอล-โล-เว่อร์

thîi *re-tsís-tə̂* tìt taam kháu nai *ai-tsii* lɛ́ɛu
thîi **rii-tsít-tə̂ə** tìt taam kháu nai **ai-tsii** lɛ́ɛu
ที่ รี-จิ๊ส-เต้อร์ ติด ตาม เขา ใน ไอ-จี แล้ว

Chapter 6

9. wɔ́ɔk เวิร์ก as a verb
kham wâa *wɔ́ɔk* nai phaasăa thai
kham wâa **wɔ́ɔk** nai phaasăa thai
คำ ว่า เวิร์ก ใน ภาษา ไทย

pen kham grìyaa rŭɯ kham naam
เป็น คำ กริยา หรือ คำ นาม

khon thai tʃái kham wâa *wɔ́ɔk* mŭɯan gàp kham wâa "tʃái dâai"
khon thai tʃái kham wâa **wɔ́ɔk** mŭɯan gàp kham wâa "tʃái dâai"
คน ไทย ใช้ คำ ว่า เวิร์ก เหมือน กับ คำ ว่า "ใช้ ได้"

tʃên เช่น
wɔ́ɔk lɛ́ɛu   เวิร์ก แล้ว
wɔ́ɔk lɛ́ɛu
tʃái dâai lɛ́ɛu   ใช้ ได้ แล้ว

man *wɔ́ɔk* rŭɯ plàu   มัน เวิร์ก หรือ เปล่า
man **wɔ́ɔk** rŭɯ plàu
man tʃái dâai rŭɯ plàu   มัน ใช้ ได้ หรือ เปล่า

10. wɔ́ɔk เวิร์ก as a noun
weelaa kham wâa *wɔ́ɔk* tʃái mŭɯan pen kham naam mii lăai bɛ̀ɛp
weelaa kham wâa **wɔ́ɔk** tʃái mŭɯan pen kham naam mii lăai bɛ̀ɛp
เวลา คำ ว่า เวิร์ก ใช้ เหมือน เป็น คำ นาม มี หลาย แบบ

tʃái pen wálii rûuam gàp kham ὺɯn-ὺɯn
ใช้ เป็น วลี ร่วม กับ คำ อื่นๆ

yàang tʃên
อย่าง เช่น

áat wɔ́ɔk, **áat wɔ́ɔk**   อ๊าร์ต เวิร์ก
tiim wɔ́ɔk, **tiim wɔ́ɔk**   ทีม เวิร์ก
nét wɔ̀ɔk, **nét wɔ̀ɔk**   เน็ต เหวิร์ก
wɔ́ɔk grúup, **wɔ́ɔk grúp**   เวิร์ก กรุ๊ป
wɔ́ɔk ʃiit, **wɔ́ɔk tʃíit**   เวิร์ก ชีต
wɔ́ɔk búk, **wɔ́ɔk búk**   เวิร์ก บุ๊ก

wɔ́ək stei-ʃɔ̂n, **wɔ́ək sa-tee-tʃân** เวิร์ก สะ-เต-ชั่น
wɔ́ək lòud, **wɔ́ək lòot** เวิร์ก โหลด
wɔ́ək pəə-mìt, **wɔ́ək pəə-mìt** เวิร์ก เพอร์-หมิท

11. koo-líip-wîng โค-ลี้ฟ-วิ่ง

sùuan yài ส่วน ใหญ่

kou-lí-wîng mii wɔ́ək-gîng spéis lɛ́ hɔ̂ng sùuan tuua
koo-líip-wîng mii wɔ́ək-gîng sa-péet lɛ́ hɔ̂ng sùuan tuua
โค-ลี้ฟ-วิ่ง มี เวิร์ก-กิ้ง สะ-เป๊ซ และ ห้อง ส่วน ตัว

pen mǔuan gàp *ri-mòut ɔ́ɔ-fís* lɛ́ pen bâan dûuai
pen mǔuan gàp **rii-mòot ɔ́ɔp-fít** lɛ́ pen bâan dûuai
เป็น เหมือน กับ รี-โหมท อ๊อฟ-ฟิศ และ เป็น บ้าน ด้วย

an níi – phrɔ́ wâa baang khon mâi yàak yùu
อัน นี้ – เพราะ ว่า บาง คน ไม่ อยาก อยู่

thîi *hou-tel* rǔɯ *gést háus*
thîi **hoo-teeu** rǔɯ **géet háu**
ที่ โฮ-เตล หรือ เก๊สต์ เฮ้าส์

lɛ́ɛu gɔ̂ɔ
แล้ว ก็

thâa tʃâu *kɔn-dou* àat tsà phɛɛng gwàa lɛ́ rúu-sùk ngǎu
thâa tʃâu **kɔɔn-doo** àat tsà phɛɛng gwàa lɛ́ rúu-sùk ngǎu
ถ้า เช่า คอน-โด อาจ จะ แพง กว่า และ รู้ สึก เหงา

tɛ̀ɛ wâa *in-tə-nèt kə-nék-ʃɔ̂n* tông dii
tɛ̀ɛ wâa **in-təə-nèt kɔɔn-nék-tʃân** tôŋ dii
แต่ ว่า อิน-เทอร์-เหน็ต คอน-เน็ค-ชั่น ต้อง ดี

kou-lí-wîng pen thîi sǎmràp khon thîi yàak yùu dûuai gan
koo-líip-wîng pen thîi sǎmràp khon thîi yàak yùu dûuai gan
โค-ลี้ฟ-วิ่ง เป็น ที่ สำหรับ คน ที่ อยาก อยู่ ด้วย กัน

Chapter 6

12. **noo-hau** โนว ฮาว
thîi **kou-lí-wîng spéis** – khon ʃeə pràsòpgaan – wíthii-gaan
thîi **koo-líip-wîng sa-péet** – khon tʃɛɛ pràsòpgaan – wíthii-gaan
ที่ โค-ลี้ฟ-วิง สะ-เป๊ซ – คน แชร์ ประสบการณ์ – วิธีการ

และ lé

khwaam tʃamnaan rɰɰ *nou-hau* dâai
khwaam tʃamnaan rɰɰ **noo-hau** dâai
ความ ชำนาญ หรือ โนว ฮาว ได้

thúk khon mii aatʃîip
ทุก คน มี อาชีพ

àat pen *blɔ́ɔ-kə̂* – *áa-tíst* – *yuu-túu-bə̂* – nák khĭian
àat pen **blɔ́ɔk-gə̂ə** – **áa-tít** – **yuu-túup-bə̂ə** – nák khĭian
อาจ เป็น บล็อก-เก้อร์ – อาร์-ติ๊สท์ – ยู-ทู้บ-เบ้อร์ – นัก เขียน

rɰɰ tham ngaan khĭian *kóud kɔm-pyúu-tə̂* lé *ɯ̀ɯn-ɯ̀ɯn* gɔ̂ɔ dâai
rɰɰ tham ngaan khĭian **kóot kɔm-píu-tə̂ə** lé **ɯ̀ɯn-ɯ̀ɯn** gɔ̂ɔ dâai
หรือ ทำ งาน เขียน โค้ด ค็อม-พิว-เต้อร์ และ อื่นๆ ก็ ได้

13. glóop tróot-tîng โกล๊บ โทร๊ต-ติ้ง
kháu pen *glóub trɔ́ɔ-tə̂* tsing-tsing
kháu pen **glóop tróot-tə̂ə** tsing-tsing
เขา เป็น โกล๊บ โทร๊ต-เต้อร์ จริงๆ

dɯɯan thîi lɛ́ɛu pai *nyuu-yɔ̀ɔk* – *wɛɛn-kuu-wə̂ə* lé *mék-si-kou-sí-tî*
dɯɯan thîi lɛ́ɛu pai **niu-yɔ̀ɔk** – **wɛɛn-kuu-wə̂ə** lé **mék-si-koo-sí-tîi**
เดือน ที่ แล้ว ไป นิว-หยอร์ก – แวน-คู-เว่อร์ และ เม็ก-ซิ-โก ซิ-ตี้

dɯɯan nâa tsà pai *myuu-nìk, kua-lə-lam-pə* lɛ́ɛu gɔ̂ɔ *tai-pei*
dɯɯan nâa tsà pai **miu-nìk, gua-laa-lam-pəə** lɛ́ɛu gɔ̂ɔ **tai-pee**
เดือน หน้า จะ ไป มิว-หนิก กัว-ลา ลัม-เปอร์ แล้ว ก็ ไท-เป

pàt-tsùban mii lăai khon thîi dəən thaang rɔ̂ɔp lôok
ปัจจุบัน มี หลาย คน ที่ เดิน ทาง รอบ โลก

mii *dí-tsì-tâl noo-mèd*, nák thông thîiau, nák thúrágìt
mii **dí-tsì-tân noo-mèt**, nák thông thîiau, nák thúrágìt
มี ดิ๊-จิ-ทั่ลโน-แหมด นัก ท่อง เที่ยว นัก ธุรกิจ

lέ ìik lăai-lăai khon – tʃán ìt-tʃăa tsang
และ อีก หลายๆ คน – ฉัน อิจฉา จัง

yàak pai *pɛ-rîs* tὲɛ wâa yang mâi mii oogàat
yàak pai **paa-rîit** tὲɛ wâa yang mâi mii oogàat
อยาก ไป ปารีส แต่ ว่า ยัง ไม่ มี โอกาส

14. dí-tsì-tân wɔ́ɔk búk ดิ๊-จิ-ทั่ล เวิ้ร์ก บุ๊ก
gaan tʃái *dí-tsì-tâl wɔ́ɔk búk* pen wíthii
gaan tʃái **dí-tsì-tân wɔ́ɔk búk** pen wíthii
การ ใช้ ดิ๊-จิ-ทั่ล เวิ้ร์ก บุ๊ก เป็น วิธี

thîi lăai khon tham ngaan dûuai gan dâai
ที่ หลาย คน ทำ งาน ด้วย กัน ได้

man dii phrɔ́ wâa săamâat tham ngaan tsàak thîi năi gɔ̂ɔ dâai
มัน ดี เพราะ ว่า สามารถ ทำ งาน จาก ที่ ไหน ก็ ได้

yâang nɔ́ɔi tông mii nùng ngaan
อย่าง น้อย ต้อง มี หนึ่ง งาน

thîi yùu nai *nét* pen *fai* thîi mii *wɔ́ɔk ʃiit*
thîi yùu nai **nét** pen fai thîi mii **wɔ́ɔk tʃiit**
ที่ อยู่ ใน เน็ต เป็น ไฟล์ ที่ มี เวิ้ร์ก ชี้ต

mâi wâa tsà
ไม่ ว่า จะ

wɔ́ɔk frɔm home – *ri-mòte ɔ́ɔ-fís* – *ɔ́ɔ-fís* bὲɛp dâng dəəm
wɔ́ɔk frɔm hoom – **rii-mòot ɔ́ɔp-fít** – **ɔ́ɔp-fít** bὲɛp dâng dəəm
เวิ้ร์ก ฟร็อม โฮม – รี-โหมด อ๊อฟ-ฟิศ – อ๊อฟ-ฟิศ แบบ ดั้ง เดิม

rŭu *in-təə-nèt kɛ-fêi* gɔ̂ɔ sàdùuak tháng mòt
rŭu **in-təə-nèt kaa-fêe** gɔ̂ɔ sàdùuak tháng mòt
หรือ อิน-เทอร์-เหน็ต คา-เฟ่ ก็ สะดวก ทั้ง หมด

wôɔk lòud nɔ́ɔi gwàa phrɔ́ wâa mii lăai khon thîi tʃûuai gan tham
wɔ́ɔk lòot nɔ́ɔi gwàa phrɔ́ wâa mii lăai khon thîi tʃûuai gan tham
เวิร์ก โหลด น้อย กว่า เพราะ ว่า มี หลาย คน ที่ ช่วย กัน ทำ

tὲε wâa *dí-tsì-tôl plét-fɔɔm* lé *freim-wôɔk* tông dii
tὲε wâa **dí-tsì-tân plét-fɔɔm** lé **freem wɔ́ɔk** tông dii
แต่ ว่า ดิ๊-จิ-ทั่ล แพล็ต-ฟอร์ม และ เฟรม เวิร์ก ต้อง ดี

15. fai tʃɛɛ-rîng ไฟล์ แชร์-ริ่ง
thâa khun yàak *ʃeə fail* – mii lăai wíthii
thâa khun yàak **tʃɛɛ fai** – mii lăai wíthii
ถ้า คุณ อยาก แชร์ ไฟล์ – มี หลาย วิธี

mii *ʃeə-weə* thîi dii lé *frii* – mâi tông tsàai arai
mii **tʃɛɛ-wɛɛ** thîi dii lé **frii** – mâi tông tsàai arai
มี แชร์-แวร์ ที่ ดี และ ฟรี – ไม่ ต้อง จ่าย อะไร

tʃên *prou-grɛm* phísèet sămràp *ri-mòut wôɔk-gîng*
tʃên **proo-grɛɛm** phísèet sămràp **rii-mòot wɔ́ɔk-gîng**
เช่น โปร-แกรม พิเศษ สำหรับ รี-โหมท เวิร์ก-กิ้ง

lé tʃái *ép-lí-kei-ʃôn*
lé tʃái **ɛ́ɛp-plí-kee-tʃân**
และ ใช้ แอ๊ป-พลิ-เค-ชั่น

tʃên เช่น
mai-krə-sɔ́ft, **mai-kroo-sɔ́ɔp**   ไม-โคร-ซ้อฟท์
guu-gôl, **guu-gôn**   กู-เกิ้ล
skáip, **sa-kái**   สะ-ไก๊ป์
wɔ́ts-ép, **wɔ́t-ép**   ว็อทส์-แอ๊ป

gɔ̂ɔ dâai – lɛ́ɛu tὲε khun
ก็ ได้ – แล้ว แต่ คุณ

16. wəəu wai wép เวิลด์ ไวด์ เว็บ
lăai khon tʃái kham wâa *in-tə-nèt* gàp kham wâa *wép*
lăai khon tʃái kham wâa **in-təə-nèt** gàp kham wâa **wép**
หลาย คน ใช้ คำ ว่า อิน-เทอร์-เหน็ต กับ คำ ว่า เว็บ

nai khwaam măai diiau gan
ใน ความ หมาย เดียว กัน

thâa yàak rúu wâa – *wəəld waid wép* tham ngaan yang-ngai
thâa yàak rúu wâa – **wəəu wai wép** tham ngaan yang-ngai
ถ้า อยาก รู้ ว่า – เวิลด์ ไวด์ เว็บ ทำ งาน ยังไง

lɔɔng khít bèɛp níi
ลอง คิด แบบ นี้

in-tə-nèt pen mŭuan *háad dráiv* nai kɔm-pyúu-tə̂ khun
in-təə-nèt pen mŭuan **háat drái** nai **kɔm-píu-tə̂ə** khun
อิน-เทอร์-เน็ต เป็น เหมือน ฮาร์ด ไดรฟ์ ใน ค็อม-พิว-เต้อร์ คุณ

sùuan *wép* pen mŭuan *sɔ́ft-weə* rŭɯ *ép-lí-kei-ʃə̂n*
sùuan **wép** pen mŭuan **sɔ́ɔp-wɛɛ** rŭɯ **ɛ́ɛp-plí-kee-tʃân**
ส่วน เว็บ เป็น เหมือน ซ้อฟต์-แวร์ หรือ แอ๊ป-พลิ-เค-ชั่น

nai *kɔm-pyúu-tə̂* khun
nai **kɔm-píu-tə̂ə** khun
ใน ค็อม-พิว-เต้อร์ คุณ

17. plét-fɔɔm แพล็ต-ฟอร์ม
in-tə-nèt pen *plét-fɔɔm*
in-təə-nèt pen **plét-fɔɔm**
อิน-เทอร์-เน็ต เป็น แพล็ต-ฟอร์ม

thîi tʃái săai *kei-bə̂l* lɛ́ tông bamrung ráksăa
thîi tʃái săai **kee-bə̂n** lɛ́ tông bamrung ráksăa
ที่ ใช้ สาย เค-เบิ้ล และ ต้อง บำรุง รักษา

kɔm-pyuu-tə̂ nét wə̀ək thîi mii lăai khrûɯang thûua lôok
kɔm-píu-tə̂ə nét wə̀ək thîi mii lăai khrûɯang thûua lôok
ค็อม-พิว-เต้อร์ เน็ต เหวิร์ก ที่ มี หลาย เครื่อง ทั่ว โลก

18. *wép brau-sə̂ə* เว็บ เบราว์-เซ่อร์
phûɯa thîi tsà tʃûɯam tɔ̀ɔ *wəəld waid wép*
phûɯa thîi tsà tʃûɯam tɔ̀ɔ **wəəu wai wép**
เพื่อ ที่ จะ เชื่อม ต่อ เวิลด์ ไวด์ เว็บ

rau tông mii *wép brau-sə̂*
rau tông mii wép **brau-sə̂ə**
เรา ต้อง มี เว็บ เบราว์-เซ่อร์

mâi tông hùuang – lûuak *wép brau-sə̂* thîi dii dâai
mâi tông hùuang – lûuak **wép brau-sə̂ə** thîi dii dâai
ไม่ ต้อง ห่วง – เลือก เว็บ เบราว์-เซ่อร์ ที่ ดี ได้

brau-sə̂ thîi *pɔ́p-yə-lə̂* mâak thîi sùt khɯɯ
brau-sə̂ə thîi **pɔ́ɔp-puu-lâa** mâak thîi sùt khɯɯ
เบราว์-เซ่อร์ ที่ ป๊อป-ปู-ล่าร์ มาก ที่ สุด คือ

kroum khɔ̌ɔng *guu-gə̂l*
kroom khɔ̌ɔng **guu-gə̂n**
โครม ของ กู-เกิล

èdʒ tsàak *mai-krə-sɔ́ft*
èet tsàak **mai-kroo-sɔ́ɔp**
เอดจ์ จาก ไม-โคร-ซ้อฟท์

sa-fa-ri tsàak *ép-pɔ̂l*
saa-faa-rii tsàak **ép-pə̂n**
ซา-ฟา-รี จาก แอ๊ป-เปิ้ล

lɛ́ɛu gɔ̂ɔ mii
แล้ว ก็ มี

fáiə-fɔ̌ks thîi pen *frii-weə*
fái-fɔ́k thîi pen **frii-wɛɛ**
ไฟร์-ฟ็อกซ์ ที่ เป็น ฟรี-แวร์

lɛ́ และ

ɔɔ-pə-rə̂ thîi maa tsàak pràtéet *nɔɔ-wee*
oo-pee-râa thîi maa tsàak pràtéet **nɔɔ-wee**
โอ-เป-ร่า ที่ มา จาก ประเทศ นอร์เวย์

19. *oo-pəə-ree-tʃân sís-têm* โอ-เปอ-เร-ชั่น ซิส-เต้ม
khun rúu mái wâa – khun tʃái *ɔ-pə-rei-ʃən sis-təm* arai
khun rúu mái wâa – khun tʃái **oo-pəə-ree-tʃân sís-têm** arai
คุณ รู้ ไหม ว่า – คุณ ใช้ โอ-เปอ-เร-ชั่น ซิส-เต้ม อะไร

àat tsà pen
อาจ จะ เป็น

win-dôus, **win-dôo** วิน-โด้วส์
mék-in-tɔ́ʃ, **mék-in-tɔ́ɔt** แม็ค-อิน-ท้อช
mék ou-és, **mék oo-és** แม็ค โอ เอ็ส
li-nəks, **lii-núk** ลี-นุกซ์

rɯ̌ɯ หรือ
ɛn-drɔid, **ɛɛn-drɔɔi** แอน-ดรอยด์

20. *wép sái* เว็บ ไซต์
thâa khun yàak sâang *wép sáit*
thâa khun yàak sâang **wép sái**
ถ้า คุณ อยาก สร้าง เว็บ ไซต์

khun tông khâu tsai rɯ̂ɯang nii
คุณ ต้อง เข้า ใจ เรื่อง นี้

wép sáit, **wép sái** เว็บ ไซต์
wép prou-fail, **wép proo-fai** เว็บ โพรไฟล์
wép sǝǝ-vìs, **wép sǝǝ-wìt** เว็บ เซอร์-หวิส
sǝ́ǝ-vô, **sǝ́ǝp-wɔ̂ɔ** เซิร์ฟ-เว่อร์
wép sə́ə-vô, **wép sə́ǝp-wɔ̂ɔ** เว็บ เซิร์ฟ-เว่อร์
klai-ên sə́ə-vô, **klai-ên sə́ǝp-wɔ̂ɔ** ไคล-เอ้นต์ เซิร์ฟ-เว่อร์

lɛ́ ɯ̀ɯn-ɯ̀ɯn
และ อื่นๆ

21. tʃɛɛ-rîng líng แชร์-ริ่ง ลิ้งก์
thâa khun tsǝǝ *wép pèits* rɯ̌ɯ *línk* thîi dii lɛ́ sǎmkhan
thâa khun tsǝǝ **wép pèet** rɯ̌ɯ **líng** thîi dii lɛ́ sǎmkhan
ถ้า คุณ เจอ เว็บ เพจ หรือ ลิ้งก์ ที่ ดี และ สำคัญ

yàa lɯɯm *ʃeə* gàp phɯ̂ɯan rɯ̌ɯ khon ɯ̀ɯn-ɯ̀ɯn
yàa lɯɯm **tʃɛɛ** gàp phɯ̂ɯan rɯ̌ɯ khon ɯ̀ɯn-ɯ̀ɯn
อย่า ลืม แชร์ กับ เพื่อน หรือ คน อื่นๆ

22. rûuang *in-təə-nèt* เรื่อง อิน-เทอร์-เหน็ต
rûuang *in-təə-nèt* yâak nít nɔ̀i phrɔ́ mii kham phísèet lăai kham
rûuang **in-təə-nèt** yâak nít nɔ̀i phrɔ́ mii kham phísèet lăai kham
เรื่อง อิน-เทอร์-เหน็ต ยาก นิด หน่อย เพราะ มี คำ พิเศษ หลาย คำ

tsam dâai măi
จำ ได้ ไหม

wə́ək frɔm hoom, **wə́ək frɔm hoom**　　เวิร์ก ฟร็อม โฮม
ép-plí-kei-ʃân, **ɛ́ɛp-plí-kee-tʃân**　　แอ๊ป-พลิ-เค-ชั่น
plɛ́t-fɔɔm, **plɛ́t-fɔɔm**　　แพล็ต-ฟอร์ม
wép sáit, **wép sái**　　เว็บ ไซต์
wép brau-sə̂, **wép brau-sə̂ə**　　เว็บ เบราว์-เซ่อร์

lɛ́ ừun-ừun
และ อื่นๆ

tʃán wăng wâa thʉ̆ng tɔɔn níi khun tsà pen phûu tʃîiau tʃaan
ฉัน หวัง ว่า ถึง ตอน นี้ คุณ จะ เป็น ผู้ เชี่ยว ชาญ

dâan *wəəu waid wép* lɛ́ *in-təə-nèt* lɛ́ɛu
dâan **wəəu wai wép** lɛ́ **in-təə-nèt** lɛ́ɛu
ด้าน เวิลด์ ไวด์ เว็บ และ อิน-เทอร์-เหน็ต แล้ว

sàwàtdii khâ สวัสดี ค่ะ

B. Understanding spoken sentences

Listen to the audio several times and see if you recognize and understand how the borrowed English words are pronounced by native Thai speakers.

Using English words when speaking Thai is fun; Thai people may think that your Thai is excellent.

The difficulty arises from the fact that you must know how to pronounce them; we must learn to use Thai sounds when pronouncing borrowed English words.

Sometimes, the meaning can differ or is limited to one purpose only while the English word may have multiple meanings.

kham sàp คำ ศัพท์

ɔn-lain, **ɔɔn-lai**	online	ออน-ไลน์
houm-pèits, **hoom-pèet**	homepage	โฮม เผจ
in-tə-nèt, **in-təə-nèt**	internet	อิน-เทอร์-เหน็ต
in-tə-nèt kɔ-nék-ʃân, **in-təə-nèt kɔɔn-nék-tʃân**	internet connection	อิน-เทอร์-เหน็ต คอน-เน็ค-ชั่น
in-tə-nèt kɛ-fêi, **in-təə-nèt kaa-fêe**	internet cafe	อิน-เทอร์-เหน็ต คา-เฟ
sou-ʃəl mii-dìə, **soo-tʃiau mii-dìia**	social media	โซ-เชี่ยล มี-เดี่ย
kɔ́-fî ʃop, **kɔ́ɔp-fíi tʃɔ́p**	coffee shop	ค้อฟ-ฟี่ ฉ็อป
səə-vìs, **səə-wìt**	service	เซอร์-หวิส
wai-fai, **wai-fai**	Wi-Fi, wireless	ไว-ไฟ
wép, **wép**	web	เว็บ
wép pèits, **wép pèet**	web page	เว็บ เผจ
wəəld waid wép, **wəəu wai wép**	World Wide Web	เวิลด์ ไวด์ เว็บ
ɔ́ɔ-fîs, **ɔ́ɔp-fít**	office	อ๊อฟ-ฟิศ
kás-tə-mə̂ sen-tə̂, **kás-too-mə̂ə sen-tə̂ə**	customer center	คัส-โต-เม่อร์ เซ็น-เต้อร์
káun-tə̂, **káu-tə̂ə**	counter	เค้าน์-เต้อร์
káun-tə̂ səə-wìt, **káu-tə̂ə səə-wìt**	service counter	เค้า-เต้อร์ เซอร์-หวิส
áp-lòud klíp, **áp-lòot klíp**	to upload a clip	อั๊ป-โหลด คลิป
wə́ək, **wə́ək**	to work, to function	เวิร์ก
nét wə̀ək, **nét wə̀ək**	network	เน็ต เหวิร์ก
áat wə́ək, **áat wə́ək**	artwork	อ๊าร์ต เวิร์ก
wə́ək grúp, **wə́ək grúp**	work group	เวิร์ก กรุ๊ป
tiim wə́ək, **tiim wə́ək**	teamwork	ทีม เวิร์ก
wə́ək ʃíit, **wə́ək tʃíit**	worksheet	เวิร์ก ชี้ต

wə́ək búk, **wə́ək búk**	workbook	เวิร์ก บุ๊ก
wə́ək stei-ʃə̂n, **wə́ək sa-tee-tʃân**	workstation	เวิร์ก สะ-เต-ชั่น
wə́ək lòud, **wə́ək lòot**	workload	เวิร์ก โหลด
wə́ək pəə-mìt, **wə́ək pəə-mìt**	work permit	เวิร์ก เพอร์-หมิท
wə́ək frɔm houm, **wə́ək frɔm hoom**	to work from home	เวิร์ก ฟร็อม โฮม
freim wə́ək, **freem wə́ək**	framework	เฟรม เวิร์ก
wə́ək-îng spéis, **wə́ək-gîng sa-péet**	working space	เวิร์ก-กิ้ง สะ-เป๊ซ
ri-mòut, **rii-mòot**	remote	รี-โหมท
ri-mòut wə́ək-gîng, **rii-mòot wə́ək-gîng**	remote working	รี-โหมท เวิร์ก-กิ้ง
ri-mòut ɔ́ɔ-fîs, **rii-mòot ɔ́ɔp-fít**	remote office	รี-โหมท อ๊อฟ-ฟิศ
kou-lí-wîng, **koo-líip-wîng**	co-living	โค-ลี้ฟ-วิ่ง
kou-wə́ək-gîng spéis, **koo-wə́ək-gîng sa-péet**	co-working space	โค-เวิร์ก-กิ้ง สะ-เป๊ซ
glóub trɔ́ɔ-tə̂, **glóop-tróot-tə̂ə**	globetrotter	โกล๊บ โทร้ต-เต้อร์
dí-tsì-tə̂l wə́əld, **dí-tsì-tân wə́əu**	digital world	ดิ๊-จิ-ทั่ล เวิลด์
dí-tsì-tə̂l nou-mèd, **dí-tsì-tân noo-mɛ̀t**	digital nomad	ดิ๊-จิ-ทั่ล โน-แหม็ด
dí-tsì-tə̂l wə́ək búk, **dí-tsì-tân wə́ək búk**	digital workbook	ดิ๊-จิ-ทั่ล เวิร์ก บุ๊ก
dí-tsì-tə̂l plét-fɔɔm, **dí-tsì-tân plét-fɔɔm**	digital platform	ดิ๊-จิ-ทั่ล แพล็ต-ฟอร์ม
ép-lí-kei-ʃə̂n, **ɛ́ɛp-plí-kee-tʃân**	application	แอ๊ป-พลิ-เค-ชั่น
fail, **fai**	file	ไฟล์
fail ʃeə-rîng, **fai tʃɛɛ-rîng**	file sharing	ไฟล์ แชร์-ริ่ง
línk, **líng**	link	ลิ้งก์
link ʃeə-rîng, **líng tʃɛɛ-rîng**	link sharing	ลิ้งก์ แชร์-ริ่ง
háad dráiv, **háat drái**	hard drive	ฮาร์ด ไดร์ฟ
kóud, **kóot**	code	โค้ด

kóud kɔm-pyúu-tə̂, **kóot kɔm-píu-tɘ̂ə**		
	computer code	โค้ด ค็อม-พิว-เต้อร์
prou-grɛm, **proo-grɛɛm**	program	โปร-แกรม
páas-wə̀əd, **páat wɘ̀ɘt**	password	พ้าส เหวิร์ด
plét-fɔɔm, **plét-fɔɔm**	platform	แพล็ต-ฟอร์ม
sɔ́ft-weə, **sɔ́ɔp-wɛɛ**	software	ซ้อฟต์-แวร์
ʃeə-weə, **tʃɛɛ-wɛɛ**	shareware	แชร์-แวร์
skáip, **sa-kái**	Skype	สะ-ไก๊ป์
wɔ́ts-ép, **wɔ́t-ép**	WhatsApp	ว็อทส์-แอ๊ป
wii-di-ou, **wi-dii-oo**	video	วิ-ดี-โอ
kəm-pyuu-tə net-wə̀ək, **kɔm-píu-tɘ̂ə nét-wɘ̀ɘk**		
	computer network	ค็อม-พิว-เต้อร์ เน็ต เหวิร์ก
kroum, **kroom**	Chrome	โครม
mai-krə-sɔ́ft èdʒ, **mai-kroo-sɔ́ɔp èet**		
	Microsoft Edge	ไม-โคร-ซ้อฟท์ เอดจ์
sə-faa-ri, **saa-faa-rii**	Safari	ซา-ฟา-รี
faiə-fɔ́ks, **fái-fɔ́k**	Firefox	ไฟร์-ฟ็อกซ์
ɔɔ-pə-râ, **oo-pee-râa**	Opera	โอ-เป-ร่า
wép brau-sə̂, **wép brau-sɘ̂ə**	web browser	เว็บ เบราว์-เซ่อร์
frii-weə, **frii-wɛɛ**	freeware	ฟรี-แวร์
ɔ-pə-rei-ʃən sis-tə̂m, **oo-pee-ree-tʃân sís-têm**		
	operating system	โอ-เป-เร-ชั่น ซิส-เต้ม
win-dôus, **win-dôo**	Windows	วิน-โด้วส์
mék ou és, **mék oo-és**	Mac OS	แม็ค โอ เอ้ส
mék-in-tɔ́ʃ, **mɛ́k-in-tɔ́ɔt**	Macintosh	แม็ค-อิน-ท้อช
li-nəks, **lii-núk**	Linux	ลี-นุกซ์
ɛnd-rɔid, **ɛɛn-drɔɔi**	Android	แอน-ดรอยด์
mai-krə-sɔ́ft, **mai-kroo-sɔ́ɔp**	Microsoft	ไม-โคร-ซ้อฟท์
guu-gə̂l, **guu-gɔ̂n**	Google	กู-เกิ้ล
wép prou-fail, **wép proo-fai**	web profile	เว็บ โพร-ไฟล์
wép sáit, **wép sái**	website	เว็บ ไซต์
wép pèits, **wép pèet**	web page	เว็บ เผจ

Chapter 6

wép, **wép səə-wìt**	web service	เว็บ เซอร์-หวิส
səə-wâ, **səəp-wəə**	server	เซิร์ฟ-เว่อร์
wép səə-wâ, **wép səəp-wəə**	web server	เว็บ เซิร์ฟ-เว่อร์
klai-ênt səə-wâ, **klai-ên səəp-wəə**	client server	ไคล-เอ้นต์ เซิร์ฟ-เว่อร์
re-tsís-tô, **rii-tsít-təə**	to register	รี-จิส-เต้อร์
frii, **frii**	to be free	ฟรี
ʃeə, **tʃɛɛ**	to share	แชร์
feil, **feeu**	to be failing	เฟล
hít, **hít**	to be a hit	ฮิต
pɔ́p-yə-lâ, **pɔ́ɔp-puu-lâa**	to be popular	ป๊อป-ปู-ล่าร์
ai-dia, **ai-dia**	idea	ไอ-เดีย
in-nəə, **in-nəə**	spirit, passion	อิน-เน่อร์
yuu-túu-bâ, **yuu-túup-bəə**	YouTuber	ยู-ทู้ป-เบ้อร์
blɔ́ɔ-gâ, **blɔ́ɔk-gəə**	blogger	บล็อก-เก้อร์
fɔ-lou-â, **fɔɔn-loo-wəə**	follower	ฟอล-โล-เว่อร์
áat	art	อ๊าร์ต
ai-tsii, **ai-tsii**	IG (Instagram)	ไอ-จี
grúup, **grúp**	group	กรุ๊ป
tiim, **tiim**	team	ทีม
ʃiit, **tʃiit**	sheet	ชี้ต
stei-ʃân, **sa-tee-tʃân**	station	สะ-เต-ชั่น
lòud, **lòot**	load, to load	โหลด
ʃeə, **tʃɛɛ**	to share	แชร์
fou-tôu, **foo-tôo**	photo	โฟ-โต้
nóut-péd, **nóot-pét**	notepad	โน้ต-แพ็ด
nou-hau, **noo-haau**	know-how	โนว์ ฮาว
lèp-tɔ́p, **lèp-tɔ́p**	laptop	แหล็ป-ท็อป
skɛ-nâ, **sa-gɛɛn-nəə**	scanner	สะ-แกน-เน่อร์
prín-tâ, **prín-təə**	printer	พริน-เต้อร์
hou-tel, **hoo-teeu**	hotel	โฮ-เตล
gést háus, **géet háu**	guesthouse	เก๊สต์ เฮ้าส์

kɔɔn-dou, **kɔɔn-doo**	condo, condominium	คอน-โด
nyuu yɔ́ɔk, **niu yɔ́ɔk**	New York	นิว-หยอร์ก
wɛn-kuu-və̂, **wɛɛn-kuu-wə̂ə**	Vancouver	แวน-คู-เว่อร์
mék-sì-gou sí-tî, **mék-sì-goo sí-tîi**	Mexico City	เม็ก-ซิ-โก ซิ-ตี้
myuu-nìk, **miu-nìk**	Munich	มิว-หนิก
kua-la lam-pə, **gua-laa lam-pəə**	Kuala Lumpur	กัว-ลา ลัม-เปอร์
tai-pei, **tai-pee**	Taipei	ไท-เป
pɛ-rîs, **paa-rîit**	Paris	ปา-รีส

C. How the language works

Sentences translated, words and sounds explained

In this chapter, we've simplified the approach by focusing on essential tones – such as *high* and *falling* tones – used with English loanwords. This sound-based method avoids the overly technical details of tone rules.

Why focus on tones?
When using English words in Thai, you must follow the Thai sound system, even if the tone patterns don't align perfectly with Thai rules. On the other hand, most of your speech will involve native Thai words, and mastering tones for borrowed words helps to improve comprehension.

Remote work in the digital world

1. săngkhom *ɔɔn-lai* สังคม ออน-ไลน์

tʃiiwít khɔ̌ɔng tʃán yùu nai săngkhom *ɔɔn-lai*
ชีวิต ของ ฉัน อยู่ ใน สังคม ออน-ไลน์
life of I exist in social online
My social life is mostly online.

sùuan yài tʃán tsəə phɯ̂ɯan nai *wép*
ส่วน ใหญ่ ฉัน เจอ เพื่อน ใน เว็บ
part big I meet friend in web
Normally, I meet friends on the web...

phrɔ́ ngâai lɛ́ sàdùuak – *tʃɛɛ foo-tôo* gɔ̂ɔ dâai dûuai
เพราะ ง่าย และ สะดวก – แชร์ โฟ-โต้ ก็ ได้ ด้วย
because easy and convenient – share photo also can as well
because it's easy and convenient, and you can also share photos.

Borrowed English words

wép	*web*	เว็บ
ɔɔn-lai	*online*	ออน-ไลน์
tʃɛɛ	*to share*	แชร์
foo-tôo	*photo*	โฟ-โต้

Similar Thai expressions

bɛ̀ɛng pan	*to share*	แบ่ง ปัน
rûup	*photo*	รูป
phâap thàai	*photo*	ภาพ ถ่าย
rûup thàai	*photo*	รูป ถ่าย
thàai phâap	*to take a photo*	ถ่าย ภาพ
thàai rûup	*to take a photo*	ถ่าย รูป

Comments

The Thai word for a *photo* is **rûup** รูป. The borrowed English word **foo-tôo** โฟ-โต้ is not normally used alone. Some people use it in expressions such as **tʃɛɛ foo-tôo** แชร์ โฟ-โต้ *to share a photo*. It is easily understood. However, most Thais would use the expression **tʃɛɛ rûup** แชร์ รูป or **bɛ̀ɛng pan rûup** แบ่ง ปัน รูป for *to share a photo*.

Grammar tips

The Thai word **thàai** ถ่าย has basically two meanings: It is used as a verb for *shooting* or *taking* pictures. It can also be used meaning *to pass on* or *to transfer*.

When combined with other words, **thàai** ถ่าย can have additional interesting meanings, as shown below:

In addition to its basic meaning, **thàai** ภาพ is used in these contexts:

a) Used to mean *to take a picture*

thàai phâap	*to take a photo*	ถ่าย ภาพ
thàai rûup	*to take a photo*	ถ่าย รูป
thàai nǎng	*to shoot a movie, to make a film*	ถ่าย หนัง
thàai tham	*to shoot a movie, to make a film*	ถ่าย ทำ
thàai phâap-pháyon	*to shoot a movie*	ถ่าย ภาพยนตร์
roong thàai	*film studio*	โรง ถ่าย

b) **thàai** ภาพ can also be used to express the *act of transferring*

thàai thɔ̀ɔt	*to broadcast, to transmit*	ถ่าย ทอด
thàai oon	*to transfer* (money, information, etc.)	ถ่าย โอน
khǒn thàai	*to transfer, to ship*	ขน ถ่าย
thàai thee	*to transfer, to discharge, to ventilate* (air)	ถ่าย เท
thàai èek-gàsǎan	*to make a copy* (document)	ถ่าย เอกสาร
thàai thɔ̀ɔt	*to transliterate*	ถ่าย ถอด

2. soo-tʃĩau mii-dìa โซ-เชี่ยล มี-เดี่ย

soo-tʃĩau mii-dìa pen *plét-fɔɔm* – thîi thúk khon tʃái nai pàt-tsùban níi
โซ-เชี่ยล มี-เดี่ย เป็น แพล็ต-ฟอร์ม – ที่ ทุก คน ใช้ ใน ปัจจุบัน นี้
social media be platform – that every person use in nowadays this
Everybody is using social media nowadays.

baang khon mii *wép pèet* rɯ̌ɯ *hoom pèet* dûuai
บาง คน มี เว็บ เผจ หรือ โฮม เผจ ด้วย
some person have web page or home page also
Some people also have a webpage or a homepage.

thâa *in-təə-nèt* mâi wɤ̀ɤk tʃán tsà rúu-sùk *feeu*
ถ้า อิน-เทอร์-เหน็ต ไม่ เวิร์ก ฉัน จะ รู้ สึก เฟล
if internet no work I will feel failing
If internet doesn't work I am lost.

Borrowed English words

soo-tʃĩau mii-dìa	*social media*	โซ-เชี่ยล มี-เดี่ย
plét-fɔɔm	*platform*	แพล็ต-ฟอร์ม
wép pèet	*web page*	เว็บ เผจ

hoom pèet	*homepage*	โฮม
in-təə-nèt	*internet*	อิน-เทอร์-เหน็ต
wə́ək	*to function, to work*	เวิร์ก
feeu	*failing, not succeeding*	เฟล

Similar Thai expressions

tham ngaan	*to function, to work*	ทำงาน
lóm lěeu	*to fail, to not succeed*	ล้ม เหลว
phâai phɛ́ɛ	*to loose, to fail*	พ่าย แพ้

Comments
The borrowed English verb *to fail* is used here as an *adjective*. Many times, Thais modify the English word to give it a somewhat different meaning. In this context, Thais also could express the same with the word **yɛ̂ɛ** แย่ *to be bad* or with **mâi-dii** ไม่ ดี *no good* instead of **feeu** เฟล *failing*.

Example:
tʃán tsà rúu-sùk yɛ̂ɛ/mâi-dii
ฉัน จะ รู้ สึก แย่/ไม่ ดี
I will know-awareness terrible/no good
I feel terrible. / I don't feel good.

Grammar tips
The expression **lóm lěeu** ล้ม เหลว, meaning *to fail* or *to not succeed*, can be divided into two words with distinct meanings. Depending on the sentence, **lóm** ล้ม has various meanings such as *to fall down*, *to pass away*, *to die*, *to abolish* or *to cancel*. Similarly, and depending on the sentence, the word **lěeu** เหลว, meaning *liquid*, can have multiple interpretations.

Examples:
a) **lóm**	*to fall*	ล้ม
lóm tuua	*to lie down*	ล้ม ตัว
lóm long	*to fall down*	ล้ม ลง
lóm pùuai	*to become sick*	ล้ม ป่วย

lóm lá-laai	to go bankrupt, broke	ล้ม ละลาย
lûun lóm	to slip and fall	ลื่น ล้ม
lóm láang	to eliminate, to destroy	ล้ม ล้าง
lóm lôək	to abolish, to cancel	ล้ม เลิก
lóm taai	to die, to pass away	ล้ม ตาย
lóm lúk	to be weak, uncertain	ล้ม ลุก
b) lěeu	liquid	เหลว
khɔ̌ɔng lěeu	liquid, fluid	ของ เหลว
sàbùu lěeu	liquid soap	สบู่ เหลว
lɔ̌ɔm lěeu	to melt	หลอม เหลว
lěeu lǎi	to be foolish, ridiculous	เหลว ไหล
phûut lěeu lǎi	to talk nonsense	พูด เหลว ไหล
lěeu lɛ̀ɛk	to be worthless, to be good-for-nothing	เหลว แหลก

3. dí-tsì-tân noo-mèt ดิ๊-จิ-ทั่ล โน-แหมด

thîi mɯɯang thai mii *dí-tsì-tân noo-mèt* lǎai khon lɛ́ɛu
ที่ เมือง ไทย มี ดิ๊-จิ-ทั่ล โน-แหมด หลาย คน แล้ว
at Thailand have several digital nomad several people already
In Thailand, there already are many digital nomads.

pàt-tsùban gamlang tsà *hít*
ปัจจุบัน กำลัง จะ ฮิต
nowadays becoming will hit
Nowadays, it is becoming a hit.

mii nák thông thîau lé khon tsàak lǎai pràtéet
มี นัก ท่อง เที่ยว และ คน จาก หลาย ประเทศ
have person wander travel and people from different country
There are many tourists and people from different countries...

thîi tʃɔ̂ɔp tham ngaan bɛ̀ɛp *rii-mòot*
ที่ ชอบ ทำ งาน แบบ รี-โหมท
that like do work style remote
that like to work remotely.

Borrowed English words

hít	*to be a hit*	ฮิต
dí-tsì-tân noo-mèt	*digital nomad*	ดิ์-จิ-ทัล โน-แหมด
rii-mòot	*remote*	รี-โหมท

Similar Thai expressions

dang	*to be a hit, to be popular, famous* (used for people or things)	ดัง
maa rɛɛng	*to be a hit, to be popular* (used for things)	มา แรง
yɔ̂ɔt níyom	*to be a hit, to be highly popular, highly fashionable* (used for things)	ยอด นิยม
rɔ̂ɔn rêe	*to wander, to have no permanent home*	ร่อน เร่

Comments

The Thai phrase **rɔ̂ɔn rêe** ร่อน เร่ means *to wander* or *to roam*, often describing someone without a permanent home. While it conveys a concept similar to the English term *nomad*, it is primarily used as a verb in Thai and carries a more traditional or poetic tone.

In modern contexts, the term **dí-tsì-tân noo-mèt** ดิ์-จิ-ทัลโน-แหมด is used to refer to a *digital nomad*, highlighting the contemporary lifestyle of remote work combined with travel.

Grammar tips

The Thai word **níyom** นิยม is versatile and can have several meanings depending on the context. Here's a breakdown of its meanings and examples:

a) Used as a verb

níyom	*can express preference or esteem for something or someone*	นิยม
níyom	*to admire, to appreciate*	นิยม
níyom aahǎan phèt	*to prefer spicy food*	นิยม อาหาร เผ็ด
níyom tʃom tʃɔ̂ɔp	*to admire, be in favor of, to like*	นิยม ชม ชอบ
rúu-sùk ní-yom	*to admire highly*	รู้ สึก นิยม

b) Used as an adjective
It can mean something is widely *liked*, *trendy* or *popular*.

pen thîi ní-yom	*to be popular*	เป็น ที่ นิยม
yɔ̂ɔt ní-yom	*to be highly popular*	ยอด นิยม
anú rák níyom	*to be conservative*	อนุ รักษ์ นิยม

c) Used as a noun

kham níyom	*appreciation*	คำ นิยม
rót níyom	*taste, liking, preference*	รส นิยม
sàmăi níyom	*fashion*	สมัย นิยม

d) Ideology and systems of belief
When used in compound terms, **níyom** นิยม can refer to a specific system of thought or ideology.

pràtʃaa níyom	*popular culture*	ประชา นิยม
thun níyom	*capitalism*	ทุน นิยม
tsìt níyom	*idealism*	จิต นิยม
săng-khom níyom	*socialism*	สังคม นิยม
sěerii níyom	*liberalism*	เสรี นิยม

e) Customs or traditions
The following expressions are used in formal settings, cultural discussions or when referencing traditional values or established norms.

níyom thai	*the Thai customs or traditions*	นิยม ไทย
níyom taam khátì thai	*the traditional Thai standards*	นิยม ตาม คติ ไทย
níyom gaan gràap wâi	*the custom of bowing*	นิยม การ กราบ ไหว้
níyom khɔ̆ng gasàt	*the custom of a king*	นิยม ของ กษัตริย์
níyom gaan tɛ̀ng gaai	*the custom of dressing*	นิยม การ แต่ง กาย

Chapter 6

4. rii-mòot wɔ́ɔk-gîng รี-โหมท เวิร์ก-กิ้ง

rii-mòot wɔ́ɔk-gîng khʉʉ gaan tham ngaan thîi nǎi gɔ̂ɔ dâai
รี-โหมท เวิร์ก-กิ้ง คือ การ ทำ งาน ที่ ไหน ก็ ได้
remote working mean task do work place where also can
Remote working means that you can work anywhere you like.

tɛ̀ɛ wâa – sùuan yài tɔ̂ng mii lèp-tɔ́p lé in-təə-nèt kɔɔn-nék-tʃân
แต่ ว่า – ส่วน ใหญ่ ต้อง มี แหล็ป-ท็อป และ อิน-เทอร์-เหน็ต คอน-เน็ค-ชั่น
but that – part big must have laptop and internet connection
However, you typically need a laptop and an internet connection...

tʃên เช่น
such as

waai-faai – rʉ̌ʉ tham ngaan tsàak in-təə-nèt kaa-fêe
ไว-ไฟ – หรือ ทำ งาน จาก อิน-เทอร์-เหน็ต คา เฟ
wi-fi – or working from internet café
Wi-Fi, or you can work from an internet café...

rʉ̌ʉ kɔ́ɔp-fîi tʃɔ́p thûua pai gɔ̂ɔ dâai
หรือ ค้อฟ-ฟี่ ฉ็อป ทั่ว ไป ก็ ได้
or coffee shop everywhere go also can
or you may also work from any coffee shop...

thâa mii sǎnyaan in-təə-nèt
ถ้า มี สัญญาณ อิน-เทอร์-เหน็ต
if have signal internet
if there is an internet signal.

Borrowed English words
rii-mòot wɔ́ɔk-gîng	*remote working*	รี-โหมท เวิร์ก-กิ้ง
lèp-tɔ́p	*laptop*	แหล็ป-ท็อป
in-təə-nèt kɔɔn-nék-tʃân	*internet connection*	อิน-เทอร์-เหน็ต คอน-เน็ค-ชั่น
waai-faai	Wi-Fi, *wireless*	ไว-ไฟ

in-təə-nèt kaa-fêe	*internet café*	อิน-เทอร์-เหน็ต คา-เฟ่
kɔ́ɔp-fîi tʃɔ́ɔp	*coffee shop*	ค้อฟ-ฟี่ ฉ็อป

Similar Thai expressions

ráan gaa-fɛɛ	*coffee shop*	ร้าน กา-แฟ
rái săai	*wireless*	ไร้ สาย

Comments
The borrowed English term **sănyaan in-təə-nèt** สัญญาณ อิน-เทอร์-เหน็ต is commonly used to mean *"internet signal"* or the availability and quality of an internet connection.

The Thai word **rái săai** ไร้ สาย refers to *wireless* technology or devices. It is more general and applies to anything wireless, while **waai-faai** ไว-ไฟ is specific to Wi-Fi networks.

Grammar tips
The Thai word **ráan** ร้าน is highly versatile and is most commonly used to refer to *shops*, *stores* or *establishments* where goods or services are sold. It can also be extended metaphorically or in compound terms. Here are common ways to use **ráan** ร้าน in Thai:

a) When combined with other words, **ráan** ร้าน specifies different kinds of shops

ráan aahăan	*restaurant*	ร้าน อาหาร
ráan gaa-fɛɛ	*coffee shop*	ร้าน กาแฟ
ráan năng-sʉ̌ʉ	*bookstore*	ร้าน หนังสือ
ráan sûa phâa	*clothing store*	ร้าน เสื้อ ผ้า
ráan dɔ̀ɔk máai	*florist's*	ร้าน ดอก ไม้
ráan khăai yaa	*pharmacy, drugstore*	ร้าน ขาย ยา
ráan thɔɔng	*gold seller*	ร้าน ทอง

b) **ráan** ร้าน can also refer to service-oriented places

ráan tàt phŏm	*barbershop*	ร้าน ตัด ผม
ráan sák rîit	*laundry shop*	ร้าน ซัก รีด
ráan tham lép	*nail salon*	ร้าน ทำ เล็บ

ráan sɔ̂m rót	*car repair shop*	ร้าน ซ่อม รถ
ráan sǝ̌ǝm sǔuai	*beauty salon*	ร้าน เสริม สวย
ráan tàt sûɯa	*tailor's shop*	ร้าน ตัด เสื้อ
ráan tuua thɛɛn	*dealer*	ร้าน ตัว แทน

c) It can describe smaller vendors or market stalls

ɔ̀ɔk ráan	*to set up a booth*	ออก ร้าน
ráan khǎai phǒn-lá-mái	*to sell fruit*	ร้าน ขาย ผลไม้
ráan rim thaang	*roadside stall*	ร้าน ริม ทาง
ráan bɛɛ kà din	*roadside stand*	ร้าน แบ กะ ดิน
ráan khǎai khrûɯang dɯ̀ɯm	*drinks stall*	ร้าน ขาย เครื่อง ดื่ม

d) In some contexts, **ráan** ร้าน can be used metaphorically as a poetic expression

ráan hǔa tsai	*"the shop of the heart"*	ร้าน หัว ใจ

This metaphor expresses the idea of a place where emotions, love or feelings are exchanged, as if the heart were a store (used in songs or literature).

e) It can appear in more specialized compound terms

ráan tʃâu tʃút tèng-ngaan *wedding dress rental shop* ร้าน เช่า ชุด แต่ง งาน

5. **koo-wǝ́ǝk-gîng sa-péet** โค-เวิร์ก-กิ้ง สะ-เป๊ซ

dooi thûua pai *koo-wǝ́ǝk-gîng sa-péet* mâi khôi *frii*
โดย ทั่ว ไป โค-เวิร์ก-กิ้ง สะ-เป๊ซ ไม่ ค่อย ฟรี
by everywhere go co-working space no really free
Generally, co-working spaces aren't really free.

pòk-gàtì mii khâa tʃái tsàai pen raai wan rɯ̌ɯ raai dɯɯan
ปกติ มี ค่า ใช้ จ่าย เป็น ราย วัน หรือ ราย เดือน
usually have price use pay be item day or item month
Usually, there is a daily or monthly fee.

phrɔ́ wâa *in-təə-nèt* reu lé mii *səə-wìt* ruuam dûuai
เพราะ ว่า อิน-เทอร์-เหน็ต เร็ว และ มี เซอร์-หวิส รวม ด้วย
because that internet fast and have service include as well
This is because the internet is fast and there are various other services.

yàang tʃên – mii hɔ̂ng phíseèt sămràp *tiim wɔ́ək*
อย่าง เช่น – มี ห้อง พิเศษ สำหรับ ทีม เวิร์ก
way example – have room special for teamwork
For example, there is a special room for teamwork.

tʃái *sa-gɛɛn-nɔ̂ə* gàp *prín-tɔ̂ə* – lé khrûuang tʃái ɯ̀ɯn-ɯ̀ɯn dâai
ใช้ สะ-แกน-เน่อร์ กับ พริน-เต้อร์ – และ เครื่อง ใช้ อื่นๆ ได้
use scanner with printer – and machines use other-other can
You can also use scanners, printers and other types of machines.

Borrowed English words

koo wɔ́ək-gîng sa-péet	*co-working space*	โค-เวิร์ก-กิ้ง สะ-เป๊ซ
səə-wìt	*service*	เซอร์-หวิส
frii	*to be free*	ฟรี
tiim wɔ́ək	*teamwork*	ทีม เวิร์ก
sa-gɛɛn-nɔ̂ə	*scanner*	สะ-แกน-เน่อร์
prín-tɔ̂ə	*printer*	พริ้น-เต้อร์

Similar Thai expressions

bɔɔrígaan	*service*	บริการ
gaan tham ngaan pen glùm	*to work as a team, as a group*	การ ทำ งาน เป็น กลุ่ม
tiim ngaan	*working team*	ทีม งาน
khrûuang phim èek-gàsăan	*printer*	เครื่อง พิมพ์ เอกสาร

Comments

The borrowed English word **səə-wìt** เซอร์-หวิส *service* is used with many other words in different combinations such as **wép səə-wìt** เว็บ เซอร์-หวิส *web service*. The English-Thai expression **tiim ngaan** ทีม งาน can be translated as *working team* or **tiim wɔ́ək** ทีม เวิร์ก *teamwork*.

Grammar tips

The Thai word **bɔɔrígaan** บริการ is a versatile term that broadly means *service* or *to provide a service;* it can be used in several ways depending on the context. It's a word you'll encounter frequently in both everyday speech and formal communication in Thai.

Here are the most common usages:

a) Used to describe a service provided by businesses, organizations, or individuals

gaan bɔɔrígaan	*the act of providing service*	การ บริการ
bɔɔrígaan sòng khɔ̌ɔng	*delivery service*	บริการ ส่ง ของ
bɔɔrígaan sɤ̌ɤm	*additional service*	บริการ เสริม
bɔɔrígaan tuua eeng	*self-sevrvice*	บริการ ตัว เอง
bɔɔrígaan khɔ̌ɔng rau	*our service*	บริการ ของ เรา

b) Describing the act of serving or providing help

The key is that **bɔɔrígaan** บริการ in verb form typically involves the act of providing or facilitating a service to someone, making it highly versatile in everyday conversation.

bɔɔrígaan บริการ is mostly used as a noun, but it can also be turned into a verb phrase by adding the helping verb **hâi** ให้ in the front.

Examples

hâi bɔɔríkaan	*to serve*	ให้ บริการ
yin dii hâi bɔɔríkaan	*happy to serve you*	ยิน ดี ให้ บริการ
ráan níi bɔɔríkaan dii maak	*This shop provides excellent service*	ร้าน นี้ บริการ ดี มาก
rau bɔɔríkaan tàlɔ̀ɔt 24 tʃûua moong	*We serve 24/7*	เรา บริการ ตลอด 24 ชั่ว โมง

6. **kás-too-mɤ̂ɤ sen-tɤ̂ɤ** คัส-โต-เม่อร์ เซ็น-เต้อร์

rɔɔ pép nɯng ná khá – tʃán tông pai *kás-too-mɤ̂ɤ sen-tɤ̂ɤ* gòɔn
รอ แป๊ป นึง นะ คะ – ฉัน ต้อง ไป คัส-โต-เม่อร์ เซ็น-เต้อร์ ก่อน
wait moment one – I must go customer center first
Wait a moment! I'll have to go to the customer center first.

káu-tôə səə-wìt yùu năi khá
เค้าน์-เต้อร์ อยู่ ไหน คะ
counter service be where khá
Where is the service counter?

Borrowed English words
kás-too-mə̂ə sen-tə̂ə	*customer center*	คัส-โต-เม่อร์ เซ็น-เต้อร์
káu-tə̂ə	*desk, counter*	เค้าน์-เต้อร์
káu-tə̂ə səə-wìt	*service counter*	เค้าน์-เต้อร์ เซอร์-หวิส

Similar Thai expressions
sŭun bɔɔrígaan	*service center*	ศูนย์ บริการ
tʃɔ̂ng	*counter, desk*	ช่อง

Comments
sŭun bɔɔrígaan ศูนย์ บริการ is often used for meanings such as *customer center*, *service center* or *service counter* in Thai. If you are in the bank waiting for your service number, you will normally hear either **tʃɔ̂ng** ช่อง or **káu-tə̂ə** เค้าน์-เต้อร์ *counter* together with your number. **tʃɔ̂ng** ช่อง is a Thai word meaning *hole, cavity, channel*.

Grammar tips
The English word *center* can be translated into Thai in various contexts, as its meaning depends on the usage. Each translation carries specific nuances depending on the context, from physical locations to abstract ideas. Here are several translations:

a) **sen-tə̂ə**   *center*   เซ็น-เต้อร์
The borrowed English word **sen-tə̂ə** เซ็น-เต้อร์ is often used in specific contexts like business names, sports (e.g., "center forward") or technical terms. It is not normally used alone to mean a center.

Examples:
wəəu trêet sen-tə̂ə	*World Trade Center*	เวิลด์ เทรด เซ็น-เต้อร์
sa-yăam sen-tə̂ə	*Siam center*	สยาม เซ็น-เต้อร์
kɔɔ sen-tə̂ə	*call center*	คอล เซ็น-เต้อร์

Chapter 6

b) **sǔun** ศูนย์ *center, heart, core*

ศูนย์ **sǔun** means "center" as in a focal point or a facility, such as a *service center*.

sǔun bɔɔrígaan	*service center*	ศูนย์ บริการ
sǔun gaan riian	*learning center*	ศูนย์ การ เรียน
sǔun ruuam	*gathering center*	ศูนย์ รวม
sǔun khàau	*news agency*	ศูนย์ ข่าว
sǔun gaan kháa	*shopping center*	ศูนย์ การ ค้า

c) **glaang** กลาง *center, middle*

glaang กลาง is used to mean "middle" or "central," often in compound words such as:

sǔun glaang	*central point or hub*	ศูนย์ กลาง
glaang mɯɯang	*city center*	กลาง เมือง
glaang grung	*downtown, city center*	กลาง กรุง
sǎalaa glaang	*city hall*	ศา-ลา กลาง
kham glaang	*middle term*	คำ กลาง
tʃàak glaang	*middlle ground*	ฉาก กลาง
krùuat glaang	*pebble*	กรวด กลาง
tsai glaang	*middle, heart, center*	ใจ กลาง

7. **wə̀ək frɔm hoom** เวิร์ก ฟร็อม โฮม

tʃán dâai yin wâa
ฉัน ได้ ยิน ว่า
I get hear that
I have heard that...

pàt-tsùban níi lǎai khon tham ngaan bɛ̀ɛp *rii-mòot*
ปัจจุบัน นี้ หลาย คน ทำ งาน แบบ รี-โหมท
present this many people do work style remote
nowadays many people work remotely.

tʃán tʃɔ̂ɔp ìtsàrà lɛ́ khít wâa *wɤ̂ɤk frɔm hoom* pen *ai-dia* thîi dii
ฉัน ชอบ อิสระ และ คิด ว่า เวิร์ก ฟร็อม โฮม เป็น ไอ-เดีย ที่ ดี
I like freedom and think that work from home is idea that good
I enjoy being independent and think that working from home is a good idea.

mâi tông pai *ɔ́ɔp-fít*
ไม่ ต้อง ไป อ๊อฟ-ฟิศ
no need go office
No need to go to the office.

tɛ̀ɛ wâa tʃán khít thʉ̌ŋ *tiim* ŋaan tʃán
แต่ ว่า ฉัน คิด ถึง ทีม งาน ฉัน
but that I think about team work I
But I am missing my working team.

lɛ́ thîi bâan tʃán gɔ̂ɔ mii khɛ̂ɛ *lèp-tɔ́p* thâu nán
และ ที่ บ้าน ฉัน ก็ มี แค่ แหล็ป-ท็อป เท่า นั้น
and at home I only have laptop
And at home, I only have a laptop.

tɛ̀ɛ thîi *ɔ́ɔp-fít* mii *wɤ̂ɤk sa-tee-tʃân* – thîi dii
แต่ ที่ อ๊อฟ-ฟิศ มี เวิร์ก สะ-เต-ชั่น ที่ ดี
but at office have work station that good
On the other hand, at the office I have a work station that is good.

Borrowed English words

wɤ̂ɤk frɔm hoom	to work from home	เวิร์ก ฟร็อม โฮม
rii-mòot	remote	รี-โหมท
ai-dia	idea	ไอ-เดีย
lèp-tɔ́p	laptop	แหล็ป-ท็อป
ɔ́ɔp-fít	office	อ๊อฟ-ฟิศ
wɤ̂ɤk sa-tee-tʃân	work station	เวิร์ก สะ-เต-ชั่น
tiim	team	ทีม

Similar Thai expressions

tham ngaan tsàak bâan	*to work from home*	ทำ งาน จาก บ้าน
khwaam khít	*idea, notion, thought*	ความ คิด
thîi tham ngaan	*office, working place*	ที่ ทำ งาน
glùm	*group, team*	กลุ่ม

Comments

The Thai expression for **wə́ək frɔm hoom** เวิร์ก ฟร็อม โฮม *to work from home* is **tham ngaan tsàak bâan** ทำ งาน จาก บ้าน.

The term **wə́ək frɔm hoom** เวิร์ก ฟร็อม โฮม is commonly used by Thais in many contexts, particularly in casual, professional or modern settings. This term has gained widespread recognition, especially after the COVID-19 pandemic, and is often used in both formal and informal contexts.

tham ngaan tsàak bâan ทำ งาน จาก บ้าน is still used but is less common, often reserved for more formal or traditional communication.

Grammar tips

In Thai, there are two words **ìtsàrà** อิสระ and **sěerii** เสรี, which both translate to "freedom" or "liberty" in English; however, they have nuanced differences in meaning and usage. In some contexts, they can overlap, such as when discussing overall "freedom."

a) **ìtsàrà** อิสระ *to be free, independent*

The real meaning of **ìtsàrà** อิสระ is *to be free and independent*. It refers to personal freedom, independence or being unrestrained. It often emphasizes the absence of external control or limitations, focusing on an individual's autonomy or ability to act freely.

pen ìtsàra	*to be free*	เป็น อิสระ
yàang ìtsàrà	*freely, independently*	อย่าง อิสระ
aa-tʃîip ìtsàrà	*freelance*	อาชีพ อิสระ
phaawá ìtsàrà	*autonomy*	ภาวะ อิสระ
gaan tòk ìtsàrà	*free fall*	การ ตก อิสระ
wâat ìtsàrà	*freehand*	วาด อิสระ
ìtsàrà sěerii	*freedom, liberty*	อิสระ เสรี

b) **sěerii** เสรี *to be free, independent* or *liberated*
It can also be used as an adverb meaning *freely, independently* or as a noun meaning *freedom, liberty* or *independence*.

sěerii เสรี relates to freedom in a broader, often societal or political sense. It emphasizes liberty, rights or freedoms that are part of a collective or social structure, such as freedom of speech.

sěerii phâap	*freedom, liberty*	เสรี ภาพ
sěerii níyom	*liberalism*	เสรี นิยม
sěerii nai kaan phûut	*freedom of speech*	เสรี ใน การ พูด
lôok sěerii	*free world*	โลก เสรี
nák khít sěerii	*freethinker*	นัก คิด เสรี
tàlàat sěerii	*free market*	ตลาด เสรี
yàang sěerii	*freely, independently*	อย่าง เสรี

8. yuu-túup-bɔ̂ə ยู-ทู้บ-เบ้อร์

khun rúu mái wâa – phʉ̂ʉan rau tsuudîi pen *yuu-túup-bɔ̂ə*
คุณ รู้ ไหม ว่า – เพื่อน เรา จูดี้ เป็น ยู-ทู้บ-เบ้อร์
you know "question" that – friend we Tsuudîi be YouTuber
Did you know that our friend Tsuudîi is a YouTuber?

tɔɔn níi – kháu mii tʃʉ̂ʉ-sǐiang mâak lɛ́ɛu
ตอน นี้ – เขา มี ชื่อ เสียง มาก แล้ว
at this – she have fame very already
Now, she already is very famous.

kháu gèng rʉ̂ʉang thàai *foo-tôo* lé *wi-dii-oo*
เขา เก่ง เรื่อง ถ่าย โฟ-โต้ และ วิ-ดี-โอ
she efficient matter take photo and video
She is good at taking photos and videos.

kháu mii *in-nə̂ə* pen *blɔ́ɔk-gə̂ə* tsing-tsing
เขา มี อิน-เน่อร์ เป็น บล๊อก-เก้อร์ จริงๆ
she have spirit be blocker really-really
She really has the spirit of a blogger.

lé kháu *áp-lòot klíp* mài thúk aatít
และ เขา อั๊ป-โหลด คลิป ใหม่ ทุก อาทิตย์
and she upload clip new every week
And she uploads a new clip every week.

kháu mii mâak gwàa săam sɛ̌ɛn *fɔɔ-loo-wɔ̂ə*
เขา มี มาก กว่า สาม แสน ฟอล-โล-เว่อร์
she have many more than three hundred thousand follower
She has more than three hundred thousand followers...

thîi rii-tsít-tɔ̂ə tìt taam kháu nai **ai-tsii** lɛ́ɛu
ที่ รี-จิ๊ส-เต้อร์ ติด ตาม เขา ใน ไอ-จี แล้ว
that have register stuck follow she in IG already
that have registered to follow her on Instagram.

Borrowed English words

yuu-túup-bɔ̂ə	*YouTuber*	ยู-ทู้ป-เบ้อร์
thàai foo-tôo	*to take a photo*	ถ่าย โฟ-โต้
wi-dii-oo	*video*	วิ-ดี-โอ
in-nɔ̂ə	*spirit, passion*	อิน-เน่อร์
blɔ́ɔk-gɔ̂ə	*blogger*	บล๊อก-เก้อร์
áp-lòot klíp	*to upload a clip*	อั๊ป-โหลด คลิป
fɔɔn-loo-wɔ̂ə	*follower*	ฟอล-โล-เว่อร์
rii-tsít-tɔ̂ə	*register*	รี-จิ๊ส-เต้อร์
ai-tsii	*IG, Instagram*	ไอจี

Similar Thai expressions

thàai rûup	*to take a photo*	ถ่าย รูป
khwaam lŏnglăi	*passion*	ความ หลงใหล
tsìt win-yaan	*spirit, mind, soul*	จิต วิญญาณ
phûu tìt taam	*follower*	ผู้ ติด ตาม
long thábiian	*to register*	ลง ทะเบียน

Comments
The original Thai words for *to follow* are **taam** ตาม or **tìt taam** ติด ตาม. *Follower* comes from the English verb *to follow*.

So, a *follower* in Thai is **phûu tìt taam** ผู้ ติด ตาม.

Thais also use the borrowed English words **fɔɔ-lôo** ฟอล-โล่ for *to follow* or **fɔɔn-loo-wɔ̂ə** ฟอล-โล-เว่อร์ for a *follower*.

fɔɔn-loo-wɔ̂ə ฟอล-โล-เว่อร์ is commonly used in casual, trendy or social media-related contexts. It appeals to younger or urban individuals who are more familiar with English loanwords.

phûu tìt taam ผู้ ติด ตาม is formal and neutral, often used in written language or in traditional media contexts.

Grammar tips
The English word **klíp** คลิป *clip* is used in several combinations such as **klíp bɔ̀ɔt** คลิป บอร์ด *clipboard*, **klíp nìip grà dàat** คลิป หนีบ กระดาษ *paper clip* and **klíp áat** คลิป อ๊าร์ต *clip art*. Additionally, **klíp** คลิป is commonly used to refer to short video clips, especially in digital contexts.

The borrowed word **in-nɔ̂ə** อิน-เน่อร์ *inner* can be translated into English as *spirit*, *mind*, *soul* or *passion*. It is often used in Thai literature to describe an extraordinary level of inner devotion or emotional intensity. For instance, a powerful performance might be praised for having strong **in-nɔ̂ə** อิน-เน่อร์.

By contrast to **in-nɔ̂ə** อิน-เน่อร์, the English loanword **pɛ́ɛt-tʃân** แพ้ส-ชั่น *passion* conveys a weaker expression of interest or enthusiasm, often used to describe hobbies or casual passions rather than deep inner commitment.

9. wə́ək เวิร์ก as a verb

kham wâa *wə́ək* nai phaasǎa thai
คำ ว่า เวิร์ก ใน ภาษา ไทย
word that work in language thai
The word work in Thai...

pen kham grìyaa rʉ̌ʉ kham naam
เป็น คำ กริยา หรือ คำนาม
is word verb or word noun
is a verb or a noun?

khon thai tʃái kham wâa *wɔ́ɔk* mʉ̌ʉan gàp kham wâa – tʃái dâai
คน ไทย ใช้ คำ ว่า เวิร์ก เหมือน กับ คำ ว่า – ใช้ ได้
person Thai use word that work as word that – use can
Thais use the word "work" to mean things like it "can be used"...

tʃên เช่น
such as:

wɔ́ɔk lɛ́ɛu
เวิร์ก แล้ว
work already
It's already working.

tʃái dâai lɛ́ɛu
ใช้ ได้ แล้ว
use can already
It's already working.

man *wɔ́ɔk* rʉ̌ʉ plàu
มัน เวิร์ก หรือ เปล่า
it work or not
Is it working or not?

man tʃái dâai rʉ̌ʉ plàu
มัน ใช้ ได้ หรือ เปล่า
it use can or not
Is it working or not?

Borrowed English words
wɔ́ɔk   to function, to work   เวิร์ก

Similar Thai expressions
tham ngaan   *to work, to function*   ทำ งาน
tʃái dâai   *can be used, usable* (it's functional)   ใช้ ได้

Comments

The borrowed English verb **wə́ək** เวิร์ก *to work* in Thai is only used in a sense of when *something* works and not as when *somebody* works. However, the Thai word **tham ngaan** ทำ งาน *to work, to function* has wider semantic usage. It covers both and *can be used* also when *someone is working*.

10. **wə́ək** เวิร์ก as a noun
weelaa kham wâa *wə́ək* tʃái mɯ̌an pen kham naam mii lǎai bèɛp
เวลา คำ ว่า เวิร์ก ใช้ เหมือน เป็น คำ นาม มี หลาย แบบ
time word that work use as be noun have several way
When the word "work" is used as a noun, there are several ways.

tʃái dâai mɯ̌an pen kham wálii rûuam gàp kham ɯ̀ɯn-ɯ̀ɯn
ใช้ ได้ เหมือน เป็น คำ วลี ร่วม กับ คำ อื่นๆ
use can as be word phrase share with word other-other
It can be used as a phrase with several other words,...

yàang tʃên
อย่าง เช่น
way as
such as:

áat wə́ək	*artwork*	อ๊าร์ต เวิร์ก
tiim wə́ək	*teamwork*	ทีม เวิร์ก
nét wə́ək	*network*	เน็ต เหวิร์ก
wə́ək grúp	*work group*	เวิร์ก กรุ๊ป
wə́ək tʃíit	*worksheet*	เวิร์ก ชีต
wə́ək búk	*workbook*	เวิร์ก บุ๊ก
wə́ək sa-tee-tʃân	*workstation*	เวิร์ก สะ-เต-ชั่น
wə́ək lòot	*workload*	เวิร์ก โหลด
wə́ək pəə-mìt	*work permit*	เวิร์ก เพอร์-หมิท

Borrowed English words
áat	*art*	อ๊าร์ต
tiim	*team*	ทีม
nét	*net*	เน็ต

grúp	*group*	กรุ๊ป
tʃíit	*sheet*	ชีต
sa-tee-tʃân	*station*	สะ-เต-ชั่น
lòot	*load, to load*	โหลด
pəə-mìt	*permit, to permit*	เพอร์-หมิท

Similar Thai expressions

sǐnlápà	*art*	ศิลปะ
ngaan sǐnlápà	*artwork*	งาน ศิลปะ
glùm	*group*	กลุ่ม
phɛ̀ɛn ngaan	*worksheet*	แผ่น งาน
sàmùt ngaan	*workbook*	สมุด งาน
phaará ngaan	*workload*	ภาระ งาน
anúyâat	*to permit*	อนุญาต
bai anúyâat tham ngaan	*work permit*	ใบ อนุญาต ทำ งาน

Comments
The borrowed English word **wɔ́ɔk** เวิร์ก *work* is not normally used alone as a noun. It is used in combined constructions as in the above examples. **sǐnlápin** ศิลปิน means an *artist* in Thai.

Grammar tips
The borrowed English word **lòot** โหลด *load, to load* is used in different contexts in Thai.

lòot โหลด is translated into Thai as **banthúk** บรรทุก *to fill up, to load up, to carry*. **kaan ban-thúk** การ บรรทุก is *loading*, and **rót ban-thúk** รถ บรรทุก can be translated into English as a *truck, lorry* or *van*.

Thai often incorporates **lòot** โหลด into phrases where a specific action or state is implied by context, making it a versatile term. It's essential to consider the surrounding words to interpret its meaning correctly.

Examples:

a) Used as a verb

lòot	*to download*	โหลด
daau lòot	*to download*	ดาวน์ โหลด
áp lòot	*to upload*	อั๊ป โหลด
lòot èp	*to download an app*	โหลด แอ๊ป
lòot năng	*to download a movie*	โหลด หนัง
lòot khɔ̆ɔng	*to load items*	โหลด ของ
lòot klíp wi-dii-oo	*to download a video clip*	โหลด คลิป วิ-ดี-โอ
lòot proo-grɛɛm	*to load a program*	โหลด โปร-แกรม
lòot nâa	*to load a webpage*	โหลด หน้า
lòot gràsŭn	*to load bullets*	โหลด-กระสุน
tʃiiwít lòot	*life is heavy (slang)*	ชีวิต โหลด

b) Used as a noun

gaan lòot	*loading*	การ โหลด
lòot-dîng	*loading*	โหลด-ดิ้ง
wɔ́ɔk lòot	*workload*	เวิร์ก โหลด
phûun thîi lòot	*loading area*	พื้น ที่ โหลด
lòot soon	*loading zone*	โหลด โซน

11. koo-líip-wîng โค-ลี้ฟ-วิ่ง

sùuan yài
ส่วน ใหญ่
part large
Mostly,...

koo-líip-wîng mii wɔ́ɔk-gîng sa-péet lɛ́ hɔ̂ng sùuan tuua
โค-ลี้ฟ-วิ่ง มี เวิร์ก-กิ้ง สะ-เป๊ซ และ ห้อง ส่วน ตัว
co-living have working space and room part self
co-living offers a shared workspace and a private room.

pen mŭuan gàp rii-mòot ɔ́ɔp-fít lɛ́ pen bâan dûuai
เป็น เหมือน กับ รี-โหมท อ๊อฟ-ฟิศ และ เป็น บ้าน ด้วย
be as with remote office and be home as well
It combines a remote office and home-like environment.

an níi – phrɔ́ wâa baang khon mâi yàak yùu
อัน นี้ – เพราะ ว่า บาง คน ไม่ อยาก อยู่
part this – because that some person want stay
This is because some people don't want to stay...

thîi *hoo-teeu* rɯ̌ɯ *géet háu*
ที่ โฮ-เตล หรือ เก๊สต์ เฮ้าส์
in a hotel or guesthouse.

lɛ́ɛu gɔ̂ɔ
แล้ว ก็
then also
and also...

thâa tʃâu *kɔɔn-doo* àat tsà phɛɛng gwàa lé rúu-sùk ngǎu
ถ้า เช่า คอน-โด อาจจะ แพง กว่า และ รู้ สึก เหงา
if rent condo perhaps will expensive more and feel lonely
a condo is often more expensive; it can also make you feel lonely.

tɛ̀ɛ wâa *in-təə-nèt kɔɔn-nék-tʃân* tɔ̂ng dii
แต่ ว่า อิน-เทอร์-เหน็ต คอน-เน็ค-ชั่น ต้อง ดี
but that internet connection must good
But strong internet connection is essential.

koo-líip-wîng pen thîi sǎmràp khon thîi yàak yùu dûuai gan
โค-ลี้ฟ-วิ่ง เป็น ที่ สำหรับ คน ที่ อยาก อยู่ ด้วย กัน
co-living be that for person that want stay together with
Co-living is designed for people who want to live together.

Borrowed English words

koo-líip-wîng	*co-living*	โค ลี้ฟ-วิ่ง
wɔ́ək-gîng sa-péet	*working space*	เวิร์ก-กิ้ง สะ-เป๊ซ
rii-mòot ɔ́ɔp-fít	*remote office*	รี-โหมท อ๊อฟ-ฟิศ
hoo-teeu	*hotel*	โฮ-เตล
géet háu	*guesthouse*	เก๊สต์ เฮ้าส์
kɔɔn-doo	*condominium*	คอน-โด
in-təə-nèt kɔɔn-nék-tʃân	*internet connection*	
		อิน-เทอร์-เหน็ต คอน-เน็ค-ชั่น

Similar Thai expressions

thîi tham ngaan	*working place*	ที่ ทำ งาน
roong rɛɛm	*hotel*	โรง แรม
hɔ̂ng phák	*guesthouse*	ห้อง พัก
sănyaan in-təə-nèt	*internet signal*	สัญญาณ อิน-เทอร์-เหน็ต

Comments

The Thai term **hɔ̂ng phák** ห้อง พัก can refer to various types of accommodations depending on the context. While it literally means "resting room" or "room for staying," it can be used to refer to several English words, such as *guesthouses, hotels, dormitories, hostels, temporary lodging* or *shared accommodations*.

While **hɔ̂ng phák** ห้องพัก is a broad term, its exact meaning depends on the situation. To be specific, additional descriptors are often needed.

Grammar tips

The Thai words **baang** บาง and **bâang** บ้าง have distinct meanings and uses, even though they may sound somewhat similar. The only difference is that they are pronounced with different tone. Here's how they can be understood and used in sentences:

a) **baang** บาง (level tone)
It functions mostly as a quantifier, meaning *some, a few...* but can also be used as an adjective meaning to be *slim* or *thin*.

1. Used as a quantifier

baang khon	*some people*	บาง คน
baang khráng	*sometimes*	บาง ครั้ง
baang sìng	*something*	บาง สิ่ง
baang yàang	*something*	บาง อย่าง
baang thii	*perhaps, maybe*	บาง ที

2. Used as an adjective

baang baang	*to be slim, to be thin*	บางๆ
nâa baang	*to be shy, be bashful*	หน้า บาง
bɛ̀ɛp baang	*to be delicate, weak, fragile*	แบบ บาง

eeu baang	*to be slender*	เอว บาง
phǐu baang	*to be weak, to be thin*	ผิว บาง

b) **bâang** บ้าง (falling tone)

The usage of **bâang** บ้าง is somewhat more sophisticated and nuanced compared to **baang** บาง since it functions as a particle, meaning *some, any* or *a little*. It is often used in conjunction with questions, suggestions or when placing special emphasis. **bâang** บ้าง is typically placed at the end of a sentence or a phrase.

Examples:

pen ngai bâang	*How are you?, How's things?*	เป็น ไง บ้าง
gin arai bâang	*What did you eat?*	กิน อะไร บ้าง
pai nǎi maa bâang	*Where have you been?*	ไป ไหน มา บ้าง
lɔɔng tham bâang sì	*Try to do it.*	ลอง ทำ บ้าง สิ
thîi nǎi bâang	*Where else?*	ที่ ไหน บ้าง

12. **noo-hau** โนว-ฮาว

thîi *koo-líip-wîng sa-péet* – khon tʃɛɛ pràsòpgaan – wíthii-gaan
ที่ โค-ลี้ฟ-วิง สะ-เป๊ซ – คน แชร์ ประสบการณ์ – วิธีการ
at co-living space – people share experience – method
In a co-living space, people can share experiences, ways to work,...

khwaam tʃamnaan rǔɯ *noo-hau* dâai
ความ ชำนาญ หรือ โนว ฮาว ได้
matter skillful or know-how can
skills and know-how.

thúk khon mii aatʃîip
ทุก คน มี อาชีพ
every person have profession
Everybody has a profession.

àat pen *blɔ́ɔk-gə̂ə* – áa-tít – *yuu-túup-bə̂ə* – nák khǐan
อาจ เป็น บล๊อก-เก๊อร์– อาร์-ติ๊สท์ – ยู-ทู้บ-เบ้อร์ – นัก เขียน
perhaps be blogger – artist – YouTuber – person writer
It is perhaps a blogger, artist, YouTuber, writer...

rɯ̌ɯ tham ngaan khǐian *kóot kɔm-píu-tə̂ə* lé ɯ̀ɯn-ɯ̀ɯn gɔ̂ɔ dâai
หรือ ทำ งาน เขียน โค้ด ค็อม-พิ้ว-เต้อร์ และ อื่นๆ ก็ ได้
or do work write code computer and other-other also can
or working as a computer code writer or working in other professions.

Borrowed English words

sa-péet	*space*	สะ-เป๊ซ
koo-líip-wîng sa-péet	*co-living space*	โค-ลี้ฟ-วิ่ง สะ-เป๊ซ
tʃɛɛ	*to share*	แชร์
noo-hau	*know-how*	โนว ฮาว
blɔ́ɔk-gə̂ə	*blogger*	บล๊อก-เก้อร์
yuu-túup-bə̂ə	*YouTuber*	ยู-ทู้บ-เบ้อร์
kóot	*code*	โค้ด
kóot kɔm-píu-tə̂ə	*computer code*	โค้ด ค็อม-พิ้ว-เต้อร์

Similar Thai expressions

phɯ́ɯn thîi	*area, place*	พื้น ที่
bɛ̀ɛng pan	*to share*	แบ่ง ปัน
tháksà	*know-how, skill*	ทักษะ
khwaam rɔ̂ɔp rúu	*know-how, technical skill*	ความ รอบ รู้
khwaam rúu	*knowing, knowledge, awareness*	ความ รู้
ráhàt	*code*	รหัส
ráhàt phàan	*password*	รหัส ผ่าน

Comments

The borrowed English word **noo-hau** โนว ฮาว *know-how* is commonly used in Thai, especially in business, professional and technical contexts. It has been adopted into Thai speech and writing because of its succinctness and alignment with modern, international terminology.

Many Thais prefer English loanwords like **noo-hau** โนว ฮาว because they convey modernity and professionalism, especially in corporate or academic settings.

The English term *know-how* can be closely aligned with various Thai words, depending on the nuance or context.

In more formal or traditional communication, Thai terms such as:

tháksà ทักษะ *skill, ability,* **khwaam rɔ̂ɔp rúu** ความ รอบ รู้ *expertise, technical skill* or **khwaam rúu** ความ รู้ *general knowledge, awareness* might be used instead.

Grammar tips
The versatility of **ráhàt** รหัส *code* in Thai reflects its ability to adapt to technical, administrative, and symbolic applications, making it a key term in both formal and casual contexts.

Thai often incorporates **ráhàt** รหัส *code* into phrases where a specific action or state is implied by context, making it a versatile term. It's essential to consider the surrounding words to interpret its meaning correctly.

Examples:

sài ráhàt	*to enter the code*	ใส่ รหัส
ráhàt phàan	*password*	รหัส ผ่าน
ráhàt praisànii	*postal code, ZIP code*	รหัส ไปรษณีย์
ráhàt sǐnkháa	*product code*	รหัส สินค้า
ráhàt láp	*secret code*	รหัส ลับ
ráhàt sǐi	*color code*	รหัส สี
ráhàt proo-grɛɛm	*program code*	รหัส โปร-แกรม
ráhàt prà-tsam tuua	*personal identification code*	รหัส ประจำ ตัว
ráhàt tuua àk-sɔ̌ɔn	*alphabetic code*	รหัส ตัว อักษร
kun-tsɛɛ ráhàt	*key code*	กุญแจ รหัส
kham ráhàt	*code word*	คำ รหัส

13. glóop tróot-tîng โกล๊บ โทร๊ต-ติ้ง

kháu pen *glóop tróot-tə̂ə* tsing-tsing
เขา เป็น โกล๊บ โทร๊ต-เต้อร์ จริงๆ
she be globe tro-ter really-really
She is really a globetrotter.

dɯɯan thîi lɛ́ɛu pai *niu-yɔ̀ɔk – wɛɛn-kuu-wɤ̂ə* lɛ́ *mék-si-koo-sí-tîi*
เดือน ที่ แล้ว ไป นิว-หยอร์ก – แวน-คู-เว่อร์ และ เม็ก-ซิ-โก ซิ-ตี้
month that already go New York – Vancouver and Mexico City
Last month she went to New York, Vancouver and Mexico City.

dɯɯan nâa tsà pai *miu-nìk, kua-laa-lam-pəə* lɛ́ɛu gɔ̂ɔ *tai-pee*
เดือน หน้า จะ ไป มิว-หนิก กัว-ลา-ลัม-เปอร์ แล้ว ก็ ไท-เป
month next will go Munich, Kuala Lumpur then also Taipei
Next month she will go Munich, Kuala Lumpur and Taipei.

pàt-tsùban mii lăai khon thîi dəən thaang rɔ̂ɔp lôok
ปัจจุบัน มี หลาย คน ที่ เดิน ทาง รอบ โลก
today have several person that walk way around world
Nowadays, many people are traveling around the world.

mii *dí-tsì-tân noo-mèt* – nák thôŋ thîiau – nák thúrágìt
มี ดิ๊-จิ-ทัล โน-แหมด – นัก ท่อง เที่ยว – นัก ธุรกิจ
have digital nomad – person wander travel – person business
There are digital nomads, travelers, businessmen...

lɛ́ ìik lăai-lăai khon – tʃán ìt-tʃăa tsang
และ อีก หลายๆ คน – ฉัน อิจฉา จัง
and more several-several person – I jealous very
and many more people. I am very envious.

yàak pai *paa-rîit* tɛ̀ɛ wâa yang mâi mii oogàat
อยาก ไป ปารีส แต่ ว่า ยัง ไม่ มี โอกาส
want go Paris but that yet no have opportunity
I want to go to Paris, but I haven't had the chance yet.

Borrowed English words

glóop tróot-tɤ̂ə	*globetrotter*	โกล๊บ โทร๊ต-เต้อร์
niu-yɔ̀ɔk	*New York*	นิว-ยอร์ก
wɛɛn-kuu-wɤ̂ə	*Vancouver*	แวน-คู-เว่อร์
mék-si-koo sí-tîi	*Mexico City*	เม็ก-ซิ-โก ซิ-ดี
miu-nìk	*Munich*	มิว-หนิก

kua-laa-lam-pəə	*Kuala Lumpur*	กัว-ลา-ลัม-เปอร์
tai-pee	*Taipei*	ไท-เป
paa-rîit	*Paris*	ปา-รีส
dí-tsì-tân noo-mὲt	*digital nomad*	ดิ๊-จิ-ทั่ล โน-แหมด

Similar Thai expressions

dəən thaang rɔ̂ɔp lôok	*international travel*	เดิน ทาง รอบ โลก
thɔ̂ng thîiau rôp lôok	*exploring the world*	ท่อง เที่ยว รอบ โลก
nák dəən thaang	*traveller*	นัก เดิน ทาง

Comments

glóop tróot-tîng โกล๊บ โทร๊ต-ติ้ง is trendy and informal Thai phrase, specifically tied to a cosmopolitan or modern lifestyle.

dəən thaang rɔ̂ɔp lôok เดิน ทาง รอบ โลก and **thɔ̂ng thîiau rɔ̂ɔp lôok** ท่อง เที่ยว รอบ โลก are more descriptive and formal, but they lack the trendy or stylish nuance of globetrotting.

nák dəən thaang *traveller* นัก เดิน ทาง is suitable for both domestic and international contexts.

14. **dí-tsì-tân wɔ́ək búk** ดิ๊-จิ-ทั่ล เวิร์ก บุ๊ก

gaan tʃái *dí-tsì-tân wɔ́ək búk* pen wíthii
การ ใช้ ดิ๊-จิ-ทั่ล เวิร์ก บุ๊ก เป็น วิธี
task use digital work book be method
Using a digital workbook is a method...

thîi lăai khon tham ngaan dûuai gan dâai
ที่ หลาย คน ทำ งาน ด้วย กัน ได้
that several person do work together with can
that several people can use when working together.

man dii phrɔ́ wâa săamâat tham ngaan tsàak thîi năi gɔ̂ɔ dâai
มัน ดี เพราะ ว่า สามารถ ทำ งาน จาก ที่ ไหน ก็ ได้
it good because that be able do work place where also can
It is good because it enables you to work from anywhere you like.

yâang nɔ́ɔi tông mii nùng ngaan
อย่าง น้อย ต้อง มี หนึ่ง งาน
as little must have one job
You must have at least one job...

thîi yùu nai *nét* pen fai thîi mii *wɔ́ɔk tʃíit*
ที่ อยู่ ใน เน็ต เป็น ไฟล์ ที่ มี เวิร์ก ชี้ต
that is in net be file that have work sheet
that is in the net. It is a file that has a worksheet.

mâi wâa tsà
ไม่ ว่า จะ
no that will
It doesn't matter...

wɔ́ɔk frɔm hoom – rii-mòot *ɔ́ɔp-fít* – *ɔ́ɔp-fít* bɛ̀ɛp dâng-dəəm
เวิร์ก ฟรอม โฮม – รี-โหมท อ๊อฟ-ฟิศ – อ๊อฟ-ฟิศ แบบ ดั้ง เดิม
work from home – remote office – office style traditional
whether you work from a remote office or a traditional office...

rŭɯ *in-təə-nèt kaa-fee* gɔ̂ɔ sàdùuak tháng mòt
หรือ อิน-เทอร์-เหน็ต คา-เฟ่ ก็ สะดวก ทั้ง หมด
or internet café also convenient all entirely
or work from the internet café. All are convenient.

wɔ́ɔk lòot nɔ́ɔi gwàa phrɔ́ wâa
เวิร์ก โหลด น้อย กว่า เพราะ ว่า
work load little less because that
The workload is less because...

mii lăai khon thîi tʃûuai gan tham
มี หลาย คน ที่ ช่วย กัน ทำ
have several person that help with do
there are several persons helping with the work.

tɛ̀ɛ wâa *dí-tsì-tân plét-fɔɔm* lɛ́ *freem wɔ́ɔk* tông dii
แต่ ว่า ดิ๊-จิ-ทั่ล แพล็ต-ฟอร์ม และ เฟรม เวิร์ก ต้อง ดี
but that digital platform and frame work must good
But, the digital platform and framework must be good.

Borrowed English words

dí-tsì-tân wə́ək búk	*digital workbook*	ดิ๊-จิ-ทั่ล เวิร์ก บุ๊ก
nét	*net*	เน็ต
fai	*file*	ไฟล์
wə́ək tʃiit	*worksheet*	เวิร์ก ชี้ต
wə́ək lòot	*workload*	เวิร์ก โหลด
wə́ək frɔɔm hoom	*to work from home*	เวิร์ก ฟร็อม โฮม
rii-mòot wə́ək-gîng	*remote working*	รี-โหมท เวิร์ก-กิ่ง
in-təə-nèt kaa-fêe	*internet café*	อิน-เทอร์-เหน็ต คา เฟ่
dí-tsì-tân plɛ́t-fɔɔm	*digital platform*	ดิ๊-จิ-ทั่ลแพล็ต-ฟอร์ม
freem wə́ək	*framework*	เฟรม เวิร์ก

Similar Thai expressions

fɛ́ɛm	*file*	แฟ้ม
phɛ̀ɛn ngaan	*worksheet*	แผ่น งาน
phaará ngaan	*workload*	ภาระ งาน
tham ngaan tsàak bâan	*to work from home*	ทำ งาน จาก บ้าน

Comments

In Thai, **wə́ək frɔɔm hoom** เวิร์ก ฟร็อม โฮม *to work from home* and **rii-mòot wə́ək-gîng** รี-โหมท เวิร์ก-กิ่ง *remote working* both are relatively new terms.

Work from home has become widely recognized and used globally, especially after the COVID-19 pandemic, making it more familiar to Thai speakers as well. It is straightforward and easy to pronounce, making it more appealing in casual and professional settings.

However, both terms might be used interchangeably in some contexts, especially among professionals who are familiar with English.

Grammar tips

The Thai words **sǎamâat** สามารถ and **dâai** ได้ differ in their nuances, contexts and grammatical roles. They both are used as helping words to convey the idea of *ability* or *possibility*. **sǎamâat** สามารถ is typically placed before the main verb while **dâai** ได้ is often placed at the end of the sentence. They can appear in the same sentence. When **dâai** ได้ is placed before the main verb, it may refer to the past tense.

Here's a detailed comparison:

a) **săamâat** สามารถ with **dâai** ได้
Both **săamâat** สามารถ and **dâai** ได้ can be used in the same phrase or sentence as helping verbs to emphasize *capability* or *possibility*.

săamâat bɔ̀ɔk dâai	*to be able to say*	สามารถ บอก ได้
săamâat khĭian dâai	*writable*	สามารถ เขียน ได้
mâi săamâat dâai	*not to be able to*	ไม่ สามารถ ได้

b) **săamâat** สามารถ alone
In everyday speaking, the word **săamâat** สามารถ is not commonly used without **dâai** ได้. In casual conversation, simpler expressions are preferred.

Some examples:

săamâat khâu tsai	*to make sense of*	สามารถ เข้า ใจ
săamâat tʃûuai	*can help*	สามารถ ช่วย
gèng glâa săamâat	*brave and courageous*	เก่ง กล้า สามารถ

c) **dâai** ได้ alone
The word **dâai** ได้ is incredibly versatile in Thai and serves various grammatical functions depending on the context. It is less sophisticated than **săamâat** สามารถ and is therefore used in everyday life situations to indicate *ability* or *capability*. However, it can play several grammatical functions in the sentence.

Below are three main ways **dâai** ได้ is used in sentences:

1. Used as a helping verb (can)

1.1 At the end of the sentence

tʃán wâai náam dâai	*I can swim*	ฉัน ว่าย น้ำ ได้
khun pai dâai	*you can go*	คุณ ไป ได้
tham mâi dâai	*cannot be done*	ทำ ไม่ ได้

1.2. Before the main verb (often denoting a past tense)

tʃán mâi dâi bpai	*I didn't go*	ฉัน ไม่ ได้ ไป
kháu dâai ráp tsòt mǎai	*he received a letter*	เขา ได้ รับ จด หมาย

2. Used as a helping verb to transform adjectives into adverbs

dâai tsing	*certainly, surely*	ได้ จริง
dâai gèng	*proficiently*	ได้ เก่ง
dâai sǔuai	*beautifully*	ได้ สวย

3. Used as a main verb expressing meanings such as *to get, to receive*

dâi ngaan mài	*to get a new job*	ได้ งาน ใหม่
dâai tʃéɛm	*to win the championship*	ได้ แช้มป์
dâai pràyòot	*to gain an advantage*	ได้ ประโยชน์

4. Used as an idomatic expression with other words

pen pai dâai	*to be possible*	เป็น ไป ได้
phɔɔ pai dâai	*good enough*	พอ ไป ได้
tsà dâai mǎi	*Is it possible?*	จะ ได้ ไหม

15. fai tʃɛɛ-rîng ไฟล์ แชร์-ริ่ง

thâa khun yàak *tʃɛɛ fai* – mii lǎai wíthii
ถ้า คุณ อยาก แชร์ ไฟล์ คุณ – มี หลาย วิธี
if you want share file – have several method
If you want to share your files, there are several ways.

mii *tʃɛɛ wɛɛ* thîi dii lɛ́ *frii* – mâi tông tsàai arai
มี แชร์ แวร์ ที่ ดี และ ฟรี – ไม่ ต้อง จ่าย อะไร
have shareware that good and free – no need pay something
There are shareware programs that are good and free. You don't need to pay anything...

tʃên *proo-grɛɛm* phísèet sǎmràp *rii-mòot wɔ́ək-gîng*
เช่น โปร-แกรม พิเศษ สำหรับ รี-โหมท เวิร์ก-กิ้ง
as program special for remote working
such as special programs for remote working...

lέ tʃái *ɛ́ɛp-plí-kee-tʃân*
และ ใช้ แอ๊ป-พลิ-เค-ชั่น
and use application
and using applications...

tʃên เช่น
as
such as:

mai-kroo-sɔ́ɔp	*Microsoft*	ไม-โคร-ซ้อฟท์
guu-gôn	*Google*	กู-เกิ้ล
sa-kái	*Skype*	สะ-ไก๊ป์
wɔ́t-έp	*WhatsApp*	ว็อทส์-แอ๊ป

gɔ̂ɔ dâai – lέɛu tὲɛ khun
ก็ ได้ – แล้ว แต่ คุณ
also can – then but you
They are fine. It's up to you.

Borrowed English words

tʃɛɛ	*to share*	แชร์
fai	*file*	ไฟล์
fai tʃɛɛ-rîng	*file sharing*	ไฟล์ แชร์-ริ่ง
tʃɛɛ-wɛɛ	*shareware*	แชร์ แวร์
frii	*free*	ฟรี
proo-grɛɛm	*program*	โปร-แกรม
rii-mòot wɔ́ək-gîng	*remote working*	รี-โหมท เวิร์ก-กิ้ง
ɛ́ɛp-plí-kee-tʃân	*application*	แอ๊ป-พลิ-เค-ชั่น

Similar Thai expressions

bὲɛng pan	*to share*	แบ่ง ปัน
fέɛm	*file, folder*	แฟ้ม
rai gaan	*program*	ราย การ
tham ngaan tsàak bâan	*to work from home*	ทำ งาน จาก บ้าน

Comments

έp แอ๊ป is a shortened and widely used colloquial term, equivalent to "app" in English; it is typically used to refer to mobile apps. It is common in informal speech or writing and is almost universally understood.

ɛ̀ɛp-plí-kee-tʃân แอ๊ป-พลิ-เค-ชั่น is used in more formal contexts and is preferred in technical writing.

Grammar tips

In Thai, there are two similar words that convey the English meanings of *way*, *method* or *path*. **wíthii** วิธี refers to *specific actions*, *processes* or *techniques*, while **wíthĭi** วิถี leans toward broader, abstract concepts such as *lifestyle*, *culture* or a *physical path*. Both words originate from Pali and Sanskrit.

The difference in pronunciation lies in the tone of the last syllable. In **wíthii** วิธี, the last syllable is pronounced with a *level* tone, whereas in **wíthĭi** วิถี, it is pronounced with a *rising* tone.

Examples:

a) **wíthii**	*way, means, method*	วิธี
wíthii rák-săa	*treatment*	วิธี รักษา
wíthii tʃái	*instruction, direction*	วิธีใช้
wíthii gɛ̂ɛ	*solution*	วิธี แก้
thùuk wíthii	*correct method or way*	ถูก วิธี
b) **wíthĭi**	*way, path, route*	วิถี
wíthĭi tʃiiwít	*way of life*	วิถี ชีวิต
wíthĭi thaang	*way, means, method*	วิถี ทาง
wíthĭi pràtʃaa	*folkways*	วิถี ประชา
wíthĭi pàtìbàt	*mode of practices*	วิถี ปฏิบัติ

16. wɔɔn wai wép เวิลด์ ไวด์ เว็บ

lăai khon tʃái kham wâa *in-təə-nèt* gàp kham wâa *wép*
หลาย คน ใช้ คำ ว่า อิน-เทอร์-เน็ต กับ คำ ว่า เว็บ
several person use word that internet with word that web
Many people use the word "web" to mean "internet",...

nai khwaam măai diiau gan
ใน ความ หมาย เดียว กัน
in sense meaning sole together
for them, the meaning is the same.

thâa yàak rúu wâa – *wɔɔu wai wép* tham ngaan yang-ngai
ถ้า อยาก รู้ ว่า – เวิลด์ ไวด์ เว็บ ทำ งาน ยังไง
if want know that – world wide web do work how
If you want to know how world wide web works...

lɔɔng khít bὲɛp níi
ลอง คิด แบบ นี้
try think like this
try to think like this.

in-tɘɘ-nèt pen mŭɯan *háat drái* nai *kɔm-píu-tɘ̂ɘ* khun
อิน-เทอร์-เน็ต เป็น เหมือน ฮาร์ด ไดรฟ์ ใน ค็อม-พิว-เต้อร์ คุณ
internet be as hard drive in computer you
The internet is as a hard drive in your computer...

sùuan *wép* pen mŭɯan *sɔ́ɔp-wɛɛ* rŭɯ *ɛ́ɛp-pl-kee-tʃân*
ส่วน เว็บ เป็น เหมือน ซ้อฟต์-แวร์ หรือ แอ๊ป-พลิ-เค-ชั่น
part web be as software or application
while web is like a software or application...

nai *kɔm-píu-tɘ̂ɘ* khun
ใน ค็อม-พิว-เต้อร์ คุณ
in computer you
in your computer.

Borrowed English words

wép	web	เว็บ
wɔɔu wai wép	world wide web	เวิลด์ ไวด์ เว็บ
in-tɘɘ-nèt	internet	อิน-เทอร์-เน็ต
háat drái	hard drive	ฮาร์ด ไดรฟ์
kɔm-píu-tɘ̂ɘ	computer	ค็อม-พิว-เต้อร์

sɔ́ɔp-wɛɛ	*software*	ซ้อฟต์-แวร์
ɛ́ɛp-plí-kee-tʃân	*application*	แอ๊ป-พลิ-เค-ชั่น

Similar Thai expressions
The above borrowed English words are commonly used in Thai, and there are no Thai equivalents.

Comments
The English phrase *world wide web* is commonly pronounced in Thai as **wəəu wai wép** เวิลด์ ไวด์ เว็บ. However, you may also hear variations, such as **wəən wai wép**, which is a more traditional pronunciation. Some may simply pronounce it as **wəə wai wép**.

Grammar tips
The word **sùuan** ส่วน is incredibly flexible and commonly used in everyday Thai. It can refer to physical parts, abstract concepts, or serve as a discourse marker to introduce contrasting points or perspectives (e.g., "as for"). Its meaning depends on the context and what it's combined with.

sùuan ส่วน is a *noun*; it has multiple meanings. Here are some example phrases using **sùuan** ส่วน with *nouns, verbs, adverbs, adjectives, location markers* and *conjunctions* to show its versatility.

a) Used as a noun

sùuan	*part, portion, component*	ส่วน
sùuan phàsǒm	*component, ingredient, admixture*	ส่วน ผสม
sùuan sǎmkhan	*main part*	ส่วน สำคัญ
sèet sùuan	*fraction*	เศษ ส่วน
sùuan gəən*	*surplus*	ส่วน เกิน

*This word is also used as slang meaning a *lover* or *second wife*.

b) Used as a verb

mii sùuan	*to take part, to participate*	มี ส่วน
bɛ̀ɛng sùuan	*to divide into parts*	แบ่ง ส่วน
yɛ̂ɛk sùuan	*to separate, to detach*	แยก ส่วน
ruuam sùuan	*to combine parts*	รวม ส่วน

c) Used as an adverb

sùuan yài	*mostly, mainly*	ส่วน ใหญ่
sùuan mâak	*mostly, chiefly, largely*	ส่วน มาก
taam sùuan	*proportionally*	ตาม ส่วน
baang sùuan	*partially*	บาง ส่วน

d) Used as an adjective

When **sùuan** ส่วน is used in adjective phrases, it often modifies a noun to describe a specific *part* or *aspect* of something.

sùuan tuua	*to be individual, personal, private*	ส่วน ตัว
sùuan lék nɔ́ɔi	*to be a small part*	ส่วน เล็ก น้อย
dâai sùuan	*to be well-balanced, fair share*	ได้ ส่วน
sŏm sùuan	*to be slender, willowy, slim*	สม ส่วน

e) Used as a location marker

sùuan glaang	*central part or middle*	ส่วน กลาง
sùuan lăng	*rear part*	ส่วน หลัง
sùuan nâa	*front part*	ส่วน หน้า
sùuan nɔ̂ɔk	*outer part*	ส่วน นอก

f) Used as a conjunction word

sùan tʃán...	*as for me...*	ส่วน ฉัน...
sùuan níi...	*as for this, regarding this...*	ส่วน นี้...
sùuan tɔɔn níi...	*as for now...*	ส่วน ตอน นี้...
sùuan fɛɛn tʃán...	*as for my boyfriend...*	ส่วน แฟน ฉัน...

17. plét-fɔɔm แพล็ต-ฟอร์ม

in-təə-nèt pen *plét-fɔɔm*
อิน-เทอร์-เหน็ต เป็น แพล็ต-ฟอร์ม
internet be plaform
The internet is a platform...

thîi tʃái săi *kee-bân* lé tông bamrung ráksăa
ที่ ใช้ สาย เค-เบิ้ล และ ต้อง บำรุง รักษา
that use line cable and must care maintain
that relies on cables to maintain...

kɔm-píu-tə̂ə nét wə̀ək thîi mii lăai khrûaang thûua lôok
คอม-พิว-เต้อร์ เน็ต เวิร์ก ที่ มี หลาย เครื่อง ทั่ว โลก
computer net work that have many machine around world
the computer network, which connects computers all over the world.

Borrowed English words

in-təə-nèt	*internet*	อิน-เทอร์-เหน็ต
plét-fɔ̀ɔm	*platform*	แพล็ต-ฟอร์ม
kee-bôn	*cable*	เค-เบิ้ล
nét	*net*	เน็ต
wə̀ək	*work*	เวิร์ก
kɔm-píu-tə̂ə nét wə̀ək	*computer network*	คอม-พิว-เต้อร์ เน็ต เวิร์ก

Similar Thai expressions

săai	*line*	สาย
săai kee-bôn	*cable*	สาย เค-เบิ้ล
săai fai	*wire, cable*	สาย ไฟ

Comments
săai kee-bôn สาย เค-เบิ้ล *cable* is a "Thai-English" expression.

Many technical or modern terms have no traditional Thai equivalent, so English words are borrowed and mixed with Thai.

English terms are associated with technology, innovation, and modernity, making them appealing in Thai communication. This phenomenon highlights the dynamic nature of the Thai language and its ability to adapt to changing times while maintaining cultural uniqueness.

Grammar tips
The Thai word **săai** สาย has a variety of meanings, including *line, route, rope, string* or *connection;* it can also combine with *verbs* to convey specific meanings.

Here are some examples:

a) Used to refer to *roads, lines, strings*...

săai tʃûuak	rope, string, cord	สาย เชือก
thànŏn săai yài	main road	ถนน สาย ใหญ่
săai gaan bin	airline, airway	สาย การ บิน
săai lûuat	lineage, descendant, pedigree	สาย เลือด
săai glaang	moderation, middle way	สาย กลาง

b) Used to refer to *connections*

săai tɔ̀ɔ	connection	สาย ต่อ
sên săai	connection	เส้น สาย
nɔ̂ɔk săai	off-connection, off-line	นอก สาย
săai dùuan	hot-line	สาย ด่วน
rái săai	wireless	ไร้ สาย
ráp săai	to answer the phone	รับ สาย

c) Used as *to be late*

maa săai	to come late	เขา มา สาย
tsà pai săai	will be late	จะ ไป สาย
tùun săai	to wake up late	ตื่น สาย
săai lɛ́ɛu	to be already late	สาย แล้ว
săai gəən pai	to be too late	สาย เกิน ไป
tɔɔn săai	late in the morning	ตอน สาย

d) Other expressions with **săai** สาย

săai tʃil	to be relaxed or laid-back	สาย ชิล
săai taa	eyesight, sight	สาย ตา
săai fáa	thunderbolt	สาย ฟ้า
săai rúng	rainbow	สาย รุ้ง
săai tsai	darling, dear, honey	สาย ใจ

18. *wép brau-sɔ̂ə* เว็บ เบราว์-เซ่อร์
phûɯa thîi tsà tʃûɯam tɔ̀ɔ wəəu wai wép
เพื่อ ที่ จะ เชื่อม ต่อ เวิลด์ ไวด์ เว็บ
for that will join connect world wide web
In order to connect to the world wide web...

rau tông mii *wép brau-sə̂ə*
เรา ต้อง มี เว็บ เบราว์-เซ่อร์
we must have web browser
we must have a web browser.

mâi tông hùuang – lɨ̂ɨak *wép brau-sə̂ə* thîi dii dâai
ไม่ ต้อง ห่วง – เลือก เว็บ เบราว์-เซ่อร์ ที่ ดี ได้
no need worry – choose web browser that good can
No need to worry! You can choose the web browser which is good.

brau-sə̂ə thîi *pɔ́ɔp-puu-lâa* mâak thîi sùt khɨɨ
เบราว์-เซ่อร์ ที่ ป๊อป-ปู-ล่าร์ มาก ที่ สุด คือ
browser that popular very that most be
The most popular browsers are:

kroom khɔ̌ɔng guu-gə̂n
โครม ของ กู-เกิล
Chrome from Google

èet tsàak mai-kroo-sɔ́ɔp
เอดจ์ จาก ไม-โคร-ซ้อฟท์
Edge from Microsoft

saa-faa-rii tsàak ép-pə̂n
ซา-ฟา-รี จาก แอ๊ป-เปิ้ล
Safari from Apple

lɛ́ɛu gɔ̂ɔ mii
แล้ว ก็ มี
then also have
There is also…

fái-fɔ́k thîi pen frii-wɛɛ
ไฟร์-ฟ็อกซ์ ที่ เป็น ฟรี-แวร์
Firefox that is a freeware…

lé และ
and…

oo-pee-râa thîi maa tsàak pràtéet nɔɔ-wee
โอ-เป-ร่า ที่ มา จาก ประเทศ นอร์เวย์
Opera comes from Norway.

Borrowed English words

wɔɔu wai wép	*world wide web*	เวิลด์ ไวด์ เว็บ
wép brau-sɵ̂ɵ	*web browser*	เว็บ เบราว์-เซ่อร์
pɔ́ɔp-puu-lâa	*popular*	ป๊อป-ปู-ล่าร์
frii wɛɛ	*freeware*	ฟรี-แวร์

Similar Thai expressions

dang *to be a hit, to be popular, famous* ดัง
(used for people or things)

Comments
While there are attempts to create purely Thai terms for *web browser*, **wép brau-sɵ̂ɵ** เว็บ เบราว์-เซ่อร์ and **brau-sɵ̂ɵ** เบราว์-เซ่อร์ remain the standard and most commonly used terms in Thailand. This blending approach ensures clarity, ease of understanding, and alignment with global technological terminology.

If you're communicating in a formal or technical setting, using **wép brau-sɵ̂ɵ** เว็บ เบราว์-เซ่อร์ is recommended. In more casual conversations, simply **brau-sɵ̂ɵ** เบราว์-เซ่อร์ is widely accepted and understood.

Grammar tips
The Thai word **sùt** สุด is versatile and can be used in various grammatical contexts.

Here are some common ways it is used:

a) **sùt** สุด is commonly used in superlative constructions. It can intensify an adjective or adverb to describe the highest degree of quality of something:

sŭaai sùt	*the most beautiful*	สวย สุด
nùuai sùt	*extremely tired*	เหนื่อย สุด
gèng thîi sùt	*the best, the most proficient*	เก่ง ที่ สุด
mâak thîi sùt	*the most*	มาก ที่ สุด
lék thîi sùt	*the smallest*	เล็ก ที่ สุด

b) **sùt** สุด is often used as a part of a construction to modify adjectives, nouns or other adverbs, intensifying the expression.

Examples include:

sùt rɛɛng	extremely, excessively, immensely	สุด แรง
	(**rɛɛng** แรง means *force* or *intensity*)	
pen thîi sùt	extremely, greatly, supremely	เป็น ที่ สุด
	(Used to express something as the *utmost* or *top-ranking*)	
sùt khìit	extremely, exceedingly, awfully	สุด ขีด
	(**khìit** ขีด means *limit* or *extent*)	
lăng sùt	finally, lastly	หลัง สุด
	(**lăng** หลัง means *last* or *end*)	
sùt tsai	wholeheartedly	สุด ใจ
	(**tsai** ใจ means *heart* or *spirit*)	
sùt gamlang	unlimitedly	สุด กำลัง
	(here **gamlang** กำลัง means *strength* or *power*)	
sùt táai	lastly, finally	สุด ท้าย
	(**táai** ท้าย means *end*, *rear* or *back*)	

c) **sùt** สุด can be used as a verb meaning to end or finish something.

sùt thîi...	to stop at, to end at, to finish at	สุด ที่
thànŏn sùt thîi nîi	the road ends here	ถนน สุด ที่ นี่
ngaan sîn sùt tɔɔn níi	the work is finished now	งาน สิ้น สุด ตอน นี้
sùt thîi dâai	that's all what is possible	สุด ที่ ได้
sùt lέεu	it is already finished	สุด แล้ว

d) **sùt** สุด is used to modify nouns to refer to the ultimate point or the extreme.

Examples:

sùt săai rót fai	at the end of the train line	สุด สาย รถ ไฟ
sùt thaang	end of the path	สุด ทาง
sùt kham phûut	to have nothing to say	สุด คำ พูด
sùt sàpdaa	weekend	สุด สัปดาห์
sùt săai taa	as far as the eye can see	สุด สาย ตา

sùt fĭi mɯɯ	*beyond one's capability*	สุด ฝี มือ
sùt khwaam săamâat	*to the best of one's ability*	สุด ความ สามารถ

e) Other expressions with **sùt** สุด

sùt yôot	*to be great, excellent*	สุด ยอด
sùt panyaa	*to be out of ideas*	สุด ปัญญา
sùt ûɯam	*to be out of reach*	สุด เอื้อม
sùt tɛ̀ɛ	*up to*	สุด แต่
sùt thɛ́ɛ tɛ̀ɛ	*to be up to, to depend on*	สุด แท้ แต่

19. *oo-pəə-ree-tʃân sís-têm* โอ-เปอ-เร-ชั่น ซิส-เต้ม

khun rúu mái wâa – khun tʃái **oo-pəə-ree-tʃân sís-têm** arai
คุณ รู้ ไหม ว่า – คุณ ใช้ โอ-เปอ-เร-ชั่น ซิส-เต้ม อะไร
you know "question" that – you use operating system what
Do you know what operating system you are using?

àat tsà pen
อาจ จะ เป็น
perhaps will be
Perhaps it is...

win-dôo	*Windows*	วิน-โด้วส์
mɛ́k oo-és	*Mac OS*	แม็ค โอ เอ๊ส
mɛ́k-in-tɔ́ɔt	*Macintosh*	แม็ค-อิน-ท้อช
lii-núk	*Linux*	ลี-นุกซ์

rɯ̌ɯ หรือ
or

ɛɛn-drɔɔi	*Android*	แอน-ดรอยด์

Borrowed English words
oo-pəə-ree-tʃân sís-têm	*operating system*	โอ-เปอ-เร-ชั่น ซิส-เต้ม

Similar Thai expression
rábòp pàtìbàtgaan	*operating system*	ระบบ ปฏิบัติการ

Comments

The Thai word **rábòp pàtìbàtgaan** ระบบ ปฏิบัติการ is the correct term for the English phrase *"operating system"* (OS) in the context of software like Android, Windows, iOS, etc. It is commonly used in both formal and technical contexts in Thailand.

Occasionally, in informal contexts or marketing materials, some people might use use the borrowed English word **oo-pəə-ree-tʃân sís-têm** โอ-เปอ-เร-ชัน ซิส-เต้ม for style or to emphasize its English origin. It may also appear in environments where English terms are *trendy*, such as advertisements or in specific industries trying to sound modern.

If you aim for natural and clear communication, stick with **rábòp pàtìbàtgaan** ระบบ ปฏิบัติการ when discussing operating systems in Thai.

Grammar tips

The Thai word **àat** อาจ is a versatile and commonly used word to express *possibility*, *capability* or *permission*. **àat** อาจ is typically followed by a verb, adjective or adverb.

Below is an outline of its main uses:

a) **àat tsà** อาจ จะ

àat อาจ equivalent to *may*, *might* or *could* in English is often paired with **tsà** จะ to indicate the *future possibility*.

Examples:
khăo àat tsà maa	*He might come*	เขา อาจ จะ มา
fŏn àat tsà tòk	*It might rain*	ฝน อาจ จะ ตก
khăo àat tsà lóm lĕeu	*Perhaps, he will fail*	เขา อาจ จะ ล้ม เหลว
thəə àat tsà rɔɔ dâai	*Maybe, she can wait*	เธอ อาจ จะ รอ ได้
khon àat tsà tʃûuai dâai	*People may be able to help*	คน อาจ จะ ช่วย ได้

b) **àat** อาจ followed by a verb
tʃăn àat mâi yɔɔm	*I might refuse*	ฉัน อาจ ไม่ ยอม
tʃăn àat bɔ̀ɔk	*I might tell*	ฉัน อาจ บอก

rau àat ɔ̀ɔk pai	*Perhaps, we shall leave*	เรา อาจ ออก ไป
khău àat luum	*Maybe, he forgot*	เขา อาจ ลืม
khău àat mii baang yàang	*Perhaps, he has something*	เขา อาจ มี บาง อย่าง

c) **àat** อาจ followed by an adjective and a helping verb

khun àat thùuk	*Perhaps, you are right*	คุณ อาจ ถูก
khău àat gluua	*Maybe, he is afraid*	เขา อาจ กลัว
man àat yɛ̂ɛ pai	*Perhaps, it is the worst case*	มัน อาจ แย่ ไป
àat mâi tôŋ	*Perhaps, it is not necessary*	อาจ ไม่ ต้อง
àat mâi dâai	*It might not be possible*	อาจ ไม่ ได้

d) **àat pen** as *might be, may be* อาจ เป็น

The construction **àat pen** อาจ เป็น is commonly used to express possibility or uncertainty in various contexts. **àat pen** อาจ เป็น often precedes a noun or clause. It conveys *possibility*, *speculation* or *uncertainty* without making a definitive claim.

Examples:

nîi àat pen prɔ́...	*This might be because...*
	นี่ อาจ เป็น เพราะ...
khău àat pen khon thîi...	*He might be a person that...*
	เขา อาจ เป็น คน ที่...
phrûŋ níi àat pen wan thîi...	*Tomorrow might be the day...*
	พรุ่ง นี้ อาจ เป็น วัน ที่...
nîi àat pen khɔ̌ɔŋ plɔɔm	*These might be fake*
	นี่ อาจ เป็น ของ ปลอม
nîi àat pen phǒn maa tsàak...	*This might be caused by...*
	นี่ อาจ เป็น ผล มา จาก...

e) Idiomatic phrases

àat pen pai dâai	*It might be possible*	อาจ เป็น ไป ได้
àat tsà mâi tʃâi	*It might not be the case*	อาจ จะ ไม่ ใช่

àat tsà tʃâi – àat tsà mâi tʃâi	*It might be, or it might not be*
	อาจ จะ ใช่ – อาจ จะ ไม่ ใช่
àat mâi pen yàang thîi khít	*It might not be as you think*
	อาจ ไม่ เป็น อย่าง ที่ คิด

20. *wép sái* เว็บ ไซต์

thâa khun yàak sâang *wép sái*
ถ้า คุณ อยาก สร้าง เว็บ ไซต์
if you want create website
If you want to create a website...

khun tɔ̂ng khâu tsai rɯ̂ɯang nii
คุณ ต้อง เข้า ใจ เรื่อง นี้
you need enter heart subject this
you need to understand this.

wép sái	*website*	เว็บ ไซต์
wép proo-fai	*web profile*	เว็บ โพรไฟล์
wép səə-wìt	*web service*	เว็บ เซอร์-หวิส
sɔ́əp-wɔ̂ə	*server*	เซิร์ฟ-เว่อร์
wép sɔ́əp-wɔ̂ə	*web server*	เว็บ เซิร์ฟ-เว่อร์
klai-ên sɔ́əp-wɔ̂ə	*client server*	ไคล-เอ้นต์ เซิร์ฟ-เว่อร์

lɛ́ ɯ̀ɯn-ɯ̀ɯn
และ อื่นๆ
and other-other
and many more.

Comments
wép sái เว็บ ไซต์ is the standard term, and there isn't a direct, widely recognized Thai equivalent for the English word *website*.

However, there are a few possibilities where native Thai words could be mixed with the English word **wép sái** เว็บ ไซต์ to describe concepts such as:

a) **thîi yùu wép sái** ที่ อยู่ เว็บ ไซต์ *website address* is a descriptive phrase meaning the address or location of a website.

b) **nâa wép** หน้า เว็บ *web page* refers to a specific page on a website.

c) **rábòp ɔɔn-lái** ระบบ ออน-ไลน์ *online system*

This is a more general term, often used to refer to things related to the internet or online systems.

Grammar tips
The Thai word **sâang** สร้าง, meaning *to build, to create* or *to establish*, is a highly versatile term used in various contexts.

Below are the main ways it is commonly used:

a) **sâang** สร้าง and physical structures

It is used to refer to the creation of tangible structures like buildings, roads or objects.

Examples:
sâang bâan	*to build a house*	สร้าง บ้าน
sâang sàphaan	*to build a bridge*	สร้าง สะพาน
sâang mɯang	*to build a city*	สร้าง เมือง

b) **sâang** สร้าง and intangible things, abstract nouns

It is used to create, produce and describe ideas, art or intangible concepts.

Examples:
sâang rɛɛng bandaan tsai	*to inspire*	สร้าง แรง บันดาล ใจ
sâang phǒn ngaan	*to create success*	สร้าง ผล งาน
sâang khwaam tʃɯ̂a mân	*to build confidence*	สร้าง ความ เชื่อ มั่น

c) **sâang** สร้าง as *to establish*

It is used to refer to founding organizations, institutions or social structures.

Examples:

sâang bɔɔrìsàt	*to establish a company*	สร้าง บริษัท
sâang khrɔ̂ɔp khrua	*to establish a family*	สร้าง ครอบ ครัว
sâang tʃâat	*to build the nation*	สร้าง ชาติ

d) **sâang** สร้าง causing something to happen

It is used to indicate causing a situation or effect.

Examples:

sâang khwaam sùk	*to create happiness*	สร้าง ความ สุข
sâang oogàat	*to create opportunities*	สร้าง โอกาส
sâang panhǎa	*to cause problems*	สร้าง ปัญหา

e) **sâang** สร้าง and planning for the future

It often appears in phrases like this:

Examples:

sâang anaakhót	*to make the future*	สร้าง อนาคต
sâang tʃûu sǐang	*to build up a reputation*	สร้าง ชื่อ เสียง
sâang khwaam rúu	*to build knowledge*	สร้าง ความ รู้
sâang ték-noo-loo-yii	*to develop technology*	สร้าง เทค-โน-โล-ยี

f) **sâang** สร้าง used in a noun phrase

sâang สร้าง is typically used as a verb. However, in some cases, when placed after a noun, it changes the meaning of the noun.

When used in a noun phrase, it functions as a *qualifier* or *descriptor*, modifying the noun to indicate its connection to creation, production or structure.

Examples:

phûu sâang	*producer, director, maker*	ผู้ สร้าง
tuua sâang	*constructor*	ตัว สร้าง
bɛ̀ɛp sâang	*structure, design for building*	แบบ สร้าง
khroong sâang	*structure, framework, organization*	โครง สร้าง
khrûang sâang	*building apparatus, construction tool*	เครื่อง สร้าง

21. tʃɛɛ-rîng líng แชร์-ริ่ง ลิ้งก์

thâa khun tsǝǝ *wép pèet* rɯ̌ɯ *líng* thîi dii lɛ́ sămkhan
ถ้า คุณ เจอ เว็บ เพจ หรือ ลิ้งก์ ที่ ดี และ สำคัญ
if you find web page or link that good and important
If you find a web page or link that is good and important...

yàa lɯɯm *tʃɛɛ* gàp phɯ̂ɯan rɯ̌ɯ khon ɯ̀ɯn-ɯ̀ɯn
อย่า ลืม แชร์ กับ เพื่อน หรือ คน อื่นๆ
don't forget share with friend or person other-other
don't forget to share it with a friend or other people.

22. rɯ̂ɯang *in-tǝǝ-nèt* เรื่อง อิน-เทอร์-เหน็ต

rɯ̂ɯang *in-tǝǝ-nèt* yâak nít nɔ̀i
เรื่อง อิน-เทอร์-เหน็ต ยาก นิด หน่อย
subject internet difficult small little
The subject "internet" is somewhat difficult...

phrɔ́ mii kham phísèet lăai kham
เพราะ มี คำ พิเศษ หลาย คำ
because have word special many word
because there are many special words.

tsam dâai măi
จำ ได้ ไหม
remember can "question"
Do you remember?

wɔ́ǝk frɔm hoom	*to work from home*	เวิร์ก ฟร็อม โฮม
ɛ́ɛp-plí-kee-tʃân	*application*	แอ๊ป-พลิ-เค-ชั่น
plɛ́t-fɔɔm	*platform*	แพล็ต-ฟอร์ม
wép sái	*website*	เว็บ ไซต์
wép brau-sǝ̂ǝ	*web browser*	เว็บ เบราว์-เซ่อร์

lɛ́ ɯ̀ɯn-ɯ̀ɯn
และ อื่นๆ
and other-other
and many others.

tʃán wăng wâa thŭng tɔɔn níi khun tsà pen phûu tʃîiau-tʃaan
ฉัน หวัง ว่า ถึง ตอน นี้ คุณ จะ เป็น ผู้ เชี่ยวชาญ
I hope that reach at this you will be person expert
I hope that you are already now an expert...

dâan *wɔɔu wai wép* lɛ́ *in-təə-nèt* lɛ́ɛu
ด้าน เวิลด์ ไวด์ เว็บ และ อิน-เทอร์-เหน็ต แล้ว
field world wide web and internet
in the field of the world wide web and internet.

sàwàtdii khâ
สวัสดี ค่ะ

Comments

In Thai, there are two similar sounding words, **rûuang** เรื่อง and **khrûuang** เครื่อง. They both are used as classifiers and play a central role in the Thai language. The key distinction is that **rûuang** เรื่อง is a classifier for *intangible* and *narrative entities* such as *stories, problems* and other *topics* while **khrûuang** เครื่อง is a classifier for *tangible* and *functional* things such as *machines, tools, devices* (e.g., **muu thŭu sìi khrûuang** มือ ถือ สี่ เครื่อง *four mobile phones* and **khrûuang phim săam khrûuang** เครื่อง พิมพ์ สาม เครื่อง *three printers*). See more about **khrûuang** เครื่อง in Chapter 4, Grammar tips, page 135.

Grammar tips

The Thai word **rûuang** เรื่อง is a versatile term. Its core meanings revolve around *story, matter, topic* or *issue*, but its usage extends beyond these definitions. It is also used as a *classifier* (a count word) for several different *intangible* nouns.

Its meaning changes based on the surrounding context. It is commonly used in both *formal* and *informal* Thai.

Here's a characterization of **rûuang** เรื่อง and its common usages:

1. Used as a classifier for abstract *ideas, stories, issues* or *incidents*.

Examples:

rûuang sɔ̌ɔng rûuang	two stories, two matters	เรื่อง สอง เรื่อง
níthaan sǎam rûuang	three tales	นิทาน สาม เรื่อง
panhǎa lǎai rûuang	many problems, issues	ปัญหา หลาย เรื่อง
khàau sìi rûuang	four news stories	ข่าว สี่ เรื่อง
rûuang sâu lǎai rûuang	many sad stories	เรื่อง เศร้า หลาย เรื่อง
tʃǎau tʃòo rûuang yɔ́*	many scandals	ฉาว โฉ่ เรื่อง เยอะ

*This construction is very informal; it can be used between friends when gossiping.

2. Used to refer to *stories, matters, events, problems*

rûuang yài	important event, major event	เรื่อง ใหญ่
mâi tʃâi rûuang yài	It's not a big deal	ไม่ ใช่ เรื่อง ใหญ่
rûuang mǔu mǔu	trivial matter, minor matter	เรื่อง หมูๆ
rûuang thammádaa	ordinary, common thing	เรื่อง ธรรมดา
rûuang sùuan tuua	private matter	เรื่อง ส่วน ตัว
rûuang tʃǎau tʃòo	scandal	เรื่อง ฉาว โฉ่

3. Used with verbs

tsòp rûuang	to end, to finish	จบ เรื่อง
hǎa rûuang	to look for trouble, to create problems	หา เรื่อง
pen rûuang	to make a mess of things	เป็น เรื่อง
mii rûuang	to get into trouble, to quarrel with	มี เรื่อง
khâu rûuang	to make sense, to get to the point	เข้า เรื่อง
dâai rûuang dâai raau	to make it, to improve	ได้ เรื่อง ได้ ราว

4. Used with adjectives to make abstract nouns

rûuang tsing	truth	เรื่อง จริง
rûuang tàlòk	joke	เรื่อง ตลก
rûuang tùun tên	thriller	เรื่อง ตื่น เต้น
rûuang lěeu lǎi	nonsense, rubbish, gibberish	เรื่อง เหลว ไหล
rûuang bau sàmɔ̌ɔng	light matter, relaxed matter	เรื่อง เบา สมอง
rûuang tʃùk-tʃɔ̌ən	emergency, necessity	เรื่อง ฉุก เฉิน

5. **rûuang** เรื่อง in other expressions

rûuang râat-tʃágaan	*official matter*	เรื่อง ราชการ
ban-tʃii rûuang	*table of contents, catalog, list*	บัญชี เรื่อง
rûuang yɔ̂ɔ	*summary*	เรื่อง ย่อ
tʃàphɔ́ rûuang	*particularly, only, specifically*	เฉพาะ เรื่อง

D. Review of Thai tones in borrowed English words

When it comes to speaking Thai fluently, understanding the role of tones is crucial. Among the five Thai tones, two stand out as essential for pronouncing English-origin words correctly: the *high tone* and the *falling tone*. Mastering these tones will significantly enhance your ability to use English words naturally in Thai conversation.

The *rising tone* is not typically used for English words, and the *low* and *level* tones are somewhat weak. The *level tone* is relatively flat and steady, without any significant pitch changes. There are no tone markers for the level tone.

1. High tone

The *high tone* is the most commonly applied tone in Thai when pronouncing borrowed English words, especially for words with closed final sounds. In such cases, the high tone provides a natural fit to Thai pronunciation.

Examples:

páat wəət	*password*	พ้าส เหวิร์ด
téet	*to test*	เท้สด์
téek-kɛɛ	*to take care*	เท้ก แคร์
wəək	*to work*	เวิร์ก

2. Falling tone

Often, borrowed English words are pronounced with a *falling* tone when the word ends with the *long* vowel sound. This is particularly true with two syllable words such as **foo-tôo** โฟ-โต้ *photo*. The *falling* tone is typically pronounced clearly in Thai.

The *falling tone* begins with a high pitch and gradually descends to a low pitch. The starting point is slightly above the comfortable normal speaking pitch, then it rises briefly before falling below the starting point.

Examples

hék-gɔ̂ə	*hacker*	แฮ็ก-เก้อร์
póok-gɔ̂ə	*poker*	โป๊ก-เก้อร์
tʃiia-liit-dɔ̂ə	*cheerleader*	เชียร์ หลีด-เด้อร
hɔ́p-bîi	*hobby*	ฮ็อบ-บี้
win-nɔ̂ə	*winner*	วิน-เน่อร์

Keeping this in mind, we shall comment on the pronunciation of some words, inclusive *low* and *level* tones, used in this chapter.

1. Pronunciation tips: the English word "*work*"

The *high* tone is an important feature when pronouncing borrowed English words in Thai. It should typically be pronounced clearly to maintain accuracy and naturalness.

The English word *work* is often used in combination with other nouns. In Thai, it's generally pronounced with a *high* tone. For example, **tiim wɔ́ək** ทีม เวิร์ก *team work* or **wɔ́ək frɔm hoom** เวิร์ก ฟร็อม โฮม *to work from home* are pronounced with a *high* tone.

However, there is one notable exception. In the phrase **nét wɔ̀ək** เน็ต เหวิร์ก *network*, *work* is typically pronounced with a *low* tone. Most Thais agree on this pronunciation, although there doesn't seem to be a specific grammatical reason for it.

Native English speakers pronounce the consonant **t** naturally *aspirated* (with a puff of air) at the beginning of the word as in the word **team**. Therefore, we transliterate it as **t**iim and not as **th**iim.

2. Pronunciation tips: the English word "*guesthouse*"

You could get by using the English pronunciation **gést háus** for *guesthouse*. The key is to use a *high* tone on both syllables. Thais may have difficulty understanding you if you use a *level* tone, as in **gest haus**.

The correct Thai pronunciation of *guesthouse* is **géet háu** เก๊สต์ เฮ้าส์. In Thai, *final sounds* differ from English: **t** (in gest) and **s** (in haus) are silent, marked as ต์ and ส์. Thai words can end with only one final sound, either a consonant or a vowel. Therefore, in g**u**est, we drop the final **t**, and since final **s** sound is usually pronounced as **t**, it becomes géet. Similarly, in h**au**s, the final **s** is silent, and the vowel combination **au** completes the word as a final sound.

3. Pronunciation tips: the English word *"know-how"*

You can get by using the English pronunciation **nou-hau** for *know-how*.

The correct Thai pronunciation of *know-how* is **noo-hau** โนว ฮาว. Both syllables are pronounced with a *level* tone. However, in Thai, *final sounds* differ from English: typically, the English vowel combination **ou** as in the kn**ow** (n**ou**) is turned into the long **oo** vowel sound in Thai.

On the other hand, Thais pronounce the last syllable of know-how (noo-**hau**) in the similar way as English do. That is because the vowel combination **au** is commonly used in Thai.

4. Pronunciation tips: the English word "*digital*"

The correct Thai pronunciation of **dí-tsì-tân** ดิ๊-จิ-ทั่ล incorporates *high, low* and *falling* tones.

The emphasis should be on the last syllable with the *falling* tone (**tân**). The *high* (**dí**) and *low* (**tsì**) tones can be softened to sound more natural.

For a good approximation, you can pronounce the word as **di-tsi-tân** (*level, level, falling*). Overemphasizing all tones in multi-syllable words could make your speech sound unnatural in Thai.

5. Pronunciation tips: the English word "*Wi-Fi (wireless)*"

The correct Thai pronunciation is **waai-faai** Wi-Fi ไว-ไฟ; it is pronounced with a *level* tone.

The *level* tone is also referred to as the *common* tone, *middle* tone or *neutral* tone. In Thai, the *level* tone is unmarked in writing; so, in transliterations there are no tone marks.

To pronounce words or syllables with the *level* tone, maintain a steady, medium-level pitch throughout, similar to neutral pronunciation in English. However, unlike in English, where pitch often varies due to stress and intonation, Thai requires the pitch to remain completely steady. This consistency is key to mastering the *middle* tone.

Additionally, Thai vowels must be clearly pronounced as either *long* or *short*. For Wi-Fi ไว-ไฟ both vowels are long, as shown in the transliteration, **waai-faai**. Pronouncing vowels distinctly and accurately will help avoid miscommunication and ensure correct pronunciation. Note that the Thai script suggests a *short* vowel while the actual pronunciation reflects a *long* vowel, however.

6. Pronunciation tips: the English word "*co-working*"

In Thai, every syllable has a tone, which is marked on the vowel sound. This is why we divide borrowed English words into syllables when adapting them into Thai. By doing so, it becomes easier to identify and practice the corresponding Thai tones.

For example, the word *co-working* is adapted into Thai as **koo-wɔ́ək-gîng** โค-เวิร์ก-กิง, with three syllables carrying different tones:

koo	โค:	Level tone
wɔ́ək	เวิร์ก:	High tone
gîng	กิง:	Falling tone

This tonal variation is essential for natural pronunciation in Thai. Practicing each syllable separately helps to build confidence in using tones correctly in borrowed words.

7. Pronunciation tips: borrowed English word "*customer*"

The correct Thai pronunciation of *customer* is **kás-too-mɔ̂ə** คัส-โต-เมอร์. This three-syllable word, **kás-too-mɔ̂ə**, has *high*, *level* and *falling* tones. The first syllable is notable because the final **s** sound is retained, deviating from the typical Thai rule where it would be pronounced as **t** (i.e., kát-too-mɔ̂ə). Although Thai pronunciation rules are generally straightforward, they are flexible with borrowed

English words, allowing exceptions based on commonly accepted speaking habits rather than rigid rules.

So, if you pronounce this word as **kas-too-mɔ̂ə** (*level, level, falling*), it would be an acceptable approximation. If all tones are emphasized in multi-syllable words, your speaking may sound unnatural.

8. Pronunciation tips: English words with a "*falling* tone"

The last syllable in the following words are pronounced with a *falling* tone.

yuu-túup-bɔ̂ə ยู-ทู้ป-เบ้อร์ *YouTuber,* **in-nɔ̂ə** อิน-เน่อร์ *inner, passion,* **blɔ́ɔk-gɔ̂ə** บล๊อก-เก๊อร์ *blogger,* **fɔɔn-loo-wɔ̂ə** ฟอล-โล-เว่อร์ *follower* and **rii-tsít-tɔ̂ə** รี-จิส-เต้อร์ *register.*

In the three-syllable words *such as* **yuu-túup-bɔ̂ə** the emphasis is on the *falling* tone. So, pronouncing **yuu-tuup-bɔ̂ə** as *level, level, falling tones* would be fine. However, with two syllable words, such as **blɔ́ɔk-gɔ̂ə** (*high, falling*), both syllables are typically pronounced clearly.

We can identify some common features for the *falling* tone from both Thai and English. First, in Thai, the last syllable ends with a *long vowel sound*. Second, the borrowed English ends with the **er** *sound*. However, the **r** consonant is not pronounced. Interestingly, it is written in the Thai script but marked with special symbol (ร์) to indicate that it is silent. This pattern appears frequently in borrowed English words.

9. Pronunciation tips: the English phrase "*website*"

The correct Thai pronunciation is **wép sái** เว็บ ไซ้ต์ while English would pronounce it as **web-sait**.

This is a simple phrase, but we identify several differences in Thai and English pronunciations. The first word *web* is pronounced with a *high* tone in Thai, and the final sound is **p** instead of **b**. The **b** is always pronounced as **p** at the end of a syllable or word. The short vowel and closed ending produces a *high* tone here.

The second word, *site* is also pronounced with a *high* tone in Thai. In addition, Thais drop the English end sound **t** because after vowel combination, there are no consonant *end sounds* in Thai. The vowel combination **ai** completes the end sound. Interestingly, Thais write it in the Thai script; it is marked as a silent ต์ sound, which is not spoken out.

10. Pronunciation tips: the English phrase *"operating system"*

The correct Thai pronunciation is **oo-pəə-ree-tʃân sís-têm** โอ-เปอ-เร-ชัน ซิส-เต้ม, while the English pronunciation is **ɔ-pə-rei-ting sis-təm**.

We can identify two main points about how this English phrase is pronounced in Thai:

a) Elongated vowels
In Thai, English short vowels are often pronounced as long vowels:

    ɔ becomes **oo** (the quality of the vowel is also changed)
    ə becomes **əə**
    ei becomes **ee**

Since the English vowel combination **ei** doesn't exist in Thai, it is replaced with the long **ee** sound.

b) Falling tone and two syllable or multi-syllable words
When the last syllable of a borrowed English word ends with sonorant consonants (e.g., **n**, **m**, **ng**) or long vowels, it is often pronounced with a *falling* tone in Thai. This happens with sonorant consonants and long vowels when the final sound is open in Thai. The same is not true with Thai words.

Examples of sonorant endings
system → sís-t**êm**   ซิส-เต้ม
almond → au-m**ɔ̂n**   อัล-ม่อนด์
function → fang-tʃ**ân**   ฟังก์-ชั่น
shopping → tʃɔ́p-p**îng**   ช็อป-ปิ้ง
cable → kee-b**ə̂n**   เค-เบิล

Examples of long vowel endings

winter → win-tə̂ə   วิน-เต้อร์
taxi → ték-sîi   แท็ก-ซี่
hobby → hɔ́p-bîi   ฮ็อบ-บี้
photo → foo-tôo   โฟ-โต้
operator → oo-pəə-ree-tə̂ə   โอ-เปอ-เร-เต้อร์
popular → pɔ́ɔp-puu-lâa   ป็อป-ปู-ล่าร์

Other notes

The English consonant sound **ʃ (sh)** as in the word *shopping* doesn't exist in Thai. Instead, it is replaced with the affricate sound **tʃ (ch)**.

Thus, *shopping* is pronounced in Thai as **tʃɔ́p-pîng** ช็อป-ปิ้ง (**chopping**).

11. Pronunciation tips: the English phrase "Microsoft Edge"

The correct Thai pronunciation for *Microsoft Edge* is **mai-kroo- sɔ́ɔp èet** ไม-โคร-ซ้อฟท์ เอดจ์. You can see below how native English speakers typically pronounce it: **mai-krə-sɔft edʒ**.

a) English pronunciation

1. Vowel reduction

In English, many vowel sounds are typically reduced to the *schwa* sound (ə), as in:

Microsoft (mai-krə-sɔft)
Google (guu-gəl)
about (əbaut)
digital (di-dʒi-təl)

2. Consonant sound as in the word *Edge* (edʒ)

The English consonant sound **dʒ** (as in *Edge* edʒ or *digital* di-dʒi-təl) doesn't exist in Thai. It is often transliterated into Thai as **j** sound. In this book, however, it is transliterated as **ts** for clarity. The grammatical term for sound **dʒ** is *affricate voiced* consonant sound. In Thai, this sound is pronounced *voiceless,* **ts**.

3. The English consonant **g** can vary in pronunciation. For example: *Edge* (**edʒ**) and *game* (**geim**)

4. Final sounds
English words often include multiple final sounds (vowels and consonants), such as in *Microsoft* or *Edge*. This is different from Thai, as we will see.

b) Thai pronunciation

1. Vowels
Thai does not reduce vowels. Instead, they are pronounced clearly and often elongated in borrowed English words. For instance: The ə and ɔ sounds in *Microsoft* (mai-krə-sɔft) become **mai-kroo-sɔ́ɔp**.

2. Final sounds
Stop consonants have only three final sounds in Thai; they are **p, t** and **k**. While English reduces vowels, Thai reduces final consonant sounds.

3. Transliteration of final sounds
When the English pronunciation of **mai-krə-sɔ́ft èdʒ** *Microsoft Edge* is adapted to confirm the Thai final sounds, they are pronounced as follows:

sɔft becomes sɔ́ɔp and èdʒ becomes èet.

Thus, *Microsoft Edge* is pronounced in Thai as **mai-kroo-sɔ́ɔp èet** ไม-โคร-ซ้อฟท์ เอดจ์.

12. Pronunciation tips: the English phrase "*world wide web*"

The English phrase *world wide web* is commonly pronounced in Thai as **wəəu wai wép** เวิลด์ ไวด์ เว็บ. However, you may also hear variations, such as **wəən wai wép**, which is a more traditional pronunciation. Some people may simply pronounce it as **wəə wai wép**.

A key point to understand is that when borrowed English words end with the consonant **l**, Thai speakers often adapt it differently. Here are some common transformations:

1. l as **n**

guu-gôn	*Google*	กู-เกิ้ล
kee-bôn	*cable*	เค-เบิ้ล

2. l as **u**

míu-tʃéek	*milkshake*	มิลค์ เช้ค
ii-meeu	*email*	อี-เมล

3. l is silent

rót mee	*bus* (literally car mail)	รถ เมล์
blɛ́k mee	*to blackmail*	แบล๊ค เมล์

These are general guidelines, but in practice, variations can also occur based on personal preference or dialect.

13. Pronunciation tips: the English phrase *"file sharing"*

The correct Thai pronunciation is **fai tʃɛɛ-rîng** ไฟล์ แชร์-ริ่ง, with tones as follows: *level, level, falling.* Often, when a borrowed English word ends in **-ing** or **n**, the last syllable is pronounced with a *falling* tone.

More examples when a *falling* tone is applied at the end of the word.

rii-mòot wɔ́ək-gîng	*remote working*	รี-โหมท เวิร์ก-กิ้ง
glóop tróot-tîng	*globetrotting*	โกล๊บ โทร๊ต-ติ้ง
lòot-dîng	*loading*	โหลด-ดิ้ง
ɛ̀ɛp-plí-kee-tʃân	*application*	แอ๊ป-พลิ-เค-ชั่น
fang-tʃân	*function*	ฟังก์-ชั่น

14. Pronunciation tips: the English phrase *"digital workbook"*

In this phrase, two main tones are emphasized: *high* and *falling*. The correct Thai pronunciation is **dí-tsì-tân wɔ́ək búk** (ดิ-จิ-ทัล เวิร์ก บุ๊ก) with the tones as follows: *high, low, falling, high, high.*

However, if you minimize tones and pronounce it as **di-tsi-tân wɔ́ək búk** (*level, level, falling, high, high*), it would still be understood. In phrases like this, not all tones need to be emphasized. Generally, the *falling* tone is never minimized, and the *high* tone is typically clear in one-syllable words like **wáək** and **búk**.

15. Pronunciation tips: the English phrase "*globetrotter*"

The correct Thai pronunciation for *globetrotter* is **glóop tróot-tə̂ə** โกลับ โทรัต-เต้อร์ (*high, high, falling*).

In this three syllable word, the emphasis is on the last syllable, the *falling* tone. The other two syllables are pronounced with a *high* tone. *However,* they can be minimized.

Hence, if you pronounce this word as **gloop troot-tə̂ə** (*level, level, falling*), it can be acceptable.

In Thai, *final sounds* differ from English: typically, the English consonant **b** (gloub) is pronounced as **p** in the final position in Thai. In addition, Thais pronounce the English double consonant (**tt**) twice as a final and initial sounds (globe-trot-ter) while in English, it is pronounced as one sound (gloub trɔɔ-tə̂).

E. Simple advice

Thais adapt English words to fit the Thai sound system, but the process can feel complex because there are no strict rules. While general guidelines exist, the exact pronunciation of a borrowed word often requires checking with native speakers or language experts.

Immersing yourself in Thai and practicing regularly will help you internalize these adjustments over time. Thai's integration of foreign words into its tonal system is one of the fascinating aspects of learning the language.

You don't need to master tone rules to speak Thai correctly, but using the correct tones is essential for clarity. Native speakers instinctively use tones without knowing the theoretical rules. Studying these rules can deepen your understanding of how and why tones apply, especially for borrowed English words.

Keep in mind that pronunciation and tones for borrowed words can vary among speakers. Influences such as regional accents, personal habits, and evolving language trends contribute to these variations.

In fast speech, it's common to emphasize the final tone of a word while minimizing others. For one-syllable words, this isn't an issue, but for multi-syllabic words, focus on pronouncing the last tone clearly.

Practical tips for learning
If you're not learning to read or write Thai script, tone theory can be bypassed. Instead, focus on learning words and phrases from context – through transliterations, conversations and interactions with native speakers.

Final thought
Relax and don't stress over the theory. Use it as a reference to refine your pronunciation of borrowed English words and also native Thai words. The ultimate goal is to ensure Thais can understand you while enjoying the process of learning this dynamic language.

Bibliography

Becker, Benjawan Poomsan. Thai for Beginners.
Paiboon Publishing, California, 1995.

Becker, Benjawan Poomsan. Thai for Intermediate Learners.
Paiboon Publishing, California, 1998.

Becker, Benjawan Poomsan. Thai for Advanced Learners.
Paiboon Publishing, California, 2000.

Burusphat Somsonge. Reading and Writing Thai.
Institute of Language and Culture for Rural Development,
Mahidol University, Bangkok, 2006.

Dhyan, Manik. 22 Secrets of Learning Thai – Complete Guide to Sounds, Tones and Thai Writing System.
Dolphin Books, Helsinki, 2014.

Dhyan, Manik. 22 Secrets of Learning Thai – Learning Thai with hâi ให้. Dolphin Books, Helsinki, 2016.

Dhyan, Manik. 22 Secrets of Learning Thai – Learning Thai with dâai ได้ Book I. Dolphin Books, Helsinki, 2017.

Dhyan, Manik. 22 Secrets of Learning Thai – Learning Thai with dâai ได้ Book II. Dolphin Books, Helsinki, 2018.

Dhyan, Manik. Learning Thai Quickly and Easily – Learning Thai with Original Thai Words. Dolphin Books, Helsinki, 2019.

Dhyan, Manik. Learning Thai Quickly and Easily – Learning Thai Language and Grammar. Dolphin Books, Helsinki, 2020.

Dhyan, Manik. 22 Secrets of Learning Thai – Sounds of the Thai Language Book I – Basic Sounds,
Secrets 1–15. Dolphin Books, Helsinki, 2020.

Dhyan, Manik. 22 Secrets of Learning Thai – Sounds of the Thai Language Book II – Advanced Sounds, Secrets 16–22. Dolphin Books, Helsinki, 2021.

Dhyan Manik. Mastering Thai Grammar and Tenses with lέεu แล้ว Book I. S. Asia Press Co.,Ltd. Thailand, 2023

Higbie, James & Thinsan Snea. Thai Reference Grammar: The Structure of Spoken Thai. Orchid Press, Bangkok, 2003.

James, Helen. Thai Reference Grammar. D.K. Editions & Suk's Editions, Bangkok, 2001.

Kanchanawan, Nitaya & Eynon, Matthew J. Learning Thai – A Unique and Practical Approach. Odeon Store, Bangkok, 2005.

Ponmanee, Sriwilai. Speaking Thai for Advanced Learner. Thai Studies Center, Chiang Mai Universtity, Chiang Mai, 2001.

Smyth, David. Thai: An Essential Grammar. Routledge, London and New York, 2002.

Smyth, David. Teach Yourself Thai. Hodder Headline, London, 2003.

22 Secrets of Learning Thai

– Complete Guide to Sounds, Tones and Thai Writing System

ISBN 978-9525572858, 359 pages

Twenty-two Secrets of Learning Thai teaches you all the sounds used in spoken and written Thai. It includes 20 consonant sounds, 18 pure vowel sounds, all special vowels and vowel combinations. It points out the main obstacles for learners, for example which Thai sounds are most difficult for an English speaker to produce. It then gives you handy tips to help overcome these difficulties. Much care has been taken to describe each sound in phonetic as well as in practical terms so that everyone should be able to grasp the correct way to produce Thai sounds.

The book has been designed so that it can be used by all levels of Thai learners. It contains a special exercise section, which teaches you in a step by step manner how to learn to read Thai script. At the same time all the Thai tone rules are taught in theory and practice. The student will get to know the most common Thai consonant symbols as well as rare symbols mostly borrowed from Indic languages, Pali and Sanskrit.

This book is also available in two seperates books as follows:

Sounds of the Thai Language Book I – Basic Sounds
(Secrets 1–15 ISBN 978-9526651323, 182 pages)

Sounds of the Thai Language Book II – Advanced Sounds
(Secrets 16–22 ISBN 978-9526651330, 178 pages)

22 Secrets of Learning Thai

– Learning Thai with hâi ให้

ISBN 978-9526651156, 296 pages

hâi ให้, along with words like dâai ได้, lɛ́ɛu แล้ว and kɔ̂ɔ ก็, is one of the most important words in the Thai language.

When speaking Thai, it is important to understand the correct usage of the verb hâi ให้ in everyday speech.

One simple way to use the verb hâi ให้ is *to give something to someone*. It is used in a similar manner as the English verb *to give*.

In addition, hâi ให้ is used as a causative verb which has several different meanings depending on the situation, and the way it is spoken. It can be translated into English as *to let, to allow, to make* and even *to order* or *to force someone to do something*.

In some situations hâi ให้ is better translated into English as the preposition *for*, as in *for you, for me*, etc. It is also often used in idiomatic phrases where it carries no meaning itself but denotes only the sense of a command.

Thais use the verb hâi ให้ in an intuitive way in a variety of situations in order to express feelings, wishes, commands and nuances of meaning while communicating with each other every day.

If you learn this word well, you will be rewarded.

22 Secrets of Learning Thai
– Learning Thai with dâai ได้

Book I, Secrets 1–14
ISBN 978-9526651200, 283 pages

Whether you are a beginner or an advanced learner, you certainly want to learn to speak Thai fluently. This book will take you a long way towards your goal.

dâai ได้ is one of the most common words in Thai. It is a multifunctional helping verb and is used by Thais in several different ways. It has many distinct meanings depending on where it is placed in a sentence and which other words are used with it. With this book you won't just learn how to use dâai ได้ but will also acquire a deeper knowledge of the Thai language in general.

Included are:
- complete and informative written examples
- audio spoken by native speakers
- highlights and explanations of dâai's ได้ usage
- sections of simple and easy to understand advice
- useful hints and tips on dâai ได้ and the spoken Thai language

Furthermore, you will get to see the language "through the eyes of dâai ได้". Study this book and you will be rewarded; your Thai friends will be amazed at your deep understanding of the subtleties of their language.

22 Secrets of Learning Thai
– Learning Thai Tenses with dâai ได้

Book II, Secrets 15–22
ISBN 978-9526651408, 278 pages

Whether you are a beginner or an advanced learner, you will surely want to learn to speak Thai fluently. In order to do this, it is vital to use time words and tense markers correctly.

The English term *tense* is also a handy way to talk about past, present and future activities in Thai, even though there are no *tenses* as such in the Thai language. When compared to English, Thai tenses are expressed very differently.

It is often said that dâai ได้ denotes a past tense. However, it would be better not to think of dâai ได้ as the past tense marker since it can also be used to refer to present or future events.

To help you speak Thai fluently the Book II includes:
- complete and informative written examples
- audio spoken by native speakers
- highlights and explanations of dâai's ได้ usage
- sections of simple and easy to understand advice
- useful hints and tips on dâai ได้ and the spoken Thai language

Books I and II complement each other. However, each book has a different focus. In Book I, Secrets 1–14, we introduced dâai ได้ and explained where it should be placed in sentences. dâai ได้ has several grammatical functions; hence, it also has several meanings depending on the context. In Book II, Secrets 15–22, we focus on tenses.

Have fun while you study them both; then, you will understand how Thais express themselves in everyday life!

22 Secrets of Learning Thai

– Mastering Thai Grammar and Tenses with lɛ́ɛu แล้ว

ISBN 978-9526651446, 296 pages

This book explains how to understand Thai tenses *naturally* from the context. Whether the sentence refers to the present or past time depends on the five different types of verbs and the *time indicator* **lɛ́ɛu** แล้ว. In addition to the *natural time aspect,* the reader will also learn how to use time words, tense markers and express anticipated future time.

The Thai time aspect is entirely different from the English tense system, which can be rather complicated.

In Thai, instead of tenses, we focus on:

pàt-tsùbanna-kaan	ปัจจุบัน กาล	*present time, now* or *nowadays*
adìitta-kaan	อดีต กาล	*past time* or *completed actions*
anaakhótta-kaan	อนาคต กาล	*future time* or *future planning*

This book is for anyone who wants to learn and improve their Thai language skills. If you are an intuitive person, concentrate more on spoken and written sentences. If you are more grammar-oriented, focus on the explanations and grammatical rules. The book provides numerous example sentences, along with *audio spoken by native speakers,* to help you get into the flow of the language.

When you master the Thai tenses with **lɛ́ɛu** แล้ว, your language skills will improve significantly.

In this three-book series, we have two exciting titles coming soon. The first one is *Mastering Thai Grammar and Conjunction Words* (Book II), which focuses on teaching how to connect words, phrases, and sentences together. The second book, *Mastering Thai Language and Grammar* (Book III), offers a comprehensive overview and introduction to a range of fascinating idiomatic and colloquial expressions.

Learning Thai Quickly and Easily
with Original Thai Words

ISBN 978-9526651439, 320 pages

Do you want to learn to speak Thai as naturally as Thais do? Thai is not as difficult as you may think! If you follow the guidelines of this book, you will acquire a basic knowledge of the language in just a few weeks.

Students, usually, face several obstacles when studying Thai. In this book, we shall explain clearly what these obstacles are and how to overcome them. We shall also point out what you need to know and what you may ignore when learning to speak Thai. This will ensure your time and effort is focused on the things that really matter. You will be in a position to make an informed decision on how to proceed and deepen your language skills.

We use a simple and direct method which is easy to comprehend. You don't have to master the complex Thai writing system in order to speak Thai fluently. In this book, we concentrate on "original Thai words" which form a very important part of the Thai vocabulary and are used by Thais every day in conversation.

The book is designed in such a way that it can be used by both beginners and by those who have already reached intermediate level.

Included are:

• written examples and sentences • audio spoken by native speakers
• highlights, explanations and examples on "how the language works"
• simple and easy to understand advice • hints and tips on spoken Thai language • "Take it further" section which includes many more tips on how to proceed with your studies

Now, you can tell all your friends that learning Thai can be easy. Read this book and you will discover how!

Now, you can tell all your friends that learning Thai can be easy. Read this book and you will discover how!

Learning Thai Quickly and Easily

Understanding Thai Language and Grammar – Take It Further

ISBN 978-9526651460, 264 pages

Undertanding the structure and grammar of the Thai languge is very important since it may differ considerably from your own language

Included are:
- Original Thai words compared to foreign origin words
- Personal pronouns and family members
- Days, weeks, months, seasons and numbers
- Telling time – 24-hour clock compared to the Thai style
- Foods, drinks and spices
- Travelling, places, buildings and countries of the world
- Names of animals and insects
- Health words and personal items
- Adjectives, adverbs and verbs
- Thai question words, prepositions and conjunction words
- Classifiers and prefixes
- tsai ใจ heart -word
- Summary of the Thai tenses
- Words of wisdom

This book has been designed to be used as a compliment to the book "Learning Thai with Original Thai Words". It can be used, however, with any other Thai learning book.

Coming books:

Learning Thai Quickly and Easily:

How to Master English Words in Thai – Book II
(Take It Further)
(Coming in late 2025, ISBN 978-952-6651-69-9)

How to Master English Words in Thai – Book III, Dictionary
(Coming in late 2025, ISBN 978-952-6651-70-5)

ABC of the Thai Language:
Exploring Multi-Dimensional Words
(Coming in 2026, ISBN 978-952-6651-67-5)

Mastering Foreign Words in Thai:
Pali, Sanskrit, Khmer, Chinese and More
(Coming in late 2027, ISBN 978-952-6651-47-7)

22 Secrets of Learning Thai:

Mastering Thai Grammar and Conjunction Words with lɛ́ɛu แล้ว – Book II
(Coming in 2026, ISBN 978-952-6651-60-6)

Mastering Thai: A Deep Dive into Grammar and Idiomatic Phrases with lɛ́ɛu แล้ว – Book III
(Coming in 2027, ISBN 978-952-6651-66-8)

Learning Thai with gɔ̂ɔ ก็
(Coming in 2027, ISBN 978-952-6651-45-3)

The following Thai learning books
are available from Dolphin Books:

Learning Thai Quickly and Easily

Learning Thai with Original Thai Words
ISBN 978-952-6651-43-9

Understanding Thai Language and Grammar
ISBN 978-952-6651-46-0

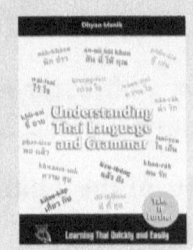

22 Secrets of Learning Thai

Mastering Thai Grammar and Tenses with lέɛu แล้ว – Book I
ISBN 978-952-6651-44-6

Learning Thai with hâi ให้
ISBN 978-952-6651-15-6

Learning Thai with dâai – Book I
ISBN 978-952-6651-20-0

Learning Thai Tenses with dâai ได้ – Book II
ISBN 978-952-661-40-8

Sounds of the Thai Language Book I – Basic Sounds
ISBN 978-952-6651-32-3

Sounds of the Thai Language Book II – Advanced Sounds
ISBN 978-952-6651-33-0

Our books can be obtained from the following bookshops in Thailand:

DK today

www.dktoday.co.th

Asia Books

www.asiabooks.com

Kinokuniya

www.kinokuniya.com

Chulalongkorn University Book Center

www.chulabook.com

Thammasat University Bookstore

www.bookstore.tu.ac.th

Chiang Mai University Bookstore

http://bookshop.soc.cmu.ac.th

Naiin Bookstore

www.naiin.com

For more information

www.thaibooks.net
www.facebook.com/22secrets

www.ingramcontent.com/pod-product-compliance
Lightning Source LLC
LaVergne TN
LVHW091626070526
838199LV00044B/956